Christoph-Maria Liegener (Hrsg.)

1. Bubenreuther Literaturwettbewerb 2015

Herausgeber: Christoph-Maria Liegener

Verlag: Tredition

ISBN:
978-3-7323-6681-1 (Paperback)
978-3-7323-6682-8 (Hardcover)
978-3-7323-6683-5 (e-Book)

Inhalt

Vorwort

Dieser Literaturwettbewerb sollte in kleinem Rahmen all jenen, die gern schreiben, eine Möglichkeit geben, eine unter vielen, sich mit Gleichgesinnten zusammenzufinden und in einen zwanglosen Wettbewerb zu treten. Eine einheitliche interne Beurteilung führte zu einer losen Rangfolge, aus der sich Sieger ergaben. Außer der Ehre gab es dabei nichts zu gewinnen. Die Beurteilung und Kommentierung der Werke war Sache des Herausgebers. Man möge mir verzeihen, dass ich mir angemaßt habe, diese Aufgabe zu übernehmen. Die Rollen in dem Spiel sind austauschbar. Bei diesem Projekt hatte nun ich die Initiative ergriffen. Es war aber, wie gesagt, nur eine Aktion unter vielen.

Eine Auswahl aus den eingereichten Werken wird in der vorliegenden Anthologie veröffentlicht. Leider war es nicht möglich, alle Werke aufzunehmen. Es waren einfach zu viele. In vielen Fällen sind auch kurze Kommentare zu den Werken beigefügt. Das soll der Auflockerung dienen, auch wenn es nicht nach jedermanns Geschmack sein mag. Das Argument lautet einfach: Diejenigen, die keine Kommentare mögen, können sie überspringen, auch wenn sie abgedruckt sind. Wären sie dagegen nicht abgedruckt, könnten die anderen, die sie mögen, sie auf keine Weise lesen. Die Kommentare sind bewusst positiv gehalten, sie sollen nicht der Kritik dienen, sondern der Zerstreuung.

Es ging in diesem Wettbewerb um Gedichte und Kurzprosa. Beide Formen können ineinander übergehen; daher sollte hier keine Trennung vorgenommen werden. Sowohl für Gedichte wie auch für Prosa gilt jedoch, dass beide Gehirnhälften beteiligt sein müssen, die rechte, kreative, und die linke, strukturierende. Yin und Yang müssen sich zu einem Kreis schließen. Das bedeutet leider auch ein Mindestmaß an Sorgfalt: Mit einem genialen Geistesblitz oder einer Gefühlswallung allein ist es nicht getan. Solche Eingebungen sind nur das Material, aus dem ein Kunstwerk entstehen kann. Wie ein Tonklumpen: Er kann von Natur aus die schönsten Formen haben – man könnte ihn gar so, wie er ist, ausstellen. Das kann durchaus schön sein. Aber was man dann hat, ist Natur, nicht Kunst. Es geht nicht darum, was schöner ist, Natur oder Kunst. Es sind verschiedene Skalen, auf den gemessen wird, verschiedene Objekte, die verglichen werden, Äpfel mit Birnen. Kunst beinhaltet die Auseinandersetzung des Menschen mit dem Material, die Formung des Tonklumpens zu einem Kunstwerk. Das ist genauso wichtig für das Werk wie für den Künstler: Er bringt sich ein, entwickelt seine Kunstfertigkeit, arbeitet, verwirklicht sich. Ja, in einem wirklichen Kunstwerk steckt viel Arbeit, auch wenn das Ziel ist, dass man von der Anstrengung und Arbeit nichts mehr sieht. So federleicht wirkt manch ein Gedicht, dass ein voreiliger Leser vermuten könnte, auch er könne auf die Schnelle so etwas fabrizieren. Vorsicht!

Zur Gestaltung der Anthologie: Die Gewinnergedichte wurden an den Anfang vorgezogen, alle anderen erscheinen in der Reihenfolge ihres Eingangs. Da bei modernen Gedichten die Verfremdung der Orthografie zuweilen ein Stilmittel sein kann, wurde überall die ursprüngliche Orthografie der eingesendeten Texte ohne Korrekturen beibehalten. Zwar juckte es zuweilen in den Fingern zu korrigieren Es gab tatsächlich Texte, die auf einer heißen Tastatur getippt worden zu sein schienen. Dabei passte das manchmal derart zu den Texten, dass eine Korrektur alles verfälscht hätte. Also wurde (fast) immer konsequent eine einheitliche Linie durchgehalten: keine Korrekturen. Letztlich ist dies kein Museum mit perfekten Ausstellungsstücken, hier soll sich die reale Welt widerspiegeln, wie sie sich in unseren Mitstreitern bricht. Es galt, die Originalität, die Authentizität zu wahren. Dementsprechend liegt die Verantwortung für die Texte ausschließlich bei den Autoren.

Es liegt an der Qualität der Einsendungen, dass eine erfreulich bunte Mischung zusammengekommen ist. Das war nur möglich, weil so viele Autoren Beiträge eingesendet haben. Da gab es sowohl die erfahrenen Autoren, die den Wettbewerb auf diese Weise unterstützten, als auch Neulinge, die mit viel Mut hier den Schritt in die Öffentlichkeit wagten. Ihnen allen sei Dank gesagt.

Viel Spaß!

Dr. Dr. Christoph-Maria Liegener

Die Siegertexte

Erster Platz

Helmut Glatz

Der Pauli-Effekt

Der Wiener Physiker Wolfgang Pauli, von dem sein Mentor Max Born einmal sagte, er sei ein Genie, nur vergleichbar mit Einstein, entdeckte nicht nur den Kernspin zur Erklärung der Hyperfeinstruktur der Atomspektren, postulierte nicht nur das Vorhandensein des Neutrinos, dessen Existenz erst 26 Jahre später empirisch nachgewiesen werden konnte, er war vor allem bekannt für den sogenannten Pauli-Effekt, wofür er nachmals auch den Nobelpreis erhielt.

Dieses seltsame Phänomen zeigte sich, kurz gesagt, folgendermaßen: Wo Pauli auftauchte, ging alles schief. Physikalische Experimente misslangen, wertvolle Laboreinrichtungen gingen kaputt und komplizierte Versuchsanordnungen kollabierten, sodass er seinerzeit von dem Physikerkollegen Otto Stern sogar Laborverbot erhielt. Das auf dem Pauli-Effekt beruhende, schon damals berühmte Ausschließungsprinzip lautete folgendermaßen: Es ist unmöglich, dass sich Wolfgang Pauli mit einem funktionierenden Gerät im selben Raum befindet.

Mysteriös war ein Vorfall am physikalischen Institut zu Göttingen bei Professor James Franck: Ein wertvoller Apparateteil ging zu Bruch, ohne dass Pauli dabei anwesend war. Erst im Nachhinein stellte sich heraus, dass der Professor, auf dem Weg von Zürich nach Hamburg, zur selben Zeit in Göttingen Station gemacht hatte.

Francks Vermutung, Pauli stecke hinter allem, war also nicht unbegründet. Pauli arbeitete damals übrigens daran, den nach ihm benannten Effekt weiter auszubauen. Und bald gelang es ihm, seine Kräfte auch ohne persönliche Anwesenheit, also auf die Entfernung, wirksam werden zu lassen. Mit anderen Worten: Wo immer in der Welt etwas kaputtging – dahinter steckte Pauli.

Eine unschätzbare Hilfe war ihm bei diesen Bemühungen der Tiefenpsychologe C.G. Jung, mit dem ihn eine enge Freundschaft verband. Bei nächtlichen, feuchtfröhlichen Gesprächen erfanden die beiden den Begriff der Synchronizität und entwickelten die Vereinigung der kollektiven Psyche mit der Materie zu einer schlagkräftigen Methode. (Bei diesen Forschungen entdeckten sie übrigens, ganz nebenbei, das feminine Geschlecht des bisher als sächlich geltenden Kollektiven Unbewussten.)

Und wozu das alles? Natürlich ging es ihnen nicht um die Lust am Zerstören, um das Abreagieren aggressiven Potentials oder ähnlichen Unsinn. Nein, Pauli transponierte (heute würde man sagen: beamte) die entsprechenden, „kollabierten" Gegenstände hinüber in eine der Hugh Everettschen Parallelwelten. Das heißt, während sie (die Gegenstände) hier in unserer Welt der Zerstörung anheimfielen, feierten sie dort fröhliche Urständ.

Und Pauli? Und C.G. Jung?

Sie hocken, während sich draußen die Berge der Abwrackautos türmen, in einer gemütlichen Parallelwelten-Bar und schauen dem Tanz der Kollektiven Unbewussten zu.

Kommentar: Gekonnter Übergang von der Anekdote zum Grotesken. Da freuen sich die Fermionen. Hurra!

Zweiter Platz

Heinz-Helmut Hadwiger

SOMMERABEND

Da brach ein Sommerabend an,
ein letzter, lauer, in den Straßen,
an dem wir noch im Gasthof saßen
im Freien, eh' der Herbst begann.

Wir tranken Most, und dann und wann
war's, dass wir Schmalz- und Speckbrot aßen.
Wir sprachen, was wir schnell vergaßen,
und dennoch hielt es uns in Bann.

Und wir erzählten, was da war.
Ich saß im Hintergrund und schrieb
und sah schon vieles nicht mehr klar.

Bis mir ein Hoffnungsschimmer blieb:
Im Schatten stand ein Liebespaar.
Die hatten sich vielleicht noch lieb…

Kommentar: Ein Sonett darf auch aus vierhebigen Jamben gestaltet werden. Dieses hier ist meisterhaft.

Dritter Platz

Marvin Jüchtern

Interpretation

Und ich erkannte und verstand,
obwohl noch beide deiner Lippen ruhten,
wie man in einem Wind sieht einen Strand,
bevor er untertaucht in vage Fluten,

die kommen oder wieder gehen,
so wie man in der Ferne Einen kommen sieht
oder gehen. Es zählt nicht, was wir sehen
oder was ich sehe - ob er von mir flieht

oder auf mich zu, wie diese Einsicht, kam.
Da saß auf deinen Lippen etwas Altes,
das ich dir nicht nehmen konnte, und nicht nahm;
so als ob ein streng und ungestaltes

Etwas dir in deinem Ausdruck lag,
vielleicht ein Tieferes, das lange schwieg;
vielleicht aus einem frühren, finstern Tag,
der aus dem Innren wieder auferstieg.

Kommentar: Kreuzreim, Enjambements. Rilke-Style. Klingt.

Vierter Platz

Bert Skodowski

Ihr Mann

Ich hock am Rhein am Saufen
und träume vor mich hin,
die Kellnerinnen laufen,
weil ich der Größte bin.

Sie bringen mir die Biere
und flirten mich voll an,
das Abendrot steht Schmiere,
und ich, ich bin ihr Mann.

Kommentar: Lokalkolorit vom Feinsten. Etwas prollig. Jargon. Tolles Bild: „Das Abendrot steht Schmiere“.

Fünfter Platz

Ulrike Tovar

Die Freiheit ist nass

Pitt, der kleine Kobold, saß in seinem Schaukelstuhl und hörte sein Lieblingslied: über den Wolken muss die Freiheit grenzenlos sein. Mit dem linken Fuß wippte er dazu im Takt, mit dem rechten hielt er den Schaukelstuhl in Schwung. Durch das Fenster sah er nachdenklich auf die hellen Wolken am Himmel, über denen die Freiheit grenzenlos sein sollte.

Er wollte auch mal dorthin, hinter die Wolken. Als das Lied zu Ende war, beschloss er, den Versuch zu wagen. Wenn er auf die Mauer vor dem Haus kletterte und dann noch ein paar Meter sprang, müsste er doch eine Wolke zu fassen kriegen.

Die Mauer war sehr glatt verputzt. Also zerrte er aus seinen Hosentaschen seine Kletterausrüstung: die Hand- und Fußschuhe mit den Saugnäpfen und begann den Aufstieg.

Seltsam. Er hockte nun viel höher als vorhin in seinem Schaukelstuhl, aber die Wolken waren immer noch nicht erreichbar. Er sah sich um. Dort der Baum, der könnte hoch genug sein. Der Kobold kletterte bis in den obersten Wipfel. Nichts, er kam nicht näher. Was bildeten sich diese Wolken eigentlich ein? Resigniert verließ er die Eiche und wanderte zu der Trauerweide am See.

Er hangelte sich über die tiefhängenden Ruten ein wenig in die Höhe, ließ sich mit dem Wind hin und her pendeln, kletterte etwas weiter hinauf und übte verschiedene Kunststücke: mit einer Hand festhalten, mit Hand und Fuß wie im Trapez hängen und auf den nächsten Zweig springen.

Irgendwann hing er kopfüber an einem äußersten Wedel und blickte in den stillen See. Da waren sie ja, die Wolken. Und gar nicht mehr weit weg. Ein kurzer Sprung – es klatschte gewaltig.

Prustend und spuckend tauchte der Kobold aus dem See auf. „Himmel nochmal – kann der Singkerl nicht sagen, dass die Freiheit nass ist?"

Kommentar: Entzückende Kurzgeschichte mit lustiger Pointe. Auch auf metaphorischer Ebene interessant.

Weitere ausgewählte Werke

Sören Heim

barstuhl

ein barstuhl. unter seines gleichen
ragt er empor die bar ist leer
die barluft ist vom rauche schwer
man schlug den stuhl aus eichen

der den baum brach. vielleicht saß
der gestern hier trank schwitzte aß
hörte die zeit verstreichen
und zahlte dann. ich danke sehr

und auch der schraubte fräßte der
war hier vielleicht und trank ein glas
und rief - ich baut den stuhl dort seht
ging. fluchend auf die reichen

kalt ist die nacht fast heilig weht

vom fenster wind. ein zeichen ?

tagduft vergeht ein barstuhl steht

still unter seines gleichen

Kommentar: Interessante Reimstruktur (abba, ccad, dcea, eaea). Metrik variabel, Orthografie modern, Aussagen gut verständlich. Thema: Alltag hinterfragt.

Julia Briede

-Unfassbar-

Lass mich frei.
Der Schmerz,
der Diese,
Er mürbt in mir
Er zerrt an mir
Er raubt mir an Herz
Er lässt mich weinen
Tag und Nacht
und sagt mir das,
was ich wohl weiß.
Ich tue alles dagegen
Versuche zu vergessen
Alles hinter mir zu lassen
Doch,
Er wird bleiben.
Mein leben langbis
ins Grabe getragen.

Kommentar: Viele Anaphern, kreative Rechtschreibung („Mein leben langbis“ / „ins Grabe getragen“) passt zum Stil, authentisch, unbeschwert, frei, wurde so gelassen. Interessante Formulierungen („er mürbt in mir“, „er raubt mir an Herz“). Grammatisch fragwürdig, aber wohl trendy: „der Diese“. Die Autorin ist noch jung. Da schlummert viel Potential.

Ingrid Thiel

Über die Verwandlungskraft einer Chemotherapie

Als Antihelden schießen wir
hier eine fliegende Gewehrkugel
mit einer Anderen ab wobei
das Klangbild meiner Herzfermente
dazu die Pulsmusik schlägt

jede Unwägbarkeit ist auszuschalten
angesichts einer unbegreiflichen
Endlichkeit bin ich ein anderer
geworden meine vielstimmige
Herzkammermusik ist umgeschrieben

in hörbare Pausen vertieft
bis zur Leere aus der ich schöpfe gleich
einem Krug der zum Brunnen geht
verwandelt sind meine Alltagsworte
die mich über Dschungelkämpfe

flogen jetzt schleppen sie ihren Weg
als Gepäck auf dem Rücken und
versinken bei jedem Schritt im Morast
der Unverständlichkeit mein Lächeln
bessert die abgetragen Hoffnung aus

sie hält noch
bis zum Flohmarkt in Epikurs Garten

Kommentar: Zeilen, die von einem Kampf zeugen, Zeilen, die Mut machen. Eingefangene Gefühlswelten einer besonderen Situation.

Bettina Henningsen

kopfgeister

mit salz unter den füßen und

einem sack voller regeln auf der rückbank –

das sollte der anfang werden, von was-weiß-ich-was

[mit] der zeit wegfahren und doch alles festhalten

kennst du diese träume, wenn plötzlich

alle buchstaben aus dem papier fließen oder

du vergessen hast, wie man die beine bewegt

weglaufen geht nicht mehr und nicht

mehr weiter gehen geht auch nicht mehr

und wenn dann das von gestern einsteigt

zeigst du auf die vielen blätter, unbeschrieben,

hunderte, tausende von ihnen, eins für jeden

tag in deinem leben – deine kopfgeister

die eh alle machen was sie wollen

Kommentar: Schöne Sprache („buchstaben aus dem papier fließen“), unstrukturiert. Drei Strophen verschiedener Länge. Gedankenfetzen werden in Beziehung gesetzt.

Mona Ullrich

Macht die Friseusen reich!

Der Dichter Ovid hatte recht.

Was für eine wertvolle Kunst!

Ich ducke mich unter dem Klappern der Schere.

Trost kommt von ihr. Sie redet.

Kommentar: Die Autorin spricht hier von Ovid (ars amat. 3, 133-141), wo die Frisierkunst im Rom der Antike beschrieben wird.

Werner Siepler

Liebe

Eine Frau hatte er sich angelacht,
ihr mit Begeisterung den Hof gemacht.
Doch dabei ist es nicht geblieben,
nun macht er, von Liebe getrieben,
sogar noch über den Hof hinaus,
regelmäßig auch ihr Treppenhaus.

Kommentar: Auch Calau ist eine schöne Stadt.

Standesgemäßer Tod

Ein Vegetarier wird schmerzlich vermisst,
der äußerst überraschend gestorben ist.
Weil man ihn in einer Grünanlage fand,
die Todesursache eindeutig feststand.
So ließ man die Hinterbliebenen wissen,
er hat standesgemäß ins Gras gebissen.

Kommentar: Das ist so ähnlich und gefällt.

Volkssport für Snobs

Ein reicher Snob will Sport betreiben,
um körperlich recht fit zu bleiben,
drum stellt er Überlegungen an,
welchen Sport sein Körper leisten kann.

So sollen Übungen nicht quälen
und der Spaßfaktor darf nicht fehlen.
Sport ist für ihn auch Mittel zum Zweck,
im zähen Kampf gegen zu viel Speck.

Nun sucht der Snob ganz cool und gefasst,
nach der Sportart, die gut zu ihm passt.
Doch er war nie ein Sportfetischist,
so dass die Suche nicht so leicht ist.

Auf den Volkssport für Snobs fiel die Wahl,
ein Sport ohne Anstrengung und Qual.
Künftig wird er, um sich zu trimmen,
stets stilvoll in seinem Geld schwimmen.

Kommentar: Volkssport ist begrifflich etwas für die breite Masse. Schön wäre es ja, wenn jeder in Geld schwimmen könnte. Inhaltlich gehören diese Gedichte wegen ihres Humors eindeutig zu den stärkeren des Wettbewerbs. Durchgängig knackiger Paarreim. Hier geht es nicht um spitzfindige Formen, sondern um Pointen. Bei einem lustigen Gedicht ist vieles erlaubt. Die Werke sprechen einfach an.

Tessa Böhlke

Die Leiter zum Glück

Tief im Tal,
wo sich die Menschen nach Geborgenheit sehnen,
fließt ein Bächlein voller Qual,
sein Wasser bestehend aus Tränen.

Am Ufer sitzt ein kleiner Wicht,
vom Leben oft betrogen,
schaut mit traurigem Gesicht
auf die kleinen Wogen.

Als unverhofft ein Sonnenstrahl
Durch die Wolkendecke fällt,
der nicht nur das ganze Tal,
sondern auch des Wichts Gemüt erhellt.

Da nimmt dieser sein Glück in die Hand,

klettert an dem Sonnenstrahl empor.

Oben angekommen, erblickt er weites Land

Und ist zufrieden wie nie zuvor.

So ist das nun mal mit dem Glück

Jede Chance muss man nutzen- so wie der Wicht

Er kehrte nie mehr ins Tal der Tränen zurück.

Tut es ihm gleich, wenn die Sonne das nächste Mal durch die Wolken bricht.

Kommentar: Kreuzreim durchgehalten. Anrührender Inhalt.

Alexandra Huß

RÜCKKEHR UNERWÜNSCHT

Ich habe heute ein paar Blumen nicht gepflückt, um dir ihr Leben zu schenken.

Christian Morgenstern (1871 – 1914)

November 1943
Ein finsterer, kühler Morgen erwartete mich. Und dieses Mädchen.
Hinter dem Drahtzaun, nähe Baracke Nr.L 410, saß sie im Dreck und spielte.
Mit winzigen Fingern zeichnete jenes Kind Figuren in den Staub, mal einen Kreis, den sie wegwischte, dann ein Haus, dass ihr besser zu gefallen schien. Sie lächelte. Die Kleidung, die das Mädchen trug, erinnerte mich an eine zerfledderte Vogelscheuche. Grober Stoff, aus dem man Kohlesäcke hätte anfertigen können. Sie kauerte da ohne Schuhe, das Haar wirr im Gesicht. Eben blickte sie auf, hatte mich bemerkt.
Ich flog hinüber, setzte mich auf den steinernen Pfosten, der den Zaun hielt, und zwitscherte.
Das Mädchen erhob sich, putzte mit dem Ärmel Rotz von der Nase. Blaue Kulleraugen blinzelten mich an. Ich spähte zurück.
Sie wollte etwas sagen, öffnete einen kurzen Augenblick den zwergenhaft kleinen Mund, überlegte es sich anders, und schwieg.
Sie schien zu lauschen. Erneut sang ich mein Lied, sofort lachte das Kind. Sie begann, im Kreis zu drehen, den Kopf gen Himmel gerichtet. Beide Arme hielt sie in die Höhe.

Während das kleine Mädchen tanzte, besah ich mir diesen Ort. Unwirtlich kam mir zuerst in den Sinn. Das, was ich als Menschengestalt kennengelernt hatte, wirkte hier gespenstisch. Niedergebeugte Figuren, so hager wie der alte Apfelbaum, indem ich meine Brut pflegte. Brauner Staub überzog die Ebene, Schnee lag noch keiner. Die Häuser, die dort standen, Elend. Kahles Mauerwerk, nirgendwo ein Garten. Kein Baum, kein Gras, keine Blume.
An was für einen Ort hatte es mich verschlagen? Sollte ich dieses mickrige Kind fragen?
„Tanzt du mit mir?“, bat sie mich unvermittelt.
Die Tanzeinlage hatte sie erschöpft, aber wie jedes Kind, war das Mädchen aufgedreht. Sie schnappte nach Luft, grapschte in meine Richtung.
Ich war nicht gerade das, was man scheu nannte, doch dieser abrupte Angriff lies mich aufflattern. Ich breitete meine braunen Flügel aus, flog einen Kreis über den Kopf des Kindes. Sofort verzog sie das Gesicht.
Ich sann noch mal über diesen grausigen Ort nach, dann schwang ich mich wieder auf den Pfosten.
„Hier gibt es keine Schmetterlinge“, erklärte die Kleine, und setzte sich zurück auf den Erdboden.
„Ich bin kein Schmetterling“, insistierte ich. Plusterte mein Gefieder mächtig auf.
„Warum nicht?“ kam von ihr.
„Weil ich ein Vogel bin. Hast du noch nie einen gesehen?“
„Vogel, schönes Wort, Vogel“, wiederholte das Mädchen. Ihre Lippen rundeten sich.
„Wohnst du hier, was ist das für eine Stadt?“
„Mutter nennt es Theresienstadt, manchmal auch Scheißhölle, aber das Wort darf ich nicht sagen“, flüsterte sie. Dabei schaute das Kind sich um, als erwarte es etwas.
„Ich wohne schon immer hier, glaube ich.“ Dabei deutete die Kleine auf den Schauplatz hinter sich.

Und ohne Pause fragte es: „Und wie heißt du?“
„Nun, ich bin eine Nachtigall. Einen Namen habe ich nicht“, gab ich an.
„Dann, dann nenne ich dich Rosè “, überlegte sie laut. Den Zeigefinger hatte das Mädchen jetzt tief in die Nase gesteckt. Drehte besonnen darin herum.
Ganz langsam, sodass dieses winzige Kind verstehen konnte, sprach ich laut und deutlich:
„Erstens bin ich ein Männchen, und infolge dessen kann und werde ich nicht Rosè heißen! Sag mir lieber deinen Namen, Mädchen?“
„Ich bin VIII /1 386“, schrie sie wie aus der Pistole geschossen. Dabei salutierte sie.
„So nennt man doch niemanden. Was sagt denn deine Mutter zu dir?“ fragte ich.
„Rahel“, erneut sprach sie ängstlich, vorsichtig.
„Das ist ein wunderbarer Name. Rahel. Ich mag nun doch einen Namen tragen. Überlegst du dir einen?“ bat ich sie.
Rahel sprang auf, hüpfte fröhlich auf und ab.
„Das mach ich. Singst du noch einmal dein Lied? Dann muss ich zurück. Gleich kommen die Männer. Wenn ich fehle, sagt Mutter, komm ich in den Ofen. Was meint Mama damit? Ich kann keinen Ofen sehen?“ fragte Rahel.
„Das wird eine Redensart sein. Im Falle, dass meine Kleinen nicht gehorchen, drohe ich mit dem größten Raubvogel, den es gibt. Dem Habicht“, erklärte ich.
Dabei versuchte ich, die Größe dieses Tieres zu veranschaulichen, indem ich meine gesamte Spannweite ausbreitete.
„Sehen wir uns morgen wieder, Vogel?“ Rahel trat auf der Stelle. Staubwölkchen stoben auf, sie grinste.
„Aber sicher“, zwitscherte ich. Wieder ganz Vogel.

Der kommende Tag bescherte uns Sonnenschein, keine Wolke am rosaroten Firmament. Frostig war es dennoch. Die heftigen

Verwirrungen der vergangenen Nacht waren endgültig gewichen. Dieser Ort hatte mir Albträume gebracht.
Ich schwang auf, segelte über die Häuser hinweg, schaute auf das Treiben unter mir. Es wimmelte von Menschen, teilnahmslose Gespenster, ohne jedwede Individualität. Graue Klumpen, in Reih und Glied.
Auf was warteten sie?
Stiefelgetrampel, mechanisches Klackern. Jemand brüllte gemeines Zeug. Dann folgten Schüsse.
Ich flog auf der Stelle, konnte den Blick nicht abwenden. Spielt man bei den Menschen solche Spiele? Auf dem Platz plumpsten alle in den Staub, ich zog weiter, um Rahel zu treffen.
Wie gestern saß sie im Staub und malte. Ich pflanzte mich auf den Pfosten. Als sie aufblickte, sah ich die Tränen.
„Warum weinst du, kleines Mädchen?"
„Ich bin nicht klein, stotterte sie. Mutter ist fort. Man hat die Frauen in den Zug gesteckt und weit weggebracht. Mama sagte, bis bald. Aber das glaub ich nicht. Niemand, der in den Zug muss, kommt zurück."
„Du lieber Gott, Rahel." Ich flatterte auf ihre Schulter, spitzte den Flügel und wischte die Tränen weg. Sie zitterte am ganzen Leib.
„Fritz, ich möchte wegfliegen", kam matt von ihr. „Nimmst du mich mit?"
Fritz dachte ich. Nicht besonders lyrisch, aber ... Rahel unterbrach meinen Gedankengang.
„Schon heute?"
„Zum Fliegen braucht man Flügel, mein Kind. Aber weglaufen, wie wäre es damit?" Während ich dies sagte, besah ich mir den hohen, mit spitzen Zacken bewaffneten Zaun. Da kam kein Kind rüber.
Ich fragte: „Wo ist denn hier der Eingang?
„Es gibt nur den Ausgang. Da, hinter Baracke 107 fährt der Zug hinaus. Aber die schießen dich Tod, wenn man näherkommt,

sagte Mutter.“ Die Kleine deutete mir rot gefrorenen Händchen auf den grauen Berg, den sie Baracke nannte.
Ich wirbelte auf, flog in die Richtung. Und da sah ich den Ofen, von dem Rahel sprach. Auch dort, in Reih und Glied die ärmlichen Wesen. Einer nach dem Anderen wanderte geruhsam hinein. Es war totenstill. Der gesamte Ort schien im Nebel zu leben. Unsichtbar. Jetzt schloss man die Türe. Eine meterhohe Rauchsäule entstieg kurz darauf dem Schlot, der enorm in den Himmel reckte. Es roch entsetzlich.
Ich flog zurück.
„Wir werden Morgen aufbrechen, ich lass mir was einfallen Rahel. Versprochen.“
„Versprochen plapperte sie mir nach.“ Dann hielt sie die Nase in die Luft. „Es stinkt.“

Es war Freitagmorgen, recht früh. Das Pfeifen des Zuges hätte mich warnen müssen. Doch ich hatte ja keine Ahnung.
Frei von bösen Gedanken breitete ich die Flügel, entschwand zu Rahel.

Die letzten Mädchen zog man an den Haaren in den Zug. Rahel wehrte sich mächtig. Sie sah mich kurz an, rief: „Nicht schlimm, Vogel“, und verschwand hinter der eisernen Türe. Das Letzte, was ich hörte war ihr zartes Stimmchen:

Sag mir Stern, in jeder Nacht
Wohin wirst du ziehen,
Folgst du mir und bringst mich Heim,
Oder wirst du fliehen?

Sag mir Sonne, hell beglückt
Was ist deine Mär?
Stehst du auf, zu jeder Zeit
Gänzlich unverrückt?

Sag mir Mond, am Himmelszelt,
Kennst du mich vielleicht?
Sag mir bitte, wer ich bin
Habe ich dich erreicht?

Wild mit den Flügeln schlagend, versuchte ich den Riegel aufzubekommen, als der Waggon sich bewegte. Der Zug rollte los. Nach knapp drei Stunden, in denen ich die Bahn begleitete, kamen mir die unsinnigsten Gedanken. Was war hier los? Dann verlor ich die Kraft, stürzte zu Boden.

Das Letzte, was ich sah, gebe ich nun hier wieder.
Die Aufschrift, hinten am letzten Waggon.
Kindertransport VIII/1386. Auschwitz. R. U. Rückkehr unerwünscht.*
Vielleicht erging es dem Mädchen dort besser, hoffte ich. Mühsam flog ich in entgegengesetzte Richtung davon.

*Der Aktenvermerk „RU“ (Rückkehr unerwünscht) bei einem KZ-Häftling kam einem Todesurteil gleich.

Kommentar: Aus der „Vogelperspektive“. Ein trauriges Kapitel.

Alli Wolfram

Wunder der Nacht

Vom Wind umarmter Rosenduft
Schweift selig durch die Nacht
So zart entfaltet Nebelluft
Des Mondlichts süße Pracht

O bist du schön im Silbergrau
Du Wolkenschiff am Himmel
Der Brise - segensreich und lau -
Folgt nun ein Ross, ein Schimmel

Ja, sich das Bild gewandelt hat
Zu sechs umschäumten Wellen
Kein Mensch sieht sich daran wohl satt
An zahllos heil'gen Stellen

Es gibt kein Wirken hier wie dort
Von größerer Vollendung
Das sagt uns selbst des Schöpfers Wort
Ein weit'res wär Verschwendung

Kommentar: Reime und Metrik sind ansprechend. Unschön die Inversion am Anfang der dritten Strophe. An dieser Stelle bricht auch die Stimmung der ersten beiden Strophen, das Bild wird mystischer, eine weitere Ebene öffnet sich.

Helmut Glatz

Kennen Sie Kuibyschewsky?

Kennen Sie Kuibyschewsky? Kennen Sie Sokolov? Zwei Klassiker der Moderne im ausgehenden einundzwanzigsten Jahrhundert. Den Positivismus konsequent negierend, schufen sie den konstruktiven Negativismus, also die Lehre[1] vom Nichts, vom gestalteten Nichts.

Sie schrieben nichts, sie malten nichts, sie komponierten und sangen nichts. Sie enthielten sich sogar der Sprache[2] und setzten das Quantum ihrer Essrationen auf so etwas wie ein Bifi und einen Bio-Müsliriegel zurück.

Was ist das Nichts?, war ihre Ausgangsfrage, und als sie diese gelöst hatten, beschäftigten sie sich mit weitergehenden Problemen: Was ist Nichts plus Nichts? Was ist Nichts mal Nichts? Was ist Nichts hoch Nichts? Und dann die kühne Fragestellung: Ist Nichts minus Nichts ebenfalls Nichts – oder nichts?

Die beiden kamen schließlich zu dem Ergebnis, dass es zwei Qualitäten des Nichts geben müsse: Das qualitative Nichts und das unqualifizierte Nichts: Eines substantiell, das andere substanzlos, eines unangreifbar, das andere nicht fassbar, eines definierbar, das andere... Aber welches nun?

---

[1] Gelegentlich hier auch als „Leere" bezeichnet.

[2] Eine zweifelhafte Aussage, die im Widerspruch zum anschließenden Text steht.

Vergegenwärtigen wir uns das Problem an einem Beispiel der Philosophen und stellen uns die Frage: Welche Farbe besitzt ein Kreis? Wir nehmen ein Blatt Papier, ergreifen einen Bleistift und malen einen Kreis. Dessen Farbe aber ist die Farbe des Papiers, sein Umkreis die Farbe des Bleistifts, aber was ist die Farbe des Kreises?

Also müssen wir uns das Papier, den Bleistiftstrich und alles andere wegdenken, Was bleibt? Nichts. Oder doch etwas: Der farblose, unsichtbare Kreis unserer Vorstellung. Mit den Worten der konstruktiven Negativisten: Das substantielle Nichts eines Kreises.

So gesehen gibt es unzählige Nichtse. Das Nichts eines nichtvorhandenen Hauses, das Nichts der untergegangenen Saurier, das Nichts des Neumonds.

Das substanzlose Nichts hingegen kommt ohne Saurier, ohne Neumond und ohne Häuser aus.

Ja, es existiert sogar ohne Worte. Eliminieren Sie das Wort Nichts aus Ihrem Bewusstsein!

Vernichten, vernichtsen Sie das Nichts! Verbrennen Sie diese sechs Buchstaben auf dem Altar Ihrer jämmerlichen Existenz! Schreien Sie Ihre Not hinaus! Brüllen Sie an gegen die Zeitenflut dieser Zukunft, wie einst Demosthenes gegen die Wellen schrie, bis Ihnen der Atem ausbleibt, bis Sie sich die Lunge aus dem Hals geschrieen haben!

Anhang: Die beiden konnten gerettet werden. Kuybischewsky befindet sich nunmehr in einem Salatorium am Schwarzen Meer, während Sokolov die Erfüllung seiner Existenz als Straßenkehrer in einer altindischen Kleinstadt gefunden hat.

Eva-Jutta Horn

Frage und Antwort

Fragst du mich
Nach dem Leben -
Ich liebe es erst
Seit ich dich sah.

Fragst du mich
Nach dem Tode -
Er schreckt mich erst
Seit ich dich kenne.

Wenn du mich
Nach der Liebe -
Wahr ist sie erst
Seit es dich gibt.

Christa Wagner

Wunnebar oder der Verrat

Es gibt Tage, an denen die Rätsel des Lebens, über die man wieder und wieder gegrübelt und für die man keine Erklärung gefunden hat, plötzlich schlüssig und gelöst vor einem liegen wie sperrige Puzzleteile, die von selbst auf ihren Platz gesprungen sind.

Ein solcher Tag war für die achtzigjährige Marie der erste Weihnachtsfeiertag. Sie saß festlich gekleidet inmitten ihrer Mitbewohner im Speisesaal des Betreuten Wohnens und lauschte einem Kinderchor, der nach dem Mittagessen die Senioren durch seine Darbietungen erfreuen wollte. Die Kinder trugen altbekannte Weihnachtslieder so gefühlvoll vor, dass der alten Dame vor Rührung die Tränen über die Wangen liefen. Als der Applaus fast schon abgeebbt war, rief Marie: „Wunne, wunne, wunnebar". Dabei klatschte sie zu jeder Silbe kräftig in die Hände. Sie lachte verlegen, als sie merkte, dass viele Augen auf sie gerichtet waren. Selbst der sonst so verschlossen wirkende graubärtige Rollstuhlfahrer, dessen Namen sie nach den drei Wochen, in denen sie hier war, immer noch nicht kannte, schaute aufmerksam zu ihr herüber. Sie genierte sich fast. Es war Jahrzehnte her, seit sie sich zum letzten Mal zu diesem Ausdruck aus ihrer Kindheit hatte hinreißen lassen. Marie bemerkte, dass der Rollstuhlfahrer auf sie zuhielt. Er schaute sie an und sagte leise: „Entschuldigen Sie bitte, aber Sie erinnern mich an ein junges Mädchen, auch sie hatte vor Begeisterung genauso gerufen und geklatscht.“ Marie kam irgendetwas bekannt vor an dem kräftigen Mann mit der sanften Stimme. „Marie Seufert war ihr Name“, fuhr er fort, „ist schon über 60 Jahre her.“ „Aber Marie Seufert, so hab ich geheißen, vor meiner Heirat. Aus Markt Birkendorf!“ Sie merkte, wie seine Lippen zitterten. „Dann bist du es, Marie! Erinnerst du dich noch an mich? Leonhard Toppler. Leo!“

„Leo!“ Marie blieb fast der Name im Hals stecken. „Das gibt es doch nicht!“ Plötzlich wurde sie wieder lebhaft: „Seit wann bist du hier? Bist du allein? Wie geht es dir?“ Leo lächelte. „Typisch Marie, alles auf einmal. Bin seit zwei Jahren hier, versorg mich weitgehend selbst, geh nur hierher zum Mittagessen. Hör zu! Ich würde mich gern mit dir unterhalten. Hast du Lust zu kommen? Gegen 17 Uhr? Apartment 112, erster Stock.“ „112, erster Stock“, murmelte Marie. „Klar komm ich.“ Sie winkte ihm nach, als er zum Aufzug rollte, eilte in ihre Wohnung, legte sich aufs Bett und schloss die Augen.

Leo, mein Gott! Sie hatten nur drei gemeinsame Monate gehabt. Keinen Mann hatte sie mehr geliebt als ihn, keiner hatte sie mehr enttäuscht. Es war 1950 gewesen, einige Wochen vor Weihnachten, als der alte Dorflehrer sich das Bein gebrochen hatte. Der junge Leonhard Toppler kam als Vertretung ins Dorf und logierte im Gasthaus zur Linde, in das Maries ältere Schwester Siglinde eingeheiratet hatte. Marie selbst war damals 18 Jahre alt und wohnte bei ihren Eltern, die einen kleinen Bauernhof betrieben, der genau zwischen Wirtshaus und Schule lag. So konnte sie täglich mehrmals den jungen Mann am Hof vorbeigehen sehen. Er gefiel ihr ungemein: groß, kräftig, aber nicht dick, lockiges, braunes Haar, ein kurzgeschnittener Vollbart, sinnliche Lippen. Wenn sie ihn sah, rief sie fröhlich: „Grüß Gott, Herr Lehrer!“ Er hob die Hand und erwiderte: „Grüß Gott, mein Fräulein!“ Sie musste kichern, er grinste. Nach ein paar Tagen entgegnete er lachend: „Grüß Gott, Fräulein Marie!“

Ihre Schwester, die Wirtin, musste geplaudert haben. Natürlich hatte Marie aus derselben Quelle schon einiges über ihn erfahren: Er war 24 Jahre alt, stammte aus Nürnberg und war ledig. Auch die Schulkinder fragte sie über ihn aus. Sie waren begeistert. Endlich ein Junger, mit dem man viel öfter lachte als mit dem Dorflehrer.

Der Höhepunkt von Maries Tag war die Begegnung mit ihm. Sie trieb sich kurz nach Schulschluss im Hof oder auf der Straße herum, schippte Schnee, ging einkaufen, besuchte ihre Schwester. Sie plauderte fast täglich ein wenig mit dem jungen Mann, über dies und das, aber immer nur kurz, alles andere wäre unschicklich gewesen. Ihre Eltern hatten die Situation natürlich erfasst, die Mutter schimpfte: „Der Mann spielt doch bloß mit dir. Du machst dich vor dem ganzen Dorf lächerlich, begreifst du das nicht?“ Aber Marie war sich so sicher, wie es nur eine Achtzehnjährige sein kann, dass die Zuneigung eine gegenseitige war und wollte keineswegs ihre kurzen Treffen mit Leo, wie sie ihn schon heimlich nannte, einschränken.

Als die Schulkinder im Wirtshaussaal ihr Weihnachtsspiel aufführten, saß Marie in der ersten Reihe. Sie klatschte am Ende der Vorstellung vor Begeisterung dreimal in die Hände und rief dazu etwas zu laut:“Wunne, wunne, wunnebar“. Die Kinder kicherten und Leos Augen blitzten. Als der Saal sich leerte, drückte sich Marie noch ein bisschen herum. Leo sprach sie an, lud sie zu einem Bier ein. Mit Herzklopfen setzte sich Marie zu ihm. Sie hatte irgendwie das Gefühl, sich für ihr Verhalten entschuldigen zu müssen. Aber Leo legte kurz seine Hand auf ihre, lächelte und meinte. „Ich finde Sie wunnebar“. Seine Berührung und seine Worte gingen ihr durch und durch. Sie war unfähig, etwas Geistreiches zu sagen. Zum Abschied steckte er ihr heimlich ein flaches Päckchen zu. „Machen Sie es erst am Fest auf und denken Sie an mich!“

Das hätte er nicht zu sagen brauchen. Für den Heiligen Abend, bevor sie ins Bett ging, hob sie den köstlichen Augenblick des Öffnens auf. Mit zitternden Fingern löste sie vorsichtig das Geschenkpapier. Ein Schächtelchen kam zum Vorschein, in ihm lag ein feiner Silberarmreif. Glücklich küsste sie den Reif, probierte ihn an. Erst als sie das Geschenkpapier entsorgen wollte, sah sie die Weihnachtskarte. „Für Marie, das Mädchen, in das ich mich verliebt habe". Marie war im siebten Himmel. Leo liebte sie!

Am ersten Feiertag trug sie den Armreif. Auf die Nachfrage ihrer Mutter antwortete sie mit Schweigen. Die Mutter schüttelte missbilligend den Kopf. Marie schwante Böses. Sie sollte sich nicht täuschen. Am Abend riefen ihre Eltern sie zum „ernsten Gespräch" in die gute Stube. Beide waren sich einig: Der Lehrer würde ihr nur Unglück bringen. Selbst, wenn er es ernst meinen sollte, müsste Marie weg mit ihm aus dem Dorf, fort von allem, was ihr lieb und vertraut war, von einem Hungerlohn leben. Der sonst so stille Vater sprach entschlossen: „Du bist zu jung, Marie, um zu wissen, was für dich gut ist. Wir verbieten dir jeden weiteren Kontakt. Achte auf deinen Ruf. Wer von den Bauernburschen würde eine heiraten, die einem Hilfslehrer hinterherrennt?" Aha, daher wehte der Wind. Marie wusste schon längst, dass ihre Eltern sie gerne mit Erhard, dem Nachbarssohn, zusammen sähen. Sie ließen keine Gelegenheit aus, ihn über den grünen Klee zu loben. Marie mochte ihn ganz gern, mehr aber auch nicht. Niemals würde sie sich von den Eltern abhalten lassen, das schwor sie sich. Was sollte sie jetzt tun? Sie brauchte eine Verbündete, Siglinde, ihre Schwester, die Wirtin. Gleich am nächsten Morgen vertraute sich Marie ihr an. Siglinde legte den Arm um Marie und versprach: „Klar kannst du dich auf mich verlassen." Sie zeigte Marie sogar Leos Zimmer. Er hatte viele Bücher, auf seinem Schreibtisch lagen

Heftstöße herum. Marie roch an seinem Kopfkissen. Ihre Schwester lachte: „Dich hat´s ja schwer erwischt."

Nach den Weihnachtsferien gelang es ihnen, sich dank Siglindes Verschwiegenheit meist täglich zu sehen, miteinander zu sprechen, sich verstohlen zu berühren. Einmal durfte sie mit ihrer Schwester ins Kino in die Kreisstadt. Leo war ebenfalls dort. An den Film konnte sich Marie nicht mehr erinnern, wohl aber an leidenschaftliche Küsse im dunklen Raum. Beim Faschingsball im Wirtshaussaal wenig später schaute das ganze Dorf zu, wie sie eng umschlungen tanzten und in der Bar schmusten. Gegen 23 Uhr hielt Marie es nicht mehr aus. Sie wollte mehr. Aufgeregt flüsterte sie Leo zu: „Geh in dein Zimmer. Ich komm in einer halben Stunde nach." Marie merkte, wie Leo erst fast etwas erschrocken wirkte, sie dann aber anstrahlte und rasch den Saal verließ. Marie plauderte noch etwas hier und da, tanzte sogar mit ihrem Nachbarn Erhard. Dann tat sie so, als ginge sie heim. Leise huschte sie die Treppe im Wirtshaus hoch und tippte mit dem Finger an seine Zimmertür. Sofort öffnete sie sich, Leo schien dahinter gewartet zu haben. Was folgte waren die seligsten Stunden ihres Lebens.

Gegen drei Uhr schlich sie sich heim. Am nächsten Morgen war der Teufel los. Die Mutter hatte bereits erfahren, was sich beim Ball abgespielt, und dass Marie den Saal schon vor Mitternacht verlassen hatte. „Ich habe dich gehört, du bist erst um drei Uhr hier gewesen, du elende…" Die Stimme ihrer Mutter überschlug sich, ging ins Schluchzen über. Der Vater warf Leo Leichtsinn und Verantwortungslosigkeit vor. Auch ihrer Schwester Siglinde wollten die Eltern die Leviten lesen.

Erst drei Tage später schaffte es Marie, sich zu Leo zu stehlen. Sie sah bereits an seiner Miene, dass etwas nicht stimmte. Der alte Lehrer würde nach den Faschingstagen seinen Dienst wieder aufnehmen. Leo selbst war für das ganze restliche

Schuljahr nach Neumarkt versetzt worden. Marie stand da wie vom Donner gerührt. Leo nahm sie in die Arme und flüsterte: „Warte auf mich. Ich komme zurück. Ich liebe dich. Du bist die Frau, mit der ich leben will." Sie vereinbarten, dass er bei ihrer Schwester anrufen und Briefe an sie schicken sollte. Seine neue Adresse, die er noch nicht kannte, würde sie auf diese Weise erfahren. Als Marie sich von Leo trennen musste, war ihr klar, dass es nur für kurze Zeit sein würde, dass sie ein gemeinsames Leben mit Leo vor sich hatte.

Aber Marie hatte nie mehr von ihm gehört. Kein Anruf kam, kein einziger Brief. Marie war fast verrückt geworden. Noch heute, über 60 Jahre später, konnte sie es nicht begreifen. Warum hatte er sie aus seinem Leben verbannt? Monatelang hatte sie sich gequält, war abgemagert. Mutter hatte die Erklärung: „Für ihn war es nichts Ernstes. Jetzt hat er eine andere. Sei froh, dass er weg ist!" Langsam glaubte sie ihr. Wie konnte es anders sein?

Am nächsten Weihnachtsfest verlobte sie sich mit Erhard. Die Eltern waren begeistert. Sie heirateten im Sommer darauf, bekamen zwei Kinder. Erhard war ein guter, verlässlicher Ehemann und Vater, stets auf seine Familie aus. Als er vor einem Jahr starb, trauerte Marie aufrichtig um ihn. Die Kinder lebten beide woanders, und so hatte sie sich entschlossen, ins Betreute Wohnen zu ziehen.

Gegen 17 Uhr nahm Marie den Aufzug in den ersten Stock, suchte Leos Tür und klopfte. Ihr Herz schlug wie wild vor Aufregung. Reiß dich zusammen, du bist keine 18 mehr, schimpfte sie mit sich selbst. Leo saß am Tisch, eine Kerze brannte, ein Teller mit Plätzchen stand bereit, eine Flasche Rotwein daneben. Er hatte die Wohnung gemütlich eingerichtet, die Wände voller Bücher. Sie plauderten über das Heim, die Schwestern, das Essen. Leo war schon zwei Jahre da, seit dem Tod seiner

Frau. Wegen seiner Arthrose war er auf den Rollstuhl angewiesen. Auch Marie erzählte ihre Geschichte. Dann wurden beide still. Marie nippte am Rotwein, aß ein Plätzchen. Sie schauten sich an.

Auf einmal flüsterte Leo: „Warum, Marie? Warum hast du dich damals verleugnen lassen? Warum wolltest du mich nicht mehr?“ Ungläubig schaute Marie ihn an. Hatte Leo noch seine fünf Sinne beieinander? „Aber es warst doch du, der mich verlassen hat. Du, der nicht angerufen und nicht geschrieben hat.“ Vor Aufregung war Marie immer lauter geworden. Sie sah, dass seine Unterlippe zitterte. „Aber Marie, das stimmt doch nicht. Deine Schwester hat mir mehrmals am Telefon gesagt, du willst nichts mehr von mir wissen. Viele Briefe hab ich geschickt, an Siglinde, auch an die Adresse deiner Eltern. Nichts. Zu Ostern hab ich dann noch einmal angerufen. Siglinde hat gesagt, du hättest dich mit Erhard verlobt. Ich sollte endlich Ruhe geben. Ich war verzweifelt, hab´s aufgegeben. Es hatte keinen Sinn mehr.“

Marie schüttelte den Kopf, packte seinen Arm, erzählte, wie´s wirklich gewesen war.

Hatte sie es nicht ein Leben lang tief in ihrem Innersten gespürt? „Aber warum hat deine Schwester das getan?“

„Ich weiß es nicht, kann sie nicht mehr fragen, sie ist seit fünf Jahren tot. Vielleicht haben meine Eltern sie stark unter Druck gesetzt. Sie wollten mich mit aller Macht im Dorf halten. Sie haben das als mein Bestes angesehen.“ Marie schluckte. Sie waren um die Chance gebracht worden, ihr Leben miteinander zu führen. Aber sollten sie jetzt darüber verbittert sein? Es nützte niemanden mehr. Waren sie nicht beide zufrieden gewesen mit ihrem Leben? Sollten sie nicht dafür dankbar sein?

Marie flüsterte: „Und heute, an Weihnachten, haben wir uns wie durch ein Wunder wiedergefunden. Dass ich das noch erleben durfte!“ Es war inzwischen dunkel im Zimmer geworden, nur die Kerze flackerte. Da hörten sie einen Posaunenchor draußen vor der Eingangstür spielen. Leo rollte zum Fenster und schaute hinunter. Marie schob ihren Stuhl dazu. Beim „O du fröhliche“ fanden sich ihre Hände. In Marie breitete sich ein tiefer Frieden aus, sie hatte das Gefühl, endlich angekommen zu sein.

Kommentar: Eine bitter-süße Romanze, bewegend.

Molla Demirel

Die Liebe rot

Die Sonne ergießt ihr Feuer
Von der Jahreszeit ist's Juli
Die Datteln rot.

Ihre blauen Augen starren in meine
Zur Blume erwacht das Herz erneut
Wie Äpfel so scheinen
Die Wangen rot.

Ihr Haar, dem Wind anvertraut
Das Lächeln, wie eine Sternschnuppe
Zerteilt die Dunkelheit
Die Lippen rot.

Sie hängt sich bei mir ein
Wir leisten einen Eid
Freiheit duldet kein Zögern
Die Liebe rot.

Kommentar: Die Epiphern erklären den Titel. Poetisch.

Ulrike Tovar

Rollt doch

„Mama“, bettelte das 1000-Füßlerkind. „Ich möchte bitte Rollschuhe!“ Die 1000-Füßlermutter starrte ihr Kind sprachlos an. Nach einer Weile begann sie, nervös von einem Bein auf das andere zu treten – 500 mal.

Der 1000-Füßlervater kam hereingestürmt und fragte, was dieses unerträgliche Getrampel zu bedeuten habe? Die Mutter zeigte zitternd mit ihren ersten 72 Paar Füßen auf das Junge und flüsterte:“ Es möchte Rollschuhe haben!“

Dem Vater blieb vor Staunen der Mund offen stehen. Er fing an, mit ungefähr 280 Füßen auf den Tisch zu trommeln. Nach einiger Zeit haute er mit 720 Füßen darauf und brüllte:“ NEIN!!“

Mit allen Füßen auf einmal stampfte das 1000-Füßlerkind auf:“ Und warum kann ich keine Rollschuhe haben?“ schrie es. Dann kringelte es sich zusammen und schluchzte jämmerlich.

Dem 1000-Füßlervater tat es leid, dass er so gebrüllt hatte und erklärte seinem Kind, dass er unmöglich 500 Paar Rollschuhe kaufen könnte und dass im Haus auch kein Platz sei, um sie aufzubewahren.

Plötzlich erscholl aus fast allen Häusern des 1000-Füßlerdorfes lautes Geschrei, Gejammer und tausendfaches Füßestampfen. Immer wieder waren empörte Rufe von Eltern zu hören:“ Rollschuhe? Du spinnst! Wo sollen wir das Geld dafür hernehmen? Wie willst du in deinem Zimmer so viele Rollschuhe unterbringen?"

Langsam wurde es ruhiger. Viele 1000-Füßlerkinder hockten wütend oder traurig oder weinend in ihren Zimmern. Ihre Eltern saßen erschöpft und ratlos auf den Bänken vor ihren Häusern.

Mit 500 mal tripp und 500 mal trapp schlurfte der Urgroßvater der ganzen Sippe durch die Gassen und bestellte die 1000-Füßlereltern auf den Dorfplatz. „Psst", machte er. „Ich habe eine Idee. Kommt mal alle!"

Die 1000-Füßler mussten höllisch auf ihre Füße aufpassen, dass sie nicht durcheinander kamen und dass sie vor allem ganz leise auftraten. Manche humpelten auch, weil sie Schwierigkeiten wegen ihrer vielen Hühneraugen hatten.

Als endlich alle Füßlereltern in Reih und Glied im Kreis vor dem Urgroßfüßler standen und jeder seine 2 x 500 Füße ordentlich nebeneinander gestellt hatte, erhob sich dieser auf seine 120 hinteren Beine und erklärte seine Idee: „Natürlich könnt ihr nicht jeder 1000 Rollschuhe besorgen. Rollschuhlaufen macht zu zweit mehr Spaß – also brauchen wir dazu 2000 Rollschuhe. Das sind 1000 Paar. Wir haben hundert 1000-Füßlerkinder und sind 100 Familien. Jede Familie braucht nur 10 Paar Rollschuhe zu besorgen. Wir müssen zusammenhelfen, um den Kindern die Rollschuhe anzuziehen. Außerdem können wir uns glücklich schätzen, dass alle dieselbe Schuhgröße haben!"

Und so wurde es gemacht! Solange kein Schnee lag, flitzten immer abwechselnd zwei 1000-Füßlerkinder jubelnd um den Dorfplatz.

Und wenn im Winter der Dorfteich zugefroren ist, wollen sie Schlittschuhe – aber das wissen ihre Eltern noch nicht.

Cornelia Arbaoui

Liebessehnsucht

Wenn unzählbar schöne Sterne funkeln
und erhellen meine Nacht so lichterklar,
verweilt das Herz trotzdem im Dunkeln,
denn das Leiden der Liebe ist unheilbar.

Wenn wilde Schwäne still vorüberzieh'n,
warm eingetaucht in das Licht der Sonne.
wird meine Seele nicht mit ihnen flieh'n,
denn nur der Gedanke an dich ist Wonne.

Wenn deine Gestalt an mir vorübergeht,
als hätte ich ganz aufgehört zu existier'n,

wie ein Gespenst, das für immer verweht,

dann werde ich mich im Nichts verlier'n.

Doch schenkst du mir nur ein Lächeln zu

aus deinem Reich so weit entfernter Sterne,

dann findet das Herz seine ewigliche Ruh

und verweilt träumend bei dir in der Ferne.

Kommentar: Kreuzreim, Metrik beliebig, Thema beliebt.

Eva Beylich

Alea iacta est

Gewürfelt aus dem Dunkel

In das Licht des Lebens

Mit knochiger Hand

Gefallen fast in rote Tiefe

Ins steinerne Grab

Doch dann: das grüne Band

Gerettet durch Verkeilen

In einer Hoffnungswand

Die Chancen transparent

Gestürzt ein andrer Würfel

In Licht und Brand

Gestützt durch ein dünnes Band

Genügsam warten wir

Was unser Würfel macht

Bevor er fällt

Kommentar: Alliterationen an den Strophenanfängen (gewürfelt, gefallen, gerettet, gestürzt, genügsam), Partizipien – nur das letzte nicht: hier wird ein Signal gesetzt, hier geht es um uns. Eingestreut Reime (darunter ein identischer). Ausnahme wieder die letzte Strophe.

Lena Bachleitner

Drei Winter

Der dritte Winter
schleicht sich leise an,
zieht mich wie so oft
in seinen kalten Bann.

Sitzt in Schneeflocken
die sich auf mir niederlegen,
in eisernen Stürmen,
die um mich wehen.

Damals kam der Frühling,
zwei Sommer vergingen,
nur noch eine Jahreszeit
ist mir nun geblieben.

Marvin Jüchtern

Die stumme Frau

Es ist ganz anders, wie sie schweigt
und wie sich ihre Züge zueinanderlegen,
wie Schnee, der leise in den Wind geneigt
vom Himmel fallend in die trägen
Lüfte sinkt und steigt.

Und wie sich ihre Brauen heben,
wenn scheinbar nicht viel mehr erklingt,
als sonst. Und ihre Lippen, die zusammenkleben,
plötzlich offen liegen und sie singt,
wie eine Stille, die sich eben

umentschlossen hat, noch mehr zu sein,
als grelles Licht auf weißem Untergrund.
Und voller Würde trägt sie ein
ganz sanftes Lächeln auf dem kleinen Mund.

Wilfried Flau

Etwas fehlt

Auf Händen getragen vom Spätsommerwind
ein Stück nur
fällt Regen auf unser Haus.
Im nahen Wald ein hungriger Specht
wie ein Maschinengewehr hämmernd
am Rande zur Nacht.
Dein roter Mund über einem Glas Wein
flackert dein Blick zu mir
durchs Kerzenlicht.
Von Grillengeräuschen redest du
von den Tönen der Vögel im Apfelbaum
hinter dem Haus.
Vom Flug der südlichen Störche
und leeren Nestern unter herbstlichem Himmel.
Du redest und redest
Schatten zucken über dein Gesicht
nur dass du mich liebst
sagst du mir nicht.

Kommentar: Auf der Grenze zwischen Gedicht und Prosa. Eine schöne Szene mit passender Pointe.

Kristin Kunst

Schöne neue Welt

Smartphone du in meinen Händen,
Geheiligt wird dein Name
Dein Reich kommt,
mein Wille geschehe,
wie Reallife so im Cyberspace.
Unser tägliches Selfie gib uns heute
und vergib uns unsere Dislikes.
wie auch wir vergeben unseren Unfollowern.
Und führe uns nie wieder offline,
sondern erlöse uns aus der Einsamkeit.
Denn dein ist meine Zeit, meine Kraft
und ich tweete:
Ist das die Herrlichkeit in Ewigkeit ?
Amen.

Kommentar: Der Anklang an das Vaterunser könnte Unmut hervorrufen. Aber die Kunst ist frei.

Wolfgang Mach

Des Abends

beuge ich mich über den Rand des Tages
tauche ein in die Dämmerung
atme den Duft der Nacht
pflücke die Frucht der Ruhe
und ahne das Gefühl von Frieden

Kommentar: Freier Rhythmus. Poetische Sprache zu einem gängigen Thema, das doch immer wieder Neues bietet.

Wolfgang ten Brink

Das Glück fährt Cadillac

Ich glaube nicht, dass ich Tim gleich von Anfang an lieb hatte. Tantchen hatte ihn völlig verzogen. Also Tim ist frech, gierig, geradezu unersättlich und ziemlich fett. Vor allem ist er laut. Wenn er es in seinen Rauhaardackelkopf kriegt, kann er stundenlang bellen, jaulen und knurren. Als er zu uns kam, hat er gleich am ersten Tag Mamas gute Wolldecke zerbissen. Das war ein Theater.

Nachmittags war Tim plötzlich da. Oder besser; er kam vorgefahren. Mit Tantchens Cadillac nur ohne Tantchen. Tantchen ist übrigens Tante Martha. Richtig standesgemäß mit Chauffeur. Das war witzig. Ein Rauhaardackel mit Chauffeur, in unserer Gegend. Den Nachbarn sind die Augen rausgefallen. Ich fand das richtig gut. Für diesen Auftritt hatte Tim schon mal was gut bei mir. Wenn der Mierendorf, unser Hausmeister, das gesehen hätte, würde er mit uns nicht mehr so umspringen, wie sonst immer. Vielleicht war Tantchen doch für irgendwas gut. Sonst war sie eher eine Quelle von Stress. Weil sich Mama und Papa ständig wegen ihr stritten. Immer ging es ums Geld.

„Die Alte sitzt auf ihrer Kohle und wir wissen nicht, wie wir die Miete bezahlen sollen. Dabei bist du ihr Bruder."

Mama kann richtig biestig sein.

Tim steht also nachmittags mit Tantchens Chauffeur vor unserer Tür und bellt das ganze Haus zusammen. Mama reißt die Tür auf und Tim, ganz Hund von Tantchen, knurrt sie erst mal an. Dann drängt er sich an ihr vorbei, flutscht in die Küche, wo Mamas Grünkohleintopf auf dem Tisch steht. Also: Mama muss sich um den Chauffeur kümmern, der draußen im Flur steht, während ich in die Küche sprinte, um Tim vom Tisch zu scheuchen, damit er nicht unsere Wurst frisst. Tim jault wie verrückt, weil er sich die Schnauze am Grünkohl verbrannt hat, aber meint einer, er lässt deshalb die Wurst los? Nein, er verzieht sich unter das Sofa und mampft unsere Wurst, während wir vor dem blöden Grünkohl sitzen. Na ja. Wenigstens ist der Chauffeur nicht mit reingekommen. Sollte bloß Tim bei uns abliefern, sagt Mama. Aber wahrscheinlich war es dem bei uns einfach zu laut. Bei Tantchen müssen sogar die Flöhe ins Taschentuch husten, sagt Papa.

Tim bleibt an mir hängen. Gassi gehen, füttern und aufpassen, dass er nicht im Haus bellt. Wir haben sowieso schon ständig Ärger mit den Nachbarn. Wochenlang ist Tim unser einziges Thema. Wer geht morgens mit ihm raus? Wer nimmt ihn nachmittags mit? Meist habe ich den Schwarzen Peter. Mama hat den Haushalt, Papa ist arbeiten.

Also muss ich Tim mitnehmen, sogar zu den Proben von meiner Band. Außer Tim haben wir übrigens noch ein Thema. Das ist Tantchen, obwohl sie gar nicht da ist. Meist fängt Mama an.

„Müssen wir uns das gefallen lassen? Dass sie einfach ihren Köter bei uns ablädt? Du bist ihr Bruder. Morgen redest du mit ihr. So geht das nicht weiter."

Wenn Mama so drauf ist, sitzt Papa meist schweigend am Tisch. Aber jetzt ist er im Zugzwang.

„Kann nicht mit Martha reden“, sagt er und knallt sein Bier auf den Tisch, dass der Schaum oben raus kommt.

„Du weiß selbst, dass sie in Argentinien ist oder sonst wo, jedenfalls in Südamerika.“

Mama lässt sich von Papa nicht beeindrucken.

„Wie lange soll das so gehen? Du weißt nicht mal, wann sie ihre Töle wieder abholt. Lässt dich von deiner Schwester behandeln wie der letzte Dreck.“

Papa versucht sie zu beruhigen.

„Du weißt, Martha hat keine Kinder. Außerdem ist sie 14 Jahre älter als ich. Seit unsere Eltern tot sind, bin ich ihr einziger Erbe. Und du auch. Falls du es schaffst, die Klappe zu halten.“

Das ist zu viel. Er weiß es. Aber jetzt ist Mama ist nicht mehr zu bremsen.

„Was ist die schon? Hält sich für was Besseres. Macht auf feine Dame, dabei hat sie sich in ihre Villa gevögelt.“

Dann sieht sie Papa an und sagt:

„Hätte ich auch machen sollen.“

Jetzt ist Papa wütend und ich mache, dass ich weg komme. Wenn die Beiden so drauf sind, kann das dauern. Jedenfalls ist es weit nach Mitternacht, bis ich einschlafen kann. So laut sind die. Aber immerhin. Ich habe was gelernt. Das werde ich Mama unter die Nase reiben. Wenn sie sich wieder über unsere Songtexte aufregt. Bloß weil da manchmal das Wörtchen Fuck auftaucht. Das sagt heute jeder und eigentlich geht es sowieso immer um das Gleiche.

Ich muss Tim mitnehmen, egal wohin, Hauptsache weg. Das hat sogar seinen Vorteil. Ich muss nicht ständig fragen, ob ich noch mal raus darf. Ich kann beliebig verschwinden, wenn ich nur Tim mitnehme. Meist macht mir das nicht mal was aus. Nur bei den Proben von unserer Band. Das stört. Tim springt ständig an uns hoch. Wir wollen einen neuen Song aufnehmen. Für YouTube. Mario hat sich extra die Kamera von seinem Bruder geliehen. Wir haben schon ein paar Sachen auf YouTube. Die werden auch angeklickt, nicht oft, aber immerhin. Gerade an dem Tag ist Tim total von der Rolle. Jault erbärmlich, dass es nicht zum Aushalten ist. Ich spreche also nochmal mit ihm, verspreche ihm ein Leckerli, wenn er brav ist. Das wirkt. Auf jeden Fall ist Tim erst mal still, denn er mag mich. Bei unserer Musik bin ich mir nicht so sicher. Aber mitten bei der Aufnahme wird er plötzlich verrückt. Kriecht auf dem Bauch zu mir, springt um meine Füße, rollt sich herum, bettelt. Wir sind gerade richtig in Fahrt, spielen einfach weiter. Der Sound ist riesig und irgendwie stört Tim gar nicht.

Als wir uns die Aufnahme ansehen, sind wir baff. Das Tape ist das Beste, das wir je gemacht haben. Und Tim sieht echt witzig aus, wie er so um meine Füße herum wuselt. Sogar sein Jaulen passt zum Sound. Es ist schon spät. Mario hat keine Lust mehr und wir beschließen das Video einfach bei YouTube hochzuladen. Die beste Idee, die wir je hatten. Das Video wird wie verrückt angeklickt. Schon nach einer Woche haben wir die 100.000 voll. Wir machen danach nur noch Clips mit Tim. Keines ist so gut wie dieses Erste, aber die Leute stehen drauf. Tim ist wirklich süß. Auf einmal sind wir berühmt. Sogar auf der Straße quatschen die Leute uns an. Als die Zahl unserer Klicks die Millionen überschreitet, meldet sich YouTube. Seitdem werden wir an den Werbeeinnahmen beteiligt. Nicht viel, aber immerhin.

Ein paar Wochen später meldet sich die `Bravo´ bei Mario. Will eine Story über uns bringen. Mir wird richtig schummrig, als er das erzählt. Wir müssen Tim mitbringen. Termin in zwei Wochen.

Gerade jetzt ruft Tantchen an. Sie ist wieder da und ihr Chauffeur soll Tim abholen. Als Mama das triumphierend erzählt, fällt mir vor Schreck das Butterbrot aus der Hand, natürlich auf die Marmeladenseite. Während ich die Sauerei wegwische, überlege ich, wie ich Mama das beibringen soll. Ich habe ihr von meinen Nebeneinnahmen nichts erzählt, bin ja nicht blöd. Wenn Mama Geld riecht, will sie was davon abhaben. Endlich komme ich zu einem Entschluss. Ich muss zuerst mit den anderen sprechen.

Wir halten Kriegsrat.

„Sag deiner Tante einfach, dass wir den Hund noch ein Weilchen brauchen", meint Mario.

Ich habe kein gutes Gefühl. Wenn ich ihr das sage, wird sie sich unsere Songs anhören. Bei den Texten wird Tantchen kaum erlauben, dass ihr Tim auf unseren Videos drauf ist.

„Geht nicht", sage ich.

„Wie geht nicht? Wir haben die Chance unseres Lebens und geht nicht wegen deiner Tante?"

Ich merke selbst, dass meine Argumente schwach sind.

„Meine Tante kennt die `Bravo´ gar nicht."

Steffen lacht.

„Umso besser. Erzähl ihr, `Bravo´ ist eine Frauenzeitschrift mit Mode und so. Ist sie ja auch. Für junge Leute."

Na ja, denke ich. Wir müssen nur unsere Songs da raushalten.

„Vielleicht", sage ich.

„Sag ihr, Tim käme in eine Modezeitschrift", schlägt Mario vor.

Ich sage: „`Bravo´ geht jedenfalls nicht."

Also ziehen wir ins nächste Kaufhaus und schauen uns Frauenzeitschriften an. Auf einmal hat Mario ein Hundemagazin in der Hand und das veranstaltet tatsächlich einen Schönheitswettbewerb. Für Hunde.

„Das ist es", sagt Mario. „Wir melden Tim zu dem Wettbewerb an."

Das überzeugt. Aufgeregt kaufen wir das Heft. Nichts von `Bravo´ und nichts von unseren Texten. Nur Sachen, die ich Tantchen erzählen kann, ohne dass sie uns gleich enterbt. Das möchte ich nicht an der Backe haben.

Wir studieren also das Heft, müssen aber feststellen, dass der Wettbewerb längst läuft. Die Kandidaten für die Endausscheidung sind schon abgebildet. Unser Tim ist natürlich nicht dabei. Geht auch gar nicht. Die Idee ist uns gerade erst gekommen. Also wieder nichts.

Bis Mario was einfällt.

„Wir schleusen Tim einfach in die Endausscheidung. Natürlich nicht richtig, nur digital."

Als ich nicht verstehe, erklärt er.

Wir bearbeiten die Bilder. Ich hab da ´nen Kumpel.

Glücklicherweise ist Steffen genauso begriffsstutzig wie ich.

„Die Seite mit den Hunden ist genau die Mitte des Heftes. Wir lösen sie vorsichtig heraus und überkleben ein Hundebild mit Tim. Dann jagen wir das Ganze durch den Kopierer. Natürlich auf Hochglanzpapier. Heften das Ganze wieder zusammen. Du zeigst das Heft deiner Tante und bittest sie, dass wir Tim noch bis zur Endausscheidung behalten dürfen."

Die Endausscheidung. Ich schaue aufs Datum.

„Das ist genau unser Termin mit der `Bravo´", sage ich.

„Super", sagt Mario. „Danach kann deine Tante ihren Hund wieder haben."

So machen wir es. Nach drei Tagen liegt das Heft fertig in meinen Händen. Gerade rechtzeitig, denn am nächsten Morgen steht Tantchens Chauffeur vor der Tür, will Tim abholen.

„Geht nicht", sage ich. „Der wird noch gebraucht."

Zur Überraschung meiner Eltern greife ich zum Telefon und rufe Tantchen an. Das habe ich noch nie getan. Erzähle ihr von dem Wettbewerb und merke, wie meine Eltern ganz unruhig werden. Tantchen ist jedenfalls begeistert und ihr Chauffeur muss ohne Tim abfahren. Guckt ziemlich blöd, als Tantchen ihm das sagt. Mama glaubt mir natürlich kein Wort, aber ich bleibe bei meiner Geschichte und verdrücke mich rasch in mein Zimmer.

Jetzt heißt es üben, üben. Wir treffen uns jeden Nachmittag und abends auch und natürlich ist Tim dabei. Er springt um unsere Füße und freut sich riesig, dass er dabei sein kann. Wir machen ein Video nach dem anderen und Tim immer mittendrin.

Meine Eltern lassen mich völlig in Ruhe. Sind zufrieden, dass ich freiwillig Tim mitnehme. Manchmal denke ich, sie haben den Wettbewerb und alles andere vergessen. Haben nur ihre eigenen Sachen im Kopf. Ich bin froh, dass sie nicht nachfragen, sonst müsste ich mir ständig neue Lügen ausdenken.

Alles ist gut. Bis zum Abend vor unserem Termin.

Ich bin noch nicht richtig von der Schule zuhause, da ist Tantchen am Telefon. Sagt mir, sie wäre ja so stolz auf ihren Tim und deshalb habe sie sich entschlossen, bei der Endausscheidung dabei zu sein. Wo die denn wäre. Mit fällt so schnell nichts ein und deshalb sage ich Hamburg, wo ja unser Interview mit der \`Bravo´ stattfindet und dass wir die Fahrkarten schon gekauft haben. Aber Tantchen lässt mich kaum ausreden.

„Bahnfahren geht gar nicht“, sagt sie. „Da ist Tim hinterher total fertig. Die vielen Menschen. Das ist er nicht gewohnt. Hinterher verpatzt er seinen Auftritt. Nein.“

Tantchen will persönlich vorbeikommen – und uns hinbringen. Wir hätten doch sicher Lust in ihrem Cadillac nach Hamburg zu fahren. Natürlich habe ich Lust, bin ganz begeistert und bevor ich kapiere, was ich sage, habe ich schon zugestimmt und Tantchen hat aufgelegt.

Mama ist aufgeregt. Fängt sofort an die Wohnung zu putzen. Papa steht überall im Weg und ich flüchte auf mein Zimmer, muss nachdenken.

Abenteuerliche Ideen kommen mir. Wir fahren nach Hamburg. An irgendeiner Ampel springen wir aus ihrem Auto und hauen ab. Oder wir sagen, der Wettbewerb sei kurzfristig verschoben worden. Die Hunde wären krank oder die Jury oder sonst was. Irgendwann rufe ich meine Freunde an und erzähle ihnen, dass Tantchen uns alle hinfährt. Sie sind ganz begeistert und ich vergesse ihnen zu sagen, dass Tantchen immer noch keine Ahnung hat. Ist ihnen auch egal. Fragt jedenfalls keiner nach und ich bin nach den Gesprächen nicht klüger.

Also vergesse ich das auch. Das geht sogar ganz gut. Ich schlafe in der Nacht vor unserem Auftritt tief und fest und klammere mich an den Gedanken, dass Tantchen meine Geschichte auch vergessen hat.

Um 9:00 Uhr steht der Cadillac vor der Tür. Ich bin schon reisefertig. Auf ein längeres Gespräch mit Tantchen und meinen Eltern habe ich keine Lust. Setze mich in ihr Auto, bevor sie aussteigen kann. Ich begrüße Tantchen, die zusammen mit mir auf der Rückbank sitzt, überschwänglich und sage, dass wir von mir aus losfahren können. Aber Tantchen fährt nicht los. Schaut mich nur an und sagt:

„Wolltest du nicht deine Gitarre mitnehmen."

Ich bin viel zu überrascht, um was zu sagen. Natürlich habe ich meine Gitarre vergessen und auch die Klamotten, die ich immer auf unseren Videos trage. Ich merke, dass ich eine Bombe kriege, springe aus dem Auto und hole alles. Bin zurück, bevor meine Eltern fragen können.

Tantchen fragt auch nicht. Winkt nur ihrem Chauffeur und los geht´s. Sie fragt nicht mal, warum meine Freunde ihre Instrumente nach Hamburg schleppen, wo doch nur ihr Tim an dem Wettbewerb teilnimmt. Ich staune. Ihr Chauffeur verstaut die Instrumente so lässig und selbstverständlich im Kofferraum, dass ich schon glaube, mein Traum wäre wahr geworden und Tantchen habe meine Geschichte vergessen.

Tantchen erzählt. Redet ohne Punkt und Komma und ich bin froh, dass ich nichts sagen muss. Erzählt, dass sie zu Alfredo nach Argentinien zieht, jetzt, wo ihr Georg tot ist. Das Haus und der Garten wären viel zu groß und leer für sie allein. Dann erzählt sie von Argentinien und Alfredo und seiner Hazienda und wie schön warm es dort das ganze Jahr ist und wie gut für ihre alten Knochen. Ja, Alfredo, der sei noch ein echter Kavalier der alten Schule.

Auf einmal sieht sie mich ganz ernst an und sagt:

„Ich weiß, was deine Eltern dazu sagen werden. Aber ich bin zu alt für diese gesellschaftlichen Konventionen."

Dann schweigt sie bis kurz vor Hamburg.

„Na mein Junge. Wo soll es denn nun hingehen?"

Ich krame den Zettel aus der Tasche, wo die Adresse draufsteht. Lasse uns direkt zur `Bravo´ fahren. Jetzt ist es sowieso zu spät. Wenn Tantchen merkt, dass das gar nicht der Wettbewerb von ihrem Tim ist, muss ich improvisieren. In so was bin ich ziemlich gut.

Dann sind wir da und ich will schnell alles beichten. Aber Tantchen lässt mich nicht zu Wort kommen. Fängt sofort an mit den Bravo-Leuten zu quatschen und wie stolz sie auf ihren Neffen sei. Dass sie unsere Videos auf YouTube sicher schon hundert Mal angeschaut habe. Dann fährt sie mir mit der Hand über die Haare und sagt:

„Jetzt zeigt mal was ihr könnt“, und setzt sich ganz hinten in eine Ecke.

Wir sind richtig gut. Vor lauter Glück spiele ich wie noch nie. Tim springt um unsere Füße und ist ganz begeistert, denn Tantchen und wir sind jetzt seine große Familie. Das gefällt auch den Bravo-Leuten. Nehmen gleich mehrere von unseren Songs auf und machen zusätzlich noch Fotos.

Dann ist alles vorbei. Wir stehen draußen im Regen und Tantchen meint, dass wir unseren Erfolg feiern sollten. Sie würde ein kleines Restaurant kennen. Ganz in der Nähe. Da gäbe es auch was Gutes zu essen.

„Ich weiß, ihr jungen Leute braucht so was nicht. Aber in meinem Alter vertrage ich Fingerfood nicht mehr so gut.“

Sie klatscht in die Hände:

„So ein Auftritt macht hungrig. Wir machen jetzt einen drauf und ihr passt auf, dass ihr euch nicht total abschießt. Sonst bekomme ich Ärger mit euren Eltern.“

Die Feier wird riesig. Der ganze Schuppen ist voller junger Leute. Wir essen bis wir platzen. Dann wird getanzt. Ich tanze sogar mit Tantchen, mitten zwischen den jungen Leuten, und komme mir nicht mal komisch dabei vor.

Kommentar: Eine nette kleine Geschichte, könnte man direkt verfilmen … nicht nur für YouTube.

Helmut Lohmüller

Der Herbst

Wie nimmst du dich zurück
aus allen Dingen
und leuchtest doch
in deiner Farbenpracht.

Wie trägst du fort
ein Sich-Erinnern
an eine Fülle,
die nur der Sommer macht?

Die Ernte ist es,
die du uns gegeben,
Erinnerung,
die du nicht halten kannst.

Sie zu bewahren
und sie aufzuzehren
ist Gnade,
die du dem Sommer dankst.

Kommentar: Ja, es ist erlaubt, über dieses Thema weiterhin Gedichte zu schreiben! Manche Themen sind schon oft behandelt worden, und doch gibt es immer wieder schöne neue Gedichte darüber. So auch dieses. Starke Formulierungen.

Thomas Talger

Sommernacht

Als es passiert - noch vor dem Öffnen der Zigarettenpackung, aber bereits kurz nach dem Herausnehmen aus dem metallenen Maul des Automaten, das mit einem hässlichen Geräusch zuschnappt als wolle es seine Hand als Faustpfand behalten – drückt ihn ein Schwindelgefühl gegen die Wand der Trafik, fühlt es sich plötzlich so an, als würde sich sein Körper von ihm verabschieden um mal kurz nachzusehen was sonst so passiert in dieser lähmenden Nacht, die so heiß und stickig ist, dass selbst der Mond ein Nickerchen macht und nur mit einem kleinen Sichelauge auf die Stadt herunterlinst. Für einen zitternden Moment glaubt er in Ohnmacht zu fallen und will sich noch am teilnahmslosen Automaten festhalten um nicht mit dem Kopf auf den Boden zu schlagen, aber noch bevor es dazu kommen könnte ist der Anfall auch schon wieder vorbei: sein Körper kehrt - enttäuscht von all der trägen Belanglosigkeit - zu ihm zurück, zwinkert ihm kurz verschwörerisch zu, und lässt ihn dann die Zigaretten ins Automatenmaul zurückstecken. Dort gibt es dann ein klapperndes Geräusch, und während die Zigaretten wieder im Magen des Dings verschwinden, spuckt dieses auch schon den genauen Betrag aus, den er zuvor eingeworfen hat. Er wundert sich kurz wie das so gehen kann, aber bevor die erste Münze auf den Asphalt fallen kann, greift er danach. Und auch nach der nächsten und der übernächsten. Bald grinst er blöd auf eine Hand voller Kleingeld, und während er noch dabei ist den Betrag noch einmal durchzuzählen, ertappt er sich auch schon dabei, wie er sich - plötzlich rückwärts gehend - vom Automaten zu entfernen beginnt. Schritt für Schritt entfernt er sich wieder von der tristen und mit hilflosem Grafittigeschmiere verunzierten Seitenwand der Trafik und geht mit einer Zielstrebigkeit, die ihn selbst überrascht den Weg zurück den er gekommen ist. Schon hat er den Hauseingang erreicht, hört die Tür hinter sich aufgehen, tritt in die muffige Dunkelheit dahinter und geht rückwärts das nachtgraue Stiegenhaus hinauf als wäre dies das einfachste Kunststück das aufzubieten er imstande ist. Vor der Wohnungstür des Mädchens angekommen muss er nicht mal nach ihrem Schlüssel, denn die Tür geht von selbst auf, und das ist - wie er sich bei aller Verwunderung eingestehen muss - äußerst praktisch. Er schließt die Tür hinter sich, zieht die Schuhe aus und geht rückwärts ins Schlafzimmer. An der Türschwelle hält er kurz inne um sich umzudrehen: und da liegt sie auch schon, noch ganz verschwitzt, räkelt sich auf der zerwühlten Bettwäsche, und das Z steht für Zufriedenheit. Er greift grinsend in seine Tasche und wirft ihr den Schlüssel zu, den sie sicher auffängt, und während er sich wieder umdreht und verkehrt herum ins Zimmer geht, sagt sie, dass er den Schlüssel nicht vergessen solle. Dann legt sie diesen auf das Nachtkästchen zurück und beobachtet ihn dabei, wie er sich auszuziehen beginnt, die Kleidungsstücke scheinbar nach irgendeinem verborgenen System im halben Zimmer verteilend. "Ganz sicher nicht.", sagt sie, während er sich - bereits nackt und noch ein wenig klebrig von erkaltendem Schweiß - aufseufzend auf die Bettkante setzt und sich dann zu ihr hinüberrollt, wo er ihr tief in die Augen sieht als gäbe es da drin irgendwas Besonderes zu sehen. Auf jeden Fall sagt er mit einer Stimme, die seine Bereitschaft betonen soll später noch mal mit ihr schlafen zu wollen, unbedingt, weil sie so unendlich schön ist und, naja, er der weltbeste Liebhaber, den man sich um vier Uhr in der Früh in irgendeiner Bar auflesen kann, wenn bereits alle am schlafen oder kotzen sind: "Okay. Ich bin gleich wieder da. Rühr dich nicht von der Stelle." Und dann küsst er sie auch schon unbeholfen, schlabbert ihr mit der Fuselzunge über den ganzen Mund, während er mit der Hand an ihrer Wange und ihrem Ohr herumfummelt als suche er nach Geheimverstecken. "Geh jetzt, aber beeil dich", sagt sie und kichert, weil er sie gerade ein wenig gekitzelt hat, der kleine Scherzbold. Dann liegen sie eine Zeitlang schweigend nebeneinander und schwitzen sich die aufgestaute Hitze in den Leib zurück, während es im ganzen Raum nach Sex riecht und Schweiß und was ihre Körper sonst noch an olfaktorischen Spezereien zu bieten haben, die während des Geschlechtsaktes verströmt werden. Dann sagt er: "Okay." Und sie sagt: "Nö. Unten, gleich um die Ecke." Und er sagt nach kurzem Überlegen: "Ist es weit?" Und sie sagt: "Magst du welche holen gehen?" Und er sagt: "Sorry." Und sie sagt: "Scheiße, ich hab keine mehr. Hast du noch eine?", und legt die zerknüllte Zigarettenschachtel, die sich in ihrer feuchten Hand wieder wie eine wundersame Papierblume zu entfalten beginnt und zu ihrer ursprünglichen von der Industrie zurechtgestanzten Form zurückfindet, wieder auf das Nachtkästchen. Und er meint: "Das bedient jetzt voll das Klischee, aber total." Und dann nickt er und brummelt was vor sich hin, und sie meint: "Ich würd jetzt voll gern eine rauchen. Du auch?" Und dann liegen sie wieder ein bisschen herum, ihre Körper pochen und glühen noch von kurz davor, schlucken wieder was sie weiter unten kurz zuvor noch ausgespuckt haben, sind Erschlaffung, Entspannung pur, brutzeln in der eigenen Hitze leise vor sich hin, während das erleichterte, leicht schnaufende Atmen davon zu erzählen weiß, was da gerade so alles passiert ist. Und das ist nicht viel: er rollt sich plötzlich ächzend über sie, dringt einen erstickten Laut über die Lippen pressend mit geschlossenen

Augen in sie ein, und im nächsten Moment schießt ihm auch schon das eigene Ejakulat in den Schaft zurück, hinein in die sich zusammenziehenden Hoden. Er bewegt sich dann noch ein wenig aus und ein, nicht allzu lange um ehrlich zu sein, aber was kann man um diese Uhrzeit auch noch von einem erwarten, der den ganzen Abend getrunken und wirres Zeug von sich gegeben hat, um endlich mit der geilen Sau nachhause genommen zu werden, die ihm ihren Ausschnitt wie einen feinen Aufschnitt quasi auf dem Tablett serviert hat. Komm und greif zu - und das den ganzen Abend! Da kann man dann eben nicht an sich halten, das muss sie doch verstehen, oder? Aber egal, jetzt liegt er auf ihr drauf und fährt in ihr ein und aus, und sie macht ihre kleinen Uhs und Ahs an der richtigen und ein paar auch an der falschen Stelle, aber was soll's, so gut kennt man sich eben nicht. Deswegen zieht er ihn kurz darauf auch schon wieder aus ihr raus, stochert dann noch ein wenig umständlich an ihr unten herum so als könne er sich nicht entscheiden wohin, und sie sagt: "Komm, steck ihn rein." Und dann liegt er auch schon neben ihr und fummelt aufgeregt an ihr rum, rubbelt und streichelt, ein wenig Greifen hier und ein wenig Saugen da, küsst sie und macht alles was er immer macht, wenn er in eine solche Situation kommt, und er macht das wohl recht gut, denkt er. Und falls nicht, dann sieht es zumindest so aus als könnte er das was er da macht wirklich - sonst hätte sie ihn ja nicht mitgenommen, oder? Egal jetzt. Küssen, küssen, jetzt, inbrünstig, mit der Zunge, die Hände an die Titten, aber schnell, tanz den Zungentango, Mann. Und dann stehen sie auch schon auf, küssen sich dabei unbeholfen, fummeln aneinander rum, um sich zu entdecken, um ihre Körper aneinander zu gewöhnen, damit die keinen Unfug machen wenn's dann endlich soweit ist, wenn sich die aufgestaute Geilheit endlich entladen darf. Abrupt lösen sie sich voneinander, und er fühlt ein wenig Enttäuschung in sich verglimmen und denkt: so groß sind ihre Brüste dann doch nicht. Aber schon ist er mit dem

Sich-Anziehen beschäftigt, schlüpft wieder in seine Unterhose, seine Socken, seine Hose, zieht sein Hemd an. Dann küssen sie sich wieder, sie ebenfalls wieder bekleidet, die Brüste voll und vielversprechend unter der sich spannenden Bluse. Das dauert aber auch nicht lange, weil sie's eilig haben. Und schon ziehen sie ihre Schuhe an und lachen über irgendeinen blöden Scherz und dann geht plötzlich das Licht aus und sie tastet ein wenig nach dem Lichtschalter, und dann poltern sie auch schon rückwärts durch die Eingangstür, stürzen rückwärts ins Stiegenhaus hinaus, wo plötzlich das Licht angeht und machen die Tür zu, an die sie sich, nachdem sie mit dem Schlüssel ein wenig daran herumgestochert hat, lehnen um ein wenig herumzuküssen und sich zu befingern mit neugierigen Händen, die schon ein wenig ungeduldig sind weil sie endlich nackte Haut streicheln wollen. Das geht dann eine ganze Weile so: den Weg das Stiegenhaus hinab und die Straße hinunter zur Straßenbahn, in der natürlich auch. Auch auf dem Weg zurück ins Lokal passiert nichts bis auf dieses halbaufgeregte Herumgeschmuse und -gefummel und ein bisschen sinnentleertes Gerede, das sie in die Stille hineinbrabbeln um sich nicht so allein zu fühlen mit sich selbst und ihrer Geilheit. Kaum drinnen, setzen sie sich an einen Tisch in irgendeiner dunklen Ecke wo man den Dreck nicht sieht und wo sie plötzlich zu ihm sagt: "Gehen wir zu mir." Und dann küssen sie sich auch schon, und er zieht die Hand zwischen ihren sich öffnenden Schenkeln hervor, und dann geht das Geküsse und Gefummel kommentarlos weiter, mindestens eine halbe Stunde. Irgendwann halten sie inne und spucken ihre Getränke zurück ins jeweilige Glas, setzen dieses dann wieder auf der klebrigen Tischplatte ab. Dann wird weitergeküsst. Und geküsst, und geküsst, dazwischen bitte nicht aufs Atmen vergessen. Und dann greift sie in den Aschenbecher und steckt sich einen Zigarettenstummel zwischen die Lippen. Der beginnt schon im Aschenbecher wieder zu qualmen und wächst während des folgenden Gesprächs wieder zu stattlicher Größe heran, glüht und qualmt ganz brav, wird wieder Zigarette, schmackhaft und formschön und weiß. Und während sie Zigaretten für ihre jeweilige Packung wieder zurechtrauchen und Getränke in die Gläser zurückspucken, unterhalten sie sich über dies und das, hangeln sich von einer Belanglosigkeit zur nächsten. Das Gespräch unterliegt dem Takt der Musik: diese lässt sie näher aneinanderrücken, Persönliches aus heißem Mund in neugieriges Ohr flüsternd, und er inhaliert den Duft ihres Haars wie eine Offenbarung, kann gar nicht mehr genug davon haben, würde am liebsten mit der Nase darin herumwühlen bis er keine Luft mehr bekäme und voll wäre nur mehr mit ihr, so schön könnte Ersticken sein. Ganz fein nur kitzeln ihn ihre Strähnen an der Wange und in der Nase, streicheln neckisch über sein Kinn und verfangen sich fordernd in seinem Mund, hängen erwartungsvoll an seinen feuchten Lippen, die nur Blödsinn zu erzählen wissen: ist aber auch egal, das gehört eben dazu, da sollte man jetzt niemandem einen Strick daraus drehen, weil der bei näherer Betrachtung sowieso reißen würde. Also brabbelt er irgendwas daher, woran sie sich beiden nicht mehr erinnern werden, und sie lacht ein kurzes Lachen, das wie Sekt über ihr Kinn perlt und glänzt. Wie dieses Kinn wohl schmeckt, denkt er und würde sie am liebsten küssen, aber dafür ist es eindeutig noch zu früh, da muss vorher noch ein wenig geredet und gelacht werden. Näher kommen muss man sich, körperlich und geistig, aber Hauptsache körperlich. Denn letztlich entscheidet der Körper wann es soweit ist. Der Geist ist dem Fleisch untertan, zumindest in solchen Momenten, klar denken kann man auch noch am nächsten Morgen. Überhaupt: klar denken. Wie soll das jetzt noch funktionieren? Seine ganze Welt schrumpft auf eine Handvoll Möglichkeiten zusammen. Die muss er sich nur zurechtbiegen, sie in die richtige Richtung bringen, damit sie beide dort ankommen wo er mit ihr hinmöchte. Also witzig sein und charmant, einen coolen Spruch hier, ein Augenzwinkern da. Sie muss wissen, dass du gut bist, dass es für sie gut ist, mit dir mitzugehen oder dich mitzunehmen oder wie auch immer. Er gibt aber auch sein Bestes, läuft zu Höchstformen auf, ergießt sich in Wortkaskaden in ihr Ohr, berührt sie von Zeit zu Zeit um zu sehen wie sie darauf reagiert. Und die Haut unter seiner Berührung ist angenehm warm und weich, verhärtet sich nicht, will berührt werden, drängt sich ihm ab einem gewissen Zeitpunkt sogar entgegen. Das tut gut, lässt das Ego wachsen. Und nicht nur das. Aber es muss noch geredet werden, da muss man durch, man braucht Worte um schweigen zu können. Also reden, reden, reden, egal worüber, es darf nur keine dieser unangenehmen Pausen entstehen in der man krampfhaft in sich nach möglichen Themen herumwühlt. Schweigen wäre ein kleiner Tod. Das wartet überall, und immer hat es die Langeweile mit dabei. Er wusste gar nicht, dass so viele Geschichten in ihm stecken, und vor allem: dass er so unterhaltsam sein kann. Kaum hat er was gesagt, kichert sie auch schon oder klimpert mit den Augen stilles Einverständnis. Das gibt ihm neuen Mut. Und während sich das Gespräch vor ihnen entfaltet und sich ihre Worte zu einem wirren Knäuel verbinden mit dem keiner mehr was anzufangen weiß, weil es keinerlei Bedeutung hat für irgendwen, weiß er plötzlich, dass er diese Frau neben sich heute noch schmecken wird. "Du bist süß", sagt sie lächelnd, anscheinend auch ein wenig überrascht von diesem kleinen Kompliment: "Naja, wenn ich heute nicht hier wäre, dann hätte ich dich nicht getroffen, und das wäre schade, wirklich schade, findest du nicht?" Und sie fragt, lacht dabei kreischend: "Wieso d a s denn? Hier ist doch absolut nichts los." Und er sagt: "Ich bin trotzdem froh, dass ich hergekommen bin." Sie führt die Zigarette an die Lippen, diese glüht kurz auf, dann hält sie sie wieder wie eine kleine Sprengladung von sich und sagt mit angewiderter Stimme: "Scheißladen. Scheißmusik, Scheißleute." Und er sagt: "Da hast du recht." Und sie sagt: "Ziemlich beschissen hier." Und er sagt: "Und? Wie gefällt dir der Laden?"

Sie: “Bin zum ersten Mal hier.” Worauf er meint: “Nein. Hin und wieder. Und du?” Und während er der Kellner ihm zwei leckere Cocktails vor der Nase wegschnappt und damit bewundernswert sicher rückwärts durchs Lokal tänzelt, meint sie: “Ich heiße übrigens. Sandra. Kommst du öfter hierher?” Und nach einer kurzen Pause, während der sie beide zu seinem Ex-Tisch hinüberschauen, der traurig und verlassen in seiner dunklen Ecke hockt und seine Flaschenhälse nach ihnen reckt: “Ja, aber bitte kein Bier.” Darauf er: “Nein. Darf ich dich auf was einladen?” Sie, mit einer Haarlocke spielend, keck wie sie ist: “Du redest nicht viel, hm?” Er: “Martin.” Sie: "Wie heißt du?” Und dann steht er plötzlich auf und schaut ein wenig betreten drein, weil er noch immer nicht weiß was er tun, wie genau er sich jetzt verhalten soll. “Die kommen schon allein zurecht”, erklärt sie mit einer abfälligen Handbewegung, und er stammelt verlegen: “Deine Freundinnen . . .”, aber davon will sie nichts wissen, mustert ihn nur von oben bis unten: “Hast du vor stehenzubleiben und mich anzuschweigen oder setzt du dich auch mal? Ich schau nicht gern zu Leuten auf, weißt du?” Und während er weiter einfach nur dasteht und nach Worten sucht wo keine Worte sind, weil das Bier die meisten irgendwohin gespült hat, unauffindbar nun, und er von oben bis unten nur pure zitternde Nervosität ist, die versucht sich nichts davon anmerken zu lassen, also sowieso genug zu tun hat, erlöst sie ihn endlich aus seiner Starre und scheucht das Schweigen vom Tisch weg wie einen lästigen Hund: “Ich dachte schon du würdest dich gar nicht mehr rübertrauen. So lange wie du schon hergestarrt hast.” Dann starrt er sie noch ein paar Stunden lang schweigend und mit glühendheißer Lava in den Adern an - und geht dann einfach rückwärts durchs ganze Lokal hinüber zu seinem Tisch, der ihn mit einem Knarren empfängt, so sehr freut er sich, ihn wieder zu sehen. Und als er wieder so dasitzt und stumpf zu ihr rüberglotzt, zieht plötzlich der perfekte Moment vor ihm auf: die Freundinnen kommen zurück, vom Klo oder sonstwo, und überdies fühlt er plötzlich Mut in sich aufsteigen und mit diesem leichte Taubheit, die langsam aber sicher von seinem Hirn Besitz ergreift und ihn euphorisch macht. Beim nächsten Bier ist es soweit, entscheidet er. Dann klaubt er sich eine ausgedämpfte Zigarette aus dem Aschenbecher und raucht sie wieder ganz, schindet somit Zeit um der Schüchternheit willen. Malen müsste man sie, denkt er, oder zumindest filmen, als sie ebenfalls einen Zigarettenstummel anraucht: wie sie das macht! Den Stummel mit spitzen Fingern aus dem Aschenbecher rausfingern, an den Mund führen (diese Lippen! Gott!), so lange rauchen bis der Stummel wieder ganz Zigarette ist, dann ein Zündholz aus dem Aschenbecher nehmen, es so lange schütteln bis es entflammt und dann an die Zigarette halten! Phantastisch! Gar nicht mehr zu retten ist er jetzt, nur mehr hinüber an diesen Tisch möchte er. Und während er sein Bier zurück in die Flasche spuckt, scheint plötzlich wieder mehr Platz zum Atmen da zu sein, weil immer mehr Leute aus dem Lokal verschwinden und der Lärmpegel konstant nach unten geht. Also ein neues Bier her. Er kann sie jetzt aber noch nicht anreden. Nach drei Bieren ist man ja noch eine feige Sau. Deshalb beobachtet er sie und ihre zwei Sprechautomaten von Freundinnen, die Wörter in maschinengewehrartigen Salven durch die Gegend spucken. Sie allerdings sitzt nur da und hört sich den ganzen Unfug mit einer seligen Ruhe an, die ihn fasziniert. Und während er sein zweites Bier bis obenhin wieder ausgespuckt hat, nimmt ihm der hypergenervte Kellner auch schon die Flasche weg. Na, wenigstens gibt der ihm dann als Entschädigung ein wenig Geld, das er sofort in seiner Geldtasche verschwinden lässt. Und eine leere Flasche zum Vollspucken hat der Gute auch mitgebracht! Toll! Und während er ihr dabei zusieht, wie sie ihr Glas von ihren Lippen senkt und wieder auf die Tischplatte stellt, während ihre Freundinnen mit scheinbar mehr Mündern als zwei Menschen eigentlich haben können auf sie einreden, weiß er, dass er jetzt gerne dieses Glas wäre, kühl und feucht an ihren warmen Lippen: sich in sie hinein ergießend in einem freudigen Orgasmus, der unschuldiger nicht sein kann. Schon nimmt ihnen der Kellner aber auch die Gläser wieder weg, geht damit rückwärts zur Bar, kommt aber nach einigen Augenblicken wieder zu ihnen hin um die Bestellung aufzunehmen. Und dann stehen die drei auch schon wieder auf und gehen rückwärts durch die Tür, die beiden Freundinnen gackernd und kreischend, sie eine Insel der Ruhe dazwischen. Und er denkt sich: also noch ein Bier; das kennt keine Standesdünkel, rinnt munter und kühl in jede Kehle rein. Dann sitzt er eine Weile einfach nur so rum und beobachtet das Studentenpack, das doch keinen kennen will. Die sind so schön unter sich, da mag man gar nicht stören. Nur angewidert aufblicken würden die und einen dann wegekeln wie sie einen immer wegekeln. Ach, denkt er, jetzt an einem der geselligen Tische sitzen, das wäre was! Die Leute rücken jetzt nämlich ein wenig auseinander, weil der DJ, dieser Soundterrorist wieder mal die Regler ein wenig nach unten gedreht hat. Das muss er tun, weil der Grundlärmpegel jetzt immer leiser wird, weil einfach immer mehr Leute von ihren Tischen aufstehen und das Lokal rückwärts verlassen - und das Gejohle und Geschrei nehmen sie natürlich mit. Und somit stirbt das, was Spaßkultur hätte werden können, und plötzlich sitzt man einsamer denn je an seinem Tisch und spuckt sein Bier in die Flasche zurück, und seltsamerweise schmeckt es mit jedem heraufgewürgten Schluck schlechter. Komische Sache, das. Egal. Das Bier wird einem eh gleich wieder vom Kellner weggenommen, damit der dann wieder zurückkommen und die Bestellung aufnehmen kann. Also steht man aus der finsteren Ecke auf, in die man sich gesetzt hat, damit man alles beobachten kann ohne selbst auf dem Präsentierteller sitzen zu müssen. Und während er rückwärts dem Ausgang zugeht, denkt er: immerhin besser als nachhause zu fahren und sich in einen kleinen spätabendlichen Porno aus der Privatsammlung hineinzudenken, während man sich dabei völlig frustriert einen runterholt, die klebrige und überaus träge Freude routiniert aus sich rauswürgt, um wenigstens einen kleinen Erfolg zu erleben an diesem Abend, der an sich selbst erstickt. Denn als die Tür hinter ihm aufgeht und er nach draußen tritt, ist da drinnen im Lokal nur Langeweile und ein wenig Musik, die im Viertelstundentakt lauter werden wird, damit die Leute nicht merken, dass ihnen schon jetzt der Gesprächsstoff ausgegangen ist. Draußen hört er bereits den Lärm, der drinnen tobt, geht aber dennoch rückwärts zur Straßenbahnstation gleich um die Ecke. Dort setzt er sich erstmal hin und würgt zwei kleine Tabletten aus sich raus. Und während er so dasitzt und die staubtrockenen Dinger auf der Handfläche betrachtet wie sie so daliegen, scheinbar unschuldige sanfte Chemie, noch lauwarm, weil gerade dem Hosentaschennest entnommen, wird ihm plötzlich ganz schwindelig. Das fühlt sich dann so an als würde sein Körper sich kurz von ihm verabschieden um mal kurz nachzusehen was sonst so passiert in dieser aufgeregten Nacht, die so laut und lärmend ist, dass selbst der Mond sein eines Auge nicht ganz zubekommt. Für einen kurzen zitternden Moment glaubt er in Ohnmacht zu fallen und will sich noch am teilnahmslosen Automaten festhalten, aus dem er gerade seine Zigaretten geholt hat. Aber der kennt keine Gnade, lässt seine kraftlosen Hände an sich hinabgleiten, will einfach nicht helfen weil er darauf nicht programmiert ist, und da kommt auch schon, hallo hallo, der Boden mit breitem Asphaltgrinsen auf ihn zu. Der schrammt ihm ordentlich übers Gesicht, hat keinen Platz für Stirn und Handballen und Knie, und das zeigt er ihm auch deutlich. Hat scheinbar Lust auf Streit, das Arschloch. Aber jetzt nicht, jetzt bitte nicht. Jetzt will er nur noch daliegen. Und ein bisschen atmen. Das muss reichen für den Moment. Mehr will er jetzt nicht, mehr kann er jetzt nicht. Denn da ist plötzlich Schmerz wo vorher Hochgefühl gewesen ist, und dieser Schmerz ist gar nicht mal so übel. Da könnte man gern mehr davon haben. Wenn einem danach wäre. Aber im Moment ist einem nur nach Daliegen zumute. Zwischendurch ein wenig Luft holen damit der Körper weiterbluten kann. Und den Schmerz genießen, der sich über einen legt wie eine grimmige Decke aus Stacheldraht und Glas. Das flimmert und schneidet und brennt. Ganz heiß wird einem da, ganz anders. Und - oh, hallo - da kommt auch schon die Dunkelheit, ganz zart. Die umarmt ihn jetzt mit ihren gnädigen Armen, lässt ihn Vergessen finden in der Ohnmacht, falls das Ohnmacht ist was ihn da nach unten zieht in die Schwärze. Dort ist es schön, findet er, kuschelt sich richtig hinein in die aufsteigende Wärme. Und lächelt. Und als ihn eine halbe Stunde später einer findet lächelt er noch immer, und auch als die Rettung kommt und ihn der Notarzt untersucht und nur noch den Tod feststellen kann, lächelt er weiter. Er findet das alles so spitze, dass er gar nicht damit aufhören kann.

Kommentar: Originelle Idee.

Bert Skodowski

Bahnhof

Wo alles ankommt, abfährt, strebt,
an zweifelhaften Zielen klebt,
steht er beim Bier, dem dritten,
und teilt mit Tauben Fritten.

Er hat genug gelitten.
Karriere, Kohle, Titten -
kein Trugbild mehr, das vor ihm schwebt,
es wird nur noch für so gelebt.

Kommentar: Wer darf einfach festlegen, dass ein Paarreim heute nicht mehr geht? Hier passt er wie die Faust aufs Auge.

Der Bogen

Das Feld ist abgemäht,
schlapp liegen letzte Halme.
Nur noch der Bauer steht
und schüttelt seine Palme.

Er blickt zum Waldrand hin
und spuckt in hohem Bogen.
Wischt sich das Doppelkinn -
war doch zu tief, der Bogen.

Kommentar: Etwas unanständig und ein bisschen unappetitlich, aber eine gewisse Slapstick-Komik blitzt auch auf.

Anna Nova

Ein Essay

„Meine vehr serehrten Damen und Herren“, Frau Sachkehler holte tief Luft, „hier nun der angekündigte … Auszug aus meinem Essay.“ Sie räusperte sich und versuchte, die unwillkürlich aufkommende Nervosität hinunterzuschlucken.

„Unser Lehrstuhl ist sehr darum bemüht, die Suche nach neuen Ansätzen in den Bereichen der extraterr … estrischen als auch zwischenweltlichen Kompetenz voranzutreiben. Vieles von dem, was wir heute wissen, wäre vor Jahren noch undenkbar gewesen – Sie meinen, das ist abgedroschen? Oh ja! Aber trotzdem … sehr wahr! Stellen Sie sich doch einmal ihre Lieblingscomicfigur vor – Sie da, in der zweiten Reihe, genau Sie, welche Comicfigur mochten Sie in ihrer Kindheit besonders?“ Sie nickte einem Mann mit He-Man-T-Shirt zu.

„Popeye.“ Gelächter wird laut, als der Gefragte seinen Bizeps spielen lässt.

„Sehr gut, stellen Sie sich doch mal vor, sie könnten … sie könnten einfach mit Popeye, dem Seemann eine Portion Spinat essen und egal, welche Sprache Sie sprechen, er würde Sie verstehen und könnte sich mit Ihnen austauschen! Wäre das nicht … grandios?“

„Essen wir dann echten Spinat oder gezeichneten?“ Ein Murmeln geht durch den Raum.

„Nun, das sind dann eher die Dinge, mit denen sich unser Lachbarnehrstuhl, pardon, Nachbarlehrstuhl beschäftigt.“ Sachkehler hustete.

„Was ich damit aber sagen wollte, wir alle haben sicher schon oft Aliens in unserem Garten gesehen und garantiert das Falsche getan, sei es, dass wir auf sie zugehen wollten oder aber … sie … sie verjagen."

„Stimmt, aber wie soll man denn ihrer Meinung nach Kreaturen kompetent kommunikativ gegenübertreten, die nur am pimpern sind?" Das Gekicher im Publikum kam Sachkehler nach dieser Frage ein bisschen spöttisch vor.

„Also ich muss doch sehr bitten", beschwichtigte ein Glaubensbruder in der ersten Reihe, „ganz so ist es ja dann auch nicht – schließlich gibt es unter den Außerirdischen durchaus Individuen, die ihre Libido im Zaum halten können und lieber beten." Selbst die Professoren stimmten bei dieser Aussage mit ins allgemeine Gelächter ein.

„Nun, darauf kommen unsere beiden Experten später zu sprechen", meldete sich Sachkehler wieder zu Wort, „Ersteinmal ist uns allen doch klar, dass wir irgendeine Art der Kommunikation finden müssen und ich habe zwei grandiose Meister gefunden, die diesen königlichen Weg bereits mutig voranschreiten, nämlich Pater Peter Lordus und der bekannte Chemiker Prof. Dr. Adam Strebelmann! Sie stehen später für Ihre Fragen zur Verfügung. Ein kleiner Applaus für die beiden!" Lordus winkte unbeholfen in die Runde, während Strebelmann gerade einen Schluck Wasser trank. Er verschluckte sich herzhaft und der Pater klopfte ihm auf den Rücken.

„Danke", krächzte Strebelmann.

Nach einer kleinen Pause fuhr Sachkehler fort: „Die beiden standen mir für ein Interview zur Verfügung und ich möchte jetzt den Hauptteil meines Essays vortragen und näher darauf eingehen, wie DIE Stervändigung, äh Kommunikation der Zukunft gestaltet werden kann." Sachkehler warf aus Versehen den Stapel Blätter zu Boden. „So ein Mist, verdammter!" Ihre

Hände klaubten die vermischten Notizen am Boden wieder zusammen. Strebelmann wollte ihr helfen, stolperte aber über ein Kabel, als er ihr die Zettel reichen wollte, die vor der Bühne verteilt waren. Er landete auf seinem Hinterteil. „Autsch." Ein gereiztes „Och nö" war aus Lordus' Richtung zu vernehmen. Der Professor stand auf, reichte Sachkehler die Blätter und klopfte seine Hose aus.

Sie versuchte unbeholfen, Ordnung hineinzubringen und als sie das richtige Blatt endlich fand, warf sie noch einen entschuldigenden Blick in die Runde, bevor sie zu lesen anfing:

„Die Auseinandersetzung mit dem extra … terrestrischen als auch zwischenweltlichen Informationsaustausch braucht momentan noch eine besondere Vorbereitung. Sie ist generell gekennzeichnet durch die Typen der Verhaltensregulation, die Sie alle bereits kennen: Dominanz – Assimilation – Divergenz – Synthese. Dies konnten auch die beiden Experten bestätigen."

Beide Männer nickten.

„Peter Lordus hat in der Zwischenwelt immer Anpassungsdruck, bewegt sich also innerhalb der Assimilation, während Adam Strebelmann mit den Aliens meistens eine Divergenz anstrebt, die mehr oder weniger in Dominanz der Außerirdischen ausartet. Synthese können sich beide nicht vorstellen. Doch das ist nur die eine Seite der Medaille. Professor Strebelmann hat einen weitaus interessanteren Aspekt während seiner Forschungen in der Zwischenwelt herausgefunden, den ich für meine Zielsetzung verwenden möchte." Sachkehler krallte sich verkrampft am Pult fest.

„Wie es sich … darstellt, ist die Aura eines jeden Menschen sehr stark mit der Kommunikationsebene verknüpft. Aber nicht, wie wir das schon kennen, so nach dem Motto – Aura mies, Mensch passt mir nicht – großer Bogen drum, nein nein!

Adam Strebelmann postuliert hierzu, ich zitiere", sie nickte ihm kurz zu, bevor sie weiter sprach:

„Es ist [...] so, dass die Zwischenwesen ihre Aura an die von Herrn Lordus angleichen und somit eine chemische Übereinstimmung schaffen, die sich wieder rum positiv auf die Sprachebene auswirkt.3

Stellen Sie sich das einmal vor! Sie können mit jedem Wesen kommunizieren, nur durch Auraanpassung!

Strebelmann führte danach weiter aus:

Nur wir als Personen können unsere Aura noch nicht bewusst ändern. [...] [Die] chemische Zusammensetzung [der Auras der Zwischenweltler] ist ganz anders als humanistische oder extra ... terrestrische. Wir sind aber auf dem besten Weg, es herauszufinden.4

Peter Lordus fügte dem in unserem Interview noch hinzu, dass es problematisch sei, dass die meisten Aliens oft nur auf ihr Vergnügen aus sind, daher [...] schwer zu erforschen. Sie haben einfach kein sonderliches Interesse an den ... Men-

---

[3] Interview vom 19.05.15

[4] Interview vom 19.05.15

schen.[5] Sachkehler wurde rot, fing sich aber schnell wieder. Strebelmann bekräftigte: „Stimmt doch, bis auf ein paar sehr wenige bereits erwähnte Ausnahmen."

„Nun, Sie sehen hierbei, wo unser Lehrstuhl ansetzen wird. Weg vom altertümlichen Kommunikationsmodell hin zu einem neuen, frischen und zufällig von mir entwickelten *Auramodell der Metakommunikation*!" Erst folgte Stille. Dann ging zaghafter Beifall langsam in gewaltiges Fußstampfen über. Sachkehler wusste, sie hatte die Bombe etwas zu früh platzen lassen, aber das war gerade nicht vermeidbar. Sie holte tief Luft, um die Worte noch einmal langsamer auszusprechen und die Wirkung sacken zu lassen:"Das Auramodell der Metakommunikation!" Sie wartete noch ein paar Sekunden, dann warf sie mit einer künstlich entspannten Geste den Projektor an – und ihr Glas um. „Mist!" Schnell kam ein Mann von der Technik mit saugfähigen Tüchern aus dem Hintergrund herbei gesprungen.

„Danke! Also ... hier sehen Sie eine erste Skizze meines Modells. Um die Figur in der Mitte sind lauter kleine pemische Chartikelchen, chemische Partikelchen, die für das bloße Auge nicht sichtbar sind, aber die angeregt werden müssen, um die gewünschte Wirkung zu erzielen."

„He, sagen Sie mal, ist das Dr. Manhattan aus den Watchmen? Der Typ, der gleichzeitig mit seiner Freundin schlafen und Beerdigungen besuchen kann?", rief einer provokant aus der zweiten Reihe.

„Ja, ich konnte ihn freundlicherweise als Proband engagieren." Sachkehlers Gesicht nahm die Farbe einer Tomate an, als sie das süffisante Grinsen des Fragestellers sah. Sie hüstelte.

---

[5] Interview vom 19.05.15

„Nun, wie dem auch sei, es geht uns darum, die Auramoleküle Dr. Manhattans zu erforschen, um nachhaltig festzustellen, wie wir uns das als Menschen zu nutze machen können, um innerhalb des Universums als auch jenseits davon stets eine gute kommunikative Figur zu gewährleisten. Viele von Ihnen kennen bereits den Begriff der Feinstofflichkeit. Feinstoff als solcher entsteht zwischen Materie und Immateriellem6. Seine Existenz konnte bei Dr. Manhattan erstmals komplett nachgewiesen werden." Sachkehler wartete eine Kunstpause lang ab. Diese Zeit nutzte ein sehr gebildet aussehender Mensch mit Brille und Anzug, der alles fein säuberlich mitschrieb:„Wie ist es Ihnen, Herr Prof. Strebelmann, gelungen, diese Feinstofflichkeit nachzuweisen?"

„Soll ich?" Strebelmann schaute fragend zu Sachkehler.

„Ja, antworten Sie ruhig, ich suche mir derweil ein neues Glas."

„Nun, es wurde eine weiterentwickelte Technick der Kirlianfotografie7 angewandt, um Koronaentladungen sichtbar zu machen. Diese entsprechen dann der Aura. Auch mit Radiästhesie8, die davon ausgeht, dass allen physikalischen Objekten Schwingungen zugrunde liegen oder Radionik9, die postuliert, dass der menschliche Organismus auf Radiowellen reagiert, die Träger von „Heilinformationen" sein sollen, konnten gute Erfolge verbucht werden. Sie erinnern sich sicher noch an den Herrn Richet, der Ende des letzten Jahrhunderts sein Ektoplasma10 vorstellte." Strebelmann drehte sich

---

6 https://de.wikipedia.org/wiki/Feinstofflichkeit

7 https://de.wikipedia.org/wiki/Kirlianfotografie

8 https://de.wikipedia.org/wiki/Radi%C3%A4sthesie

9 https://de.wikipedia.org/wiki/Radionik

10 https://de.wikipedia.org/wiki/Ektoplasma_%28Parapsychologie%29

noch etwas mehr in Richtung des Fragestellers und schaute ihm direkt in die Augen. „Er ging davon aus, dass es nur während der Kontaktaufnahme mit übernatürlichen Wesenheiten - wie Geistern und Dämonen - abgesondert wird. Heute wissen wir, dass ein solcher Austausch anhaltend bei Kommunikation mit anderen stattfindet. Beantwortet das Ihre Frage?"

„Ja, danke." Er kritzelte wie wild weiter.

Sachkehler schaute von ihrem Podium aus in viele fragende Augenpaare. Sie wollte gerade zu einer ausgedehnteren Erklärung ansetzen, als sich Lordus auf einmal erhob: „Nun, Sie kennen doch bestimmt die gar nicht so abwegige Bach-Blütentherapie oder Massagen, beispielsweise durch Klangschalen im fernöstlichen Raum - diese lösen feinstoffliche Blockaden und wirken direkt auf die Seele und damit auch unseren gesamten Organismus." Der Geistliche setzte sich wieder und Sachkehler konnte mit ihren Ausführungen fortfahren.
„Ich komme also zu meinen Fazit: Prof. Adam Strebelmann gab im Interview zu bedenken, dass „[i]n einem Großteil der Galaxien andere Sprachen als die unsre gesprochen [werden]. Gerade die aus Beteigeuze angeworbenen Gelehrten kommen für ein paar Jahre her und verschwinden dann unauffällig. Das motiviert diese nicht gerade, Erdsprachen zu lernen. Also sind wir gezwungen, uns anders verständigen." Des Weiteren behauptet er sehr zu recht:

[...] Junge Menschen wollen genauso Verständnis und Toleranz wie junge Aliens. [...] Es muss sich einfach etwas verändern, eine neue Art der Aufklärung muss eingeleitet werden.11

Peter Lordus bekräftigt dies indirekt durch seine Aussage:

Die sind alle nur xenophob. Ist ja nichts Neues, man denke z.B. an die Reaktion der Chinesen auf die Missionare.12

Dies spricht eindeutig für das Auramodell. Keiner muss mehr irgendeine Sprache lernen oder Angst vor Fremdartigkeit haben, wenn alles schon im Fluidum angelegt ist. Also müssen wir uns darauf konzentrieren, dieses Wissen innerhalb der Moleküle zu reanimieren. Ähnliches schreibt Strebelmann in seinem Buch *Die vielschichtige Alien-Aura.* Ein Traktat, welches zwar verpönt ist, aber durchaus auch die guten Seiten der Außerirdischen in den Vordergrund stellt."

„Buuuuuh."

„Ja, ich weiß, die Lektüre hat keinen guten Stand unter den Forschern. Aber sie gibt wichtige Einblicke, wie Auren chemisch überhaupt funktio ... nieren. Gegenstand weiterer Erörterung könnte dann die Erprobung des Auramodells am Menschen sein, wenn wir es schaffen, die noch schlummernden Moleküle aus ihrem Tiefschlaf zu erwecken." Sie schnappte nach Luft. „Aus der Zielführungen, ach Mist!"

„Sie meinen Ziel der Ausführungen?", fragte der Popeye-Mensch.

---

[11] Interview vom 19.05.15

[12] Interview vom 19.05.15

„Ja, also das Ziel war eine konzeptionelle Hinführung zu meinen aktuellen Forschungsbestrebungen. Sie muss die besondere Bedeutung diverser Rahmenbedingungen für jedwede Kompetenz unterstreichen. Auch die freie Wirtschaft sollte kurzfristig in dieses Aurakonzept mit einbezogen werden. Durch Netzberkwildungen … können über alle Ebenen hinaus die Lebensbedingungen und Alltagserfahrungen aus verschiedenen Perspektiven beleuchtet werden." Sachkehler strich sich nervös eine Haarsträhne aus dem Gesicht. "Gibt es irgendwelche … Fragen?" Sie schaute aufgeregt in die Runde. „Ja, Sie ganz hinten?"

„Um welche Dimensionen extraterrestrischer und zwischenweltlicher Kompetenz geht es hier eigentlich?" Ein grinsender Platznachbar stieß dem Fragenden den Ellenbogen in die Rippen. Dieser blieb gekünstelt ernst.

„Nun, es ging ohne die Aura einzubeziehen in den letzten Jahren hauptsächlich um die aus unterschiedlichen Planeten oder Welten stammenden Vorstellungen, die von den Akteuren für relevant gehalten wurden … ob es bereits existierende Anschauungen gab, auf die man zugreifen konnte oder welche Grundvoraussetzungen man in den Köpfen erst entwickeln musste. Mit dem Auramodell wird das alles viel einfacher werden. Ja, bitte?"

„Also müsste es bald Workshops oder Seminare geben, die interkulturelle Kompetenzen in Form von Auraregulation schulen?"

„Ja, das ist eine Sache, die man im Testlauf anstreben könnte. Gern auch über Coachings in den Betrieben oder an Universitäten. Hier könnte man auch moderne Medien und Lernplattformen benutzen. Quasi eine Auraveränderungsanleitung. Hier vorn ist noch eine Frage?"

„Ja, also … ich könnte mir vorstellen, dass es da etliche Probleme und Störfaktoren zu bewältigen gibt. Man denke nur an die Euro- und Weltbetriebsräte!“

„Und an die ganzen Dolmetscher, deren Job auf einmal wegfällt!“, rief es aufgeregt aus der letzten Reihe.

„Stimmt.“ Gemurmel wurde laut.

Sachkehler musste ihre Antwort fast brüllen: „Wir kommen natürlich nicht umhin, die Erwartungen und Erfahrungen von betrieblichen Interessen … vertretern und gewerkschaftlichen Verantwortlichen empirisch zu vertiefen.“ Sie atmete tief durch.

„Keine Fragen mehr?“ Sie schaute verlegen und ein Lächeln formte sich auf ihrem Gesicht, als sie endlich ihre letzten Sätze sagen durfte: „**Vielen Dank für Ihre Aufmerksamkeit! Nach einer kurzen Pause von 20 Minuten werden die beiden Wissenschaftler für die tiefer gehende Dodiumspisskussion, äh Podiumsdisskussion die Bühne betreten.“**

Sachkehler schnappte ihre Blätterwirtschaft und entwich erst mal durch die Tür. Das Gemurmel des Saales wurde leiser und leiser. Sie fand den Weg in den angrenzenden Park und ließ sich auf eine Bank fallen.

Sachkehler war fix und fertig.

Kommentar: Die Autorin hat ihren Essay als „experimentell“ bezeichnet. Das ist so ein Fall, wo man schon fast einen scheinbaren Tippfehler korrigiert hätte, bevor man merkte, dass das ja so sein soll.

Marvin Neidhardt

Still

In Wäldern flüsternd
unter schwerem Tuch
als Federn schwiegen schüchtern
hab ich dich gesucht.

An deinen Sohlen haften Blätter
Spuk der dich umweht
und Spuren die noch lange sprachen
pflastern einen Weg

zu dir, den ich verloren fand
und einsam auf dem Steg
stieg meine Stimme auf das Wasser
wo Echos Klage murmelt sanft
„Vergeh"

Und versunken in den Kreisen
stummen Wellen ist die Decke
die sie auf dein Antlitz legt.

Babel

Im Zwielicht zweier Flüsse sah ich einst mein Ebenbild mir gleich zu werden drohen/
als es Stein um Stein vor'm Himmel aufgetürmt wie Kain hoch über Enoch seinen Thron/
den Ursprung jenes Kreises suchte zwischen ihnen - das Epizentrum silberweißer Dämmerung,
die seit jeher Alles, Nichts und Tag und Nacht in Gleichmut tränkt und an sie bindet - mich -/
und in dessen Augen jenseits aller seiner Grenzen hoffte es die Welt und schließlich sich zu sehen.

Und dämmernd noch ward suchend ihm die Gegenseitigkeit von solchem Augenblicke schon bewusst,/
als zwischen uns, du, Horizont, du Abgrund unermesslich klaffend, wir deiner Wunde Krebsgeschwür und Kuss am Rande uns'rer selbst vorfanden,/
als im Rausch beider Gezeiten Zelt und Pfeiler dieser Zweisamkeit aus unsern Fingern fortgespült/
und davon wenig mehr nur blieb als Hände, von denen jede haltlos sich so durch den Schlamm der Zeiten wühlt:/
Da! Da wussten wir, zwei Blitze in dem schwarzen, blauen Nichts: Uns're Fäuste trafen sich.

Und egal wie viele Spiegel ich zerschmetter, im Sturm der Sternenregenwolkengischt, /
egal wie viele Splitter Ich im Wirbel um dieses einsam einzig Sein, um dieses eine Auge, meines, noch zu Staub zerfallen sehe/
bleibt doch von dem Andern noch ein Schimmern, ein Leuchten in der Nacht/

das sich unermüdlich glühend nach dem Ende endlos ferner Weiten müht.

Kommentar: Sprachausbrüche; nicht uninteressant.

Michael Lehmann

Die Jazzsängerin

Gelbgezeilt am Horizont
die Skyline in den Abend dringt
über stauverschwitzter Ausfallstraße
Reklame ihre Farben blinkt

In den alten Bürgerhausfassaden
hält schon die Dunkelheit Gericht
doch unterm Risalit im Souterrain
schwingt eine Türe auf – ins Licht!

Es fällt wie Glitzerschnee auf das Piano
wandert sanft durch teuren Gin
Von Instrumenten angebetet
ragst hoch und zart Du – Sängerin

Zu Deinen Füßen die Elite
fernab vom Großstadt-Varieté
Sie lockern die Kravatten und sie sinken
in Deiner roten Lippen Canapé

Du lässt sie ein in eine Welt
in der sie unbestritten sind
mit Deinem Timbre malst Du Bilder
bist für sie Geliebte, Mutter, Kind

Und schenkst Ihnen Verletzlichkeit
Sie träumen Dich in ihren Arm
geleiten Dich durch menschenleere Nächte
ihr Mantel hält Dich warm…

Voller Zauber rinnt die Zeit
bis das letzte Lied verklingt
Applaus, Verbeugung, schöne Linie
Dein Haar zu einem Vorhang sinkt

Sie fliehen heim im Rest der Stille

der Tag ruft sie nach kurzer Frist

Sie sind bereit zum Wettbewerb

der ihre zweite Wahrheit ist

Wolfgang Rödig

Sechsmal ein einziger Buchstab'

Doch Hermann war nicht mal in Hessen
in stiller'n Stunden d'rauf versessen,
mit Joseph sich im Eichendorf
zu äußern zu Morphem und Morph,
währ'nd Heinrich anderorts im Haine
ließ dazu gar nichts von der Leine.

Auch Theodor beließ den Sturm
bei Gold und Elfenbein im Turm
und Theodor für die Fontäne
in Schubladen den Plan der Pläne,
eh' Friedrich hätt' gebracht zum Schillern
die Leere zwischen Abendfüllern.

Kommentar: Nicht tiefsinnig, aber amüsant. Bravo!

Zur Gesichtskontrolle

Gesichter hängen an der Leine.
Wer mag die wohl gewaschen haben.
Bestimmt lag's andre oder eine
in schmutz'gen Händen schon vergraben.

Gesichter aus vermengter Masse,
gekürzte, lange, kleine, große,
gerötete, belass'ne, blasse,
nur eben lauter menschenlose.

Es kam so ein Gerücht zu Ohren,
das als Geheimnis völlig offen.
Es heißt, dass mancher seins verloren.
Dass keiner es von uns, wir hoffen.

Doch ehe kontrolliert wir alle
und uns vielleicht gesichtslos schocken,
lädt ein man uns zum Maskenballe.
Greift wahllos zu, sie sind schon trocken!

Eine zu kurze Begegnung

Ein übergang'nes Erdenkind
begegnet einem alten Wind,
spricht an ihn, ihm die Frage stellt:
"Wie ist zuweilen klein die Welt?"

"Hoch über mir ein Blatt ich sah
an jungem Baum, dem Himmel nah,
den es von mir gegrüßt vielleicht,
hätt' es dereinst ihn ganz erreicht.

Doch gestern rissest du es ab.
Wie schwebend fiel's auf mich herab.
Hier liegt's bis heut'. Du nahmst Reißaus
und trugst es nicht mit dir hinaus."

Der alte Wind, der murmelt nur:
"Vielleicht geht's morgen mit auf Tour.",
verweht sich und für fraglich hält,
ob eine Frage ihm gestellt.

Jana E. Hentzschel

Durch die Gänge

Ab und an, es muss ja sein,
fährt Anne los und kauft was ein.
Nur dabei kratzt so manche Hürde
an des Menschen Einkaufswürde.

An einer Box für leere Flaschen
liest sie mit den vollen Taschen
rot und groß: „Ich bin defekt!“.
Ruck, zuck ist sie schweißbedeckt.

So beginnt sie knapp 'ne Stunde
später mit der Shopping-Runde,
kann jedoch mit großem Schrecken
ihren Einkaufszettel nicht entdecken.

Nun schleicht sie durch die Gänge,
auf dem Zettel stand 'ne Menge.

Was könnte das gewesen sein?
Honig – fällt ihr endlich ein.

Dort kommt ihr in den Sinn,
zum Obst geht es als Nächstes hin,
doch noch bevor im Korb es stand
rutscht das Glas ihr aus der Hand.

Beim Gemüse hat sie Glück,
von jedem gibt's ein frisches Stück.
Nur Buttermilch ist nicht zu haben,
so muss sie sich am Kefir laben.

Nach und nach fügt sich der Rest,
was Anne wieder hoffen lässt.
Wenn nur der letzte Gang nicht wär',
die Kassen sind nicht wirklich leer.

Endlich ist der Kauf bezahlt,
sie tritt hinaus, die Sonne strahlt.
Nun eingepackt und nichts wie heim,
doch soll auch das nicht einfach sein.

Denn beim Verlassen war ihr Wagen,

so viel kann sie sicher sagen
und schwört dies auch der Polizei,
von allen Seiten unfallfrei.

Und nach diesem Abenteuer,
zurück in ihrem Wohngemäuer,
stellt sie mit Erstaunen fest,
was sich in Hosentaschen finden lässt ...

Kommentar: Ja, so ist es wirklich. Es macht wirklich Spaß, das zu lesen und zu lachen! Bis auf die Metrik perfekt.

Ingrid Schacht

Hoffnung

So oft verloren.
Wiedergefunden.
Dran festgehalten.
Und doch wieder
verloren gegangen.

Und doch! Da sind
ein neuer Frühling.
Ein neues Lächeln.
Das Funkeln
in deinen Augen –

Wie schnell
lässt Hoffnung
sich doch wiederfinden!

Auch wenn ich weiß:
Der Winter
kommt bestimmt …
Und du wirst dann
gegangen sein.

Kommentar: Trauriger, aber ergreifender Schluss.

Lucie Preißler

Traumspüler

Warmes Wasser umspült meine Hände,
Klarer Schaum tanzt weich auf der Haut.
Gedanken malen Bilder an die Wände,
Bilder, auf Erinnerung gebaut:

Ich blicke in forschende Augen,
sehe Grübchen, tief und perfekt,
spüre Kräfte, die mich aufsaugen
und Zärtlichkeit, die mich bedeckt.

Mein Atem vermischt sich mit deinem,
warm und verlangend zugleich.
Deine Lippen endlich auf meinen –
Lippen, so samtig und weich.

Das Klirren von Glas nimmt die Klarheit.
Schimmernde Splitter, noch feiner als Sand,

überdecken die Bilder mit Wahrheit,
es bleibt nur die trübweiße Wand.

Und kühles Wasser mit schmutzigem Schaum,
durchstoßen von spitzigen Scherben.
Wie mein bebendes Herz, so zerbricht auch der Traum,
doch die Hoffnung, die wird nie sterben.

Kommentar: Liebe und Geschirrspülen! Dass jemand es wagt, so ein Thema in ein Gedicht zu bringen! Großartig!

Christiane Schwarze

Die Verleihung

Helene berührte mit dem Finger die Schrift und konnte die Zeilen gar nicht oft genug lesen.

Ihr sollte die Ehrennadel mit Buch und Goldstück verliehen werden!

Natürlich ging es dabei nicht nur um eine Ehrung. Es bedeutete, dass sie als Schriftstellerin endlich auch finanziell honoriert werden würde.

Warum nur hatte ihr niemand vorher mitgeteilt, dass die Feierlichkeit im Stile eines Kostümballes abgehalten wurde? Als Einzige ohne Verkleidung den Saal zu betreten, vermittelte ihr das Gefühl von Schutzlosigkeit.

Sie betrachtete die anderen Gäste. Fischkostüme schienen besonders in Mode zu sein. Aber weshalb verkleideten sich die Damen und Herren dann nicht phantasievoll als Heringe, Barsche, Lachse und Sprotten, sondern ausschließlich als Aale?

Es gab noch zwei weitere Kostümfavoriten, nämlich Wolfsmaulmasken und Hasenanzüge.

Von hinten tippte jemand an ihre Schulter.

„Verzeihung, Sie sind geladen?"

„Ja, hier ist der Brief."

Ihr Gegenüber nickte und deutete auf die Garderobe.

„Bitte suchen Sie sich etwas aus."

Die Aalvariationen fand sie langweilig und das Vogelspinnengewand, auf welches er zeigte, geradezu abscheulich. Nachdem sie auch noch die dargebotene Vipernhaut ablehnte, zog er eine Narrenkappe mit Glöckchen hervor.

„Die dürfte zu Ihnen passen."

Es ertönte ein Gong, und die Verleihungszeremonie begann.

Auf der Bühne öffnete ein mit Fischstäbchen-Krawatte geschmückter Aal einen Schrein. Beim Anblick des darin aufgestellten überdimensionalen Goldstückes verbeugten sich die anwesenden Gäste tief.

Nun rief der Krawattenaal den seit Jahren erfolgreichsten Lyriker des Landes auf die Bühne. Dieser trug einen Hasenanzug, und daran heftete die Ehrennadel mit zwei Goldstücken.

Er begann darüber zu referieren, warum in der Sparte „Lyrik" die Zweiernadel die höchste zu erreichende Auszeichnung sei, im Gegensatz zur Belletristik, in der eine Steigerung bis zur Zehner möglich wäre.

„Die Leserschaft entscheidet! Mit Lyrik werden schließlich nur zwei Prozent der Gesamtgewinne im Verlagswesen erwirtschaftet."

Schließlich versicherte der alte Hase, er wäre bis an sein lyrisches Ende ein armseliger Poet geblieben, wenn nicht der Lektor seines Verlages ihn in die große Handwerkskunst des Gedichteschmiedens eingeführt hätte.

Als sich daraufhin ein grauhaariger Wolf erhob, standen alle Anwesenden auf und klatschten anhaltend.

Der Hase bat seinen Meister, auch die anderen Kollegen im Saale an seinem Schatz langjähriger Erfahrung teilhaben zu lassen. Dieser nickte und zeigte auf allerlei Utensilien, die schon auf der Bühne bereitstanden. Kaum lüftete er den Deckel einer großen Truhe, stiegen Rosenduft, Seifenblasen, blaue Wölkchen, rote Herzen, ein wenig Nachtschwärze und allgemeine Lebensweisheiten daraus hervor.

Einige der Ingredienzen rührte der Wolf in einen Topf, erhitzte diesen und füllte den Sud sodann in Auskühlformen.

„Liebe Gäste, ein gutes, sprich verkäufliches Gedicht muss eine exakte Passform erhalten. All jene, die eine Nadel mit Goldstücken erringen wollen, müssen jedes einzelne Wort bis auf das Mikrogramm genau abwägen. Eine Prise zu viele Seifenblasen, und die Kritiker tun das Gedicht als seicht ab. Ein einziges Molekül zu viel Dunkelheit hingegen lässt es garantiert in den Schreddern der Verlage landen.

Nicht ganz so vorsichtig braucht mit Wolken und Herzen verfahren zu werden, doch sollten Sie diese unbedingt feiner dosieren, als es Ihre Leser bei eigenen poetischen Versuchen vermögen würden.

Bei den Lebensweisheiten hingegen ist Großzügigkeit sogar Gebot. Denn nichts schätzt die Leserschaft höher als das, was sich allgemeiner Bekanntheit erfreut."

Zum Schluss nahm der Wolf ein abgekühltes Gedicht aus der Form und hob es hoch, als abschreckendes Beispiel für garantierte finanzielle Erfolglosigkeit.

„Kunst!“ höhnte er.

Ein kleiner, vor Öl triefender Aal wurde von dem Krawattenaal auf die Bühne geleitet.

Der Wolf wandte sich erneut dem Publikum zu.

„Es gibt drei Wege zu den Goldstücken. Den ersten hat dieser junge Dichter beschritten, er ist ein Naturtalent.“

Öl-Aal wurde zu der Truhe geführt, dort verband man ihm die Augen. Es gelang dem Anwärter mühelos, blind eine Mischung herzustellen und in eine Form zu gießen.

Das Ergebnis wurde vom Meister gemessen, gewogen und unter die Lektorenpresse gelegt. Schließlich hob er das Gedicht begeistert in die Höhe.

„Absolut exakt gearbeitet, die perfekte Norm. Wir gratulieren!“

Das Publikum spendete Applaus.

Damit die Zuschauer zur Nachahmung ermutigt würden, stellte das Naturtalent in großem Tempo ein Normgedicht nach dem anderen her.

Die Gäste raunten vor Bewunderung, denn wie schaffte es der Nachwuchsautor bloß, ständig mit anderen Worten dasselbe zu sagen?

Nun wurde ein junger Hase nach vorne gerufen, dessen Fell sogar noch seidiger glänzte als das des alten Lyrikhasen.

Krawattenaal erklärte: „Unser nächster Anwärter befindet sich auf dem zweiten Wege des Erfolges."

Glanzhase öffnete eine Schachtel. Helene vermutete, er werde Gedichte daraus hervorholen. Stattdessen entnahm er wortlos Visitenkarten und wirbelte diese wie ein Jongleur in der Luft herum. Dann räusperte er sich und begann, das Alphabet rückwärts von Z-A zu deklamieren.

Im Anschluss an diese Darbietung verlas der Wolf Ausführungen wichtiger Literaturkritiker bezüglich der Leistungen des Anwärters.

Besonders wurde darin hervorgehoben, dass dieser eine neue Gattung erschaffen habe, nämlich die Fragmentlyrik. Die Kritiker erklärten, das Gedicht sei bereits per Definition eine inhaltliche Verdichtung, die kürzeste aller literarischen Formen. Die Fragmentlyrik wiederum stelle ein geistiges Destillat der

Poetik dar, und die formale Beschränkung auf einzelne Buchstaben zwinge die Menschen zu neuem Bewusstsein. Mit anderen Worten, nur die intellektuellsten Denker des Landes würden fähig sein, diesem literarischen Quantensprung zu folgen.

Ehrfürchtig nickte die Gemeinschaft der Poeten und murmelte: „Z, Y, X, W, V, U."

Helene spürte, wie jemand sie am Ärmel fasste und mit sich zog. Es war der Krawattenaal.

„Verehrte Herrschaften, nun darf ich Ihnen die einzige Dame vorstellen; sie ist zugleich ein Beispiel für den dritten möglichen Weg zum Erfolg."

Der Wolf deutete auf ein Rad, an dem ein Glasbehälter hing. Dieser war gefüllt mit Papierblättern.

„Da die ersten beiden Wege zum Erfolg nur wenigen vorbehalten sind, gibt es noch das Rad der Fortuna. Dieses Verfahren zeichnet sich durch absolute Gerechtigkeit aus, denn es beruht allein auf Zufall und Glück. Liebe Helene, Sie sind also das Glückskind der diesjährigen Nadelverleihung."

Auf dieses Stichwort hin unterbrach eine publikumsintegrative Tanzperformance durch das Poesie-Ballett seine Rede.

Schornsteinfeger trieben mit besenlangen Plastikkleeblättern eine Schweineherde durch den Festsaal.

Nach Beendigung dieses Kulturbeitrages forderte der Wolf die Nadelanwärterin zur Übergabe ihrer Gedichte auf.

Zunächst schritt er damit in Richtung Lektorenpresse, dann schüttelte er jedoch das Haupt und blieb stehen.

„Hier reicht es nicht, die Konturen abzuschleifen. Nichts davon passt in eine Verlagsschublade."

Ein Fingerschnippen genügte, und ein Schmiedehammer wurde auf die Bühne gebracht.

Der Meister hob das Werkzeug hoch und holte zum Schlag aus. Die Gedichte begannen, um Hilfe zu rufen.

Eines schüttete eimerweise Lebensschatten gegen den Angreifer, die Farbe Rot schrie, er sei ein Verräter der Kunst, die Schneide des Tagmondes stellte ihm ein Bein.

Die Anwärterin raffte so schnell sie es vermochte die Gedichte zusammen und rannte durch den Saal in Richtung Ausgang.

Das Publikum glaubte, es handle sich um die Fortführung der Poeten-Performance und forderte begeistert eine weitere Zugabe.

Mit zerknitterten Blättern in der Jackentasche lief Helene ohne Goldstück-Nadel nach Hause.

Die Glöckchen der Narrenkappe läuteten leise, und ihr Klang lockte unverkäufliche Gedichte an.

Kommentar: Lustig.

Sima Moussavian

Die Krähe und der Jäger

Die Strahlen der morgendlichen Gewittersonne materialisierten sich zu so undurchdringbaren Streifen, als hätte sie ein Jäger in der Hoffnung auf Beute zwischen die Bäume gespannt. Der bodennahe Fallwind fühlte sich für Wind zu heiß an. Mit der Geschwindigkeit eines Schnellzugs raste er aus den kantigen Bergen ins trockene Tal hinab. Wie ein Egozentriker riss er dabei rücksichtslos das Laub von den Eichen, das im glutheißen Himmelsfeuer der vergangenen Wochen zu totem Papyros erstarrt war. Am lilafarbenen Horizont regnete es dünne Fäden, aber unter der Hitze des Tages erreichten sie den Erdboden nicht. Die Pflanzen der Lichtung waren zum Sterben verdammt. Die welken Herbstzeitlosen lechzten seufzend nach frischem Wasser. Daneben hatten Spinnen entlang niedriger Felsformationen feinmaschige Netze gespannt. Ihre trockenen Fäden vermochten dem starken Wind kaum mehr standzuhalten. Tote Insekten tanzten zusammen mit weißen Pollen so energisch darin herum, als wären sie noch immer am Leben. Zwischen den Bäumen fiel in ölig spiegelnden Prismen das fahle Tageslicht herein. Dem Szenario des Todes gab der Lichtschein eine Dramatik, wie sie eigentlich nur das Leben kennt.

Nur von Leben war weit und breit keine Spur, aber plötzlich bewegte sich etwas. Unter dem lebendig lilanen Himmel saß eine schwarze Krähe auf den Felsen der Lichtung. In ihren Federn steckte der Nachthimmel, ihr Schnabel glich einem kräftigen Dolch und in ihren dunklen Augen lag tiefes Bewusstsein. Der Fluchtpunkt ihrer Blicke traf auf dem reisigen Waldboden in einen halbgeschlossenen Kessel aus glänzenden Felsen hinein. Aus den Felsformationen befreiten sich wie aus einem undichten Kellerraum die monotonen Flüsterlaute von tropfendem Wasser. Der aufgeregt winselnde Wind nahm ihren rhythmischen Klang so sanft wie ein Geschenk entgegen und mischte ihn unter die Melodie seiner säuselnden Symphonie. Ohne stehenzubleiben trug er die Rhythmen mit sich und blies sie unaufhaltsam in die Stadt hinein, wo sie in einem melancholisch dumpfen Echo verklangen. Auf der Lichtung war das Tropfen noch immer zu hören. Bewegungslos und bedrückend hing der Klang in der trockenen Luft, als wäre er das tödliche Schwert des Damokles. Tropf, Tropf. In der Hoffnung auf einen Schluck Leben erbebte die trockene Erde und die Herbstzeitlosen reckten sich mühsam dem Klang entgegen. Tropf, Tropf, wie von Wasser. Die Bäume knirschten lautstark mit den Zähnen, doch die Hoffnung auf Leben wurde alsbald verblasen. Die Krähe sah es zuerst. Es war weder Leben, noch Wasser, was da tropfte. Für Wasser war es zu rot und für Leben war es zu tot. In dem dunklen Kessel aus hell leuchtenden Felsen hatte ein Jäger in der Hoffnung auf Beute dicke Drähte zwischen die Bäume gespannt. Beute war ihm in die Falle gegangen. Jetzt hing sie kopfüber zwischen den Felsen. Von ihrer Nasenspitze tropfte ihr dickes Blut monoton auf den trockenen Reisig. Auf ihrem zedernroten Mund saß eine gierige Fliege. In ihren weit offenen Augen steckte das Vakuum des Todes und an ihrem wohlgeformten Leib hatte sich der Jäger mit einem Dolch zu schaffen gemacht. Niemand hatte es gesehen. Niemand hatte es gehört. Der einzige Zeuge der Jagd war die schwarze Krähe, deren aufmerksame Blicke das Schauspiel noch immer verfolgten. Nur sagen können würde sie es niemandem, daher schwieg sie das Schweigen der Lämmer und so hing Stille über der Felsformation, wie das Bild an einer Schlafzimmerwand. Die Stille hüllte den Jäger in den trügerischen Mantel der Sicherheit. So friedvoll wie ein Pfarrer starrte er den leblosen Körper seiner Beute an. Auf ihrer Haut so weiß, wie frische Lilien bildeten sich rote Pfade, wo auch immer ihr Blut den Gesetzen der Schwerkraft folgte. Ihre blonden Haare leuchteten einzeln unter der Sonne und wurden von den dünnen Rinnsalen aus ihren Adern mit hellroten Strähnen geschmückt. Der reisige Boden schlürfte das stockende Blut trotz der Trockenheit nur zögerlich auf, als wäre er sich der Unrechtmäßigkeit des Szenarios bewusst. Der Unrechtmäßigkeit bewusst war sich nicht einmal der Jäger. Gefangen in seiner eigenen Genugtuung stand er totenstarr zwischen den schützenden Felsen. Die Schatten der Bäume brachen über ihm zusammen und blieben auf ihm liegen, wie die Ruinen eines brennenden Hauses. Sein Mantel ging in dem Szenario des Todes lebendig und aufgeregt mit dem Wind und seine Augen der Zerstörung starrten die Beute so innig an, als sähen sie darin ein Kunstwerk. Mit der Überwindung eines Fallschirmsprungs riss er sich plötzlich los und jagte zwischen den Felsen hervor. Aus Unachtsamkeit riss er das Spinnennetz zu Boden und beendete den lebendigen Tanz der toten Insekten. Auf den Felsen saß schweigend noch immer die Krähe, aber aus Unachtsamkeit bemerkte er sie nicht. Aufmerksam folgten ihm ihre Augen über die Lichtung in den dichten Wald. Mit der Ruhe eines Sterbenden breitete sie die tiefschwarzen Flügel aus. Sie schüttelte sich und verlor dabei eine lange Feder, die mit der Leichtigkeit einer Schneeflocke durch die Luft tänzelte und auf die Erde zu schwebte. Sanft wie die Hand eines Liebenden berührte sie den schneeweisen Körper der Toten, glitt unbeholfen weiter und blieb auf ihrer blutnassen Wange liegen. Mit der Eindringlichkeit einer Lagerfeuergeschichte stieß die Krähe gerade ein herzzerreißendes Krächzen aus. Als der Mantel des Jägers in den Wald gegenüber verschwand, ließ sie die Luft unter ihren Flügeln schwirren und erhob sich in kräftigen Flügelschlägen von den Felsen. Von einer Sekunde zu anderen war die tote Lichtung verwaist und das Tropfen von Blut blieb weit und breit die einzige Spur von Leben.

Die Nacht war angebrochen. Der Mond hing über der Stadt wie das Mobile über einem Kinderbett. Sein milchiger Schein küsste die Häuser sanft mit dem edlen Geschmack der Stille. Als die hohe Kirchturmuhr gerade Mitternacht schlug, schoben sich wie ein nebeliger Umhang dünne Wolken davor und verschluckten das milchige Licht als wären sie ein gierige Giganten. Der Geruch von Regen lag in der Luft. Der böige Wind trug den frischen Geschmack von Leben. Am Stadtrand öffnete sich soeben die Tür eines hell erleuchteten Hauses und eine junge Frau wurde auf die nächtliche Straße spuckt. "Komm gut nachhause.", rief ihr eine dunkle Silhouette aus der Tür heraus nach. Um sie gut nachhause zu bringen, fehlte es an Zeit, an Lust, an

Sinn oder auch Mut - welche Rolle spielte schon die Frage nach dem Warum. Im Nachhinein hätte sie für den Rufenden um ein Haar eine Rolle gespielt - die Art von Rolle, die einen Nachts nicht mehr einschlafen lässt. Nur um Mitternacht spielte es für ihn keine. Mit einem Knall schloss sich die Tür, als hätte sie nie offen gestanden. Die Lichter löschten sich lautlos und die junge Frau stand einsam wie ein Waisenkind in der Finsternis der Straße. Nur eine Straßenecke weiter sollte sie mit der Finsternis der menschlichen Natur kollidieren. Nicht in einer Kollision der Galaxien, wie sie einen Urknall erzeugt, sondern in einer dramatischen und tödlichen Kollision, wie sie Schiffe mit einem Eisberg haben. Momentan war ihre Stimmung vibrant. Ihre Gedanken waren Licht und ihre Gefühle waren die unbeschwerte Melodie eines Radio-Songs. Ihre Schritte hallten auf dem schwarzen Asphalt, wie der Countdown des Todes in einer dunklen Gasse. Für den Klang des tödlichen Countdowns blieben ihre Ohren aber taub. Die hohen Bäume am Saum des Stadtrands bewegten ihre Äste, als wären es blutrünstige Gliedmaßen, aber für den Schrecken dieses Anblicks blieben ihre Augen blind. Als leichter Nieselregen hinab ging, zog sie ihren dünnen Mantel zu und lauschte aufmerksam dem säuselnden Lied der Natur. Winzige Regentropfen befreiten sich wie Märtyrer aus dem schwarzen Himmel und küssten die trockene Erde mit Leben. Sie lächelte ein so leichtherziges Lächeln, wie die Sonne und gefror voller Faszination für die Nacht und den Regen im Schritt. Unbeschwert starrte sie in die betongrauen Wolken. Mit geschlossenen Augen nahm sie einen so tiefen Atemzug, als wäre es ihr letzter. Der Regen wurde stärker. Die Tropfen wurden schwerer. Auf ihrem sandbraunen

Gesicht wirkten sie, wie feine Tränen. Als sie sich wieder in Bewegung setzte, wurde ihr dunkles Haar von den Himmelsperlen in dicke Strähnen gelegt und unter ihren Augen bildeten sich schwarze Schatten aus verwaschenem Mascara und schleichender Müdigkeit. Eiseskälte griff so plötzlich um sich, wie eine schleichende Epidemie. Im freien Fall schmiegten sich die Tropfen fest aneinander und verschmolzen zu so untrennbaren Einheiten, als wären sie glückliche Liebespaare. Plötzlich ging schwerer Hagel hinab. Als das erste Korn ihren nackten Nacken berührte, bog sie mit schnellen Schritten um die Ecke und öffnete eilig die Tür zu einer kleinen Bar. Wegen eines Wackelkontakts blinkte das schiefe Leuchtschild an der korrodierten Fassade so aufgeregt durch die Nacht, wie ein klingelnder Spielautomat. Der Hagel gewann an Intensität, aber das blinkende Schild erreichte er dank des großzügigen Vordachs nicht. Als die junge Frau in der Tür zur Bar verschwand, wurde sie aus dunklen Augen beobachtet. Auf dem schiefen Leuchtschild unter dem Vordach saß eine kohlrabenschwarze Krähe. Aus Unachtsamkeit bemerkte die junge Frau sie nicht. Drinnen angekommen seufzte sie das Seufzen eines geretteten Schiffsbrüchigen und näherte sich erleichtert der hölzernen Theke. Zusammen mit dem Geruch von Schnaps schlugen ihr stickige Luft und der Dunst finsterer Gedanken entgegen. Trotzdem zog sie das Schummerlicht des Tresens an, als wäre es magnetisch. Ihr feuchtes Gesicht spiegelte den roten Schein der Neonlichter zurück. In ihrem nassen Haar hingen feine Hagelkörner, die in der Wärme des Zimmers zu als Wasser zergingen. Von ihren Strähnen gingen feine Rinnsale auf den Kunststoffboden hinab. Tropf, Tropf, erklang die monoton rhythmische Melodie.

Als sie sich an die Bar setzte, mischte sie sich unter den Klang einer dunkle Stimme, die zu einem Mantelträger am anderen Ende der Theke gehörte. "Was für ein Hundewetter.", murmelte er neben ihrem feuchten Ohr, "Da draußen unterwegs zu sein, ist ja lebensgefährlich." Als ihre Blicke wie Sternschnuppen in Richtung der Stimme aufbrachen, lächelte sie ein nickendes Lächeln wie die Strahlen der Sonne. Von ihrer eigenen Sonne ließ sie sich blenden und erkannte die drohende Gefahr am Ende der Theke nicht. Als er sie auf einen Weißwein einlud, nahm sie die Einladung an. Für sich bestellte er schwarzen Kaffee, der ihn mit dichten Wolken aus Dampf umhüllte. Ihren geblendeten Augen machte er die klare Sicht so noch schwerer. Als sie ihren Weißwein trank und in trügerischer Sicherheit auf die Ruhe nach dem Hagel wartete, tauschte sie Blicke wie Naturereignisse mit ihm aus. Während er seinen Kaffee trank und sie mit den friedvollen Augen eines Priesters betrachtete, tauschten sie miteinander Gedanken wie ein ganzes Leben. Wie hätte sie bloß erahnen sollen, dass seine Blicke wie Naturereignisse Naturkatastrophen waren? Wie hätte sie die Lebenslügen in seinen Gedanken wie ganze Leben erkennen sollen? Niemand sah den Jäger in ihm. Niemand ahnte es. Niemand erkannte es. Nur die schwarze Krähe auf dem schiefen Leuchtschild hatte davon eine leise Idee. Sagen können würde sie es niemandem. Daher schwieg sie das Schweigen der Lämmer und blieb bewegungslos unter dem Vordach sitzen. Durch die beschlagenen Fenster zur Bar sahen ihre aufmerksamen Augen die Gefahr immer näher rollen. Der Hagel schlug noch immer so intensiv auf den Asphalt, wie ein afrikanischer Trommelspieler. "Ich muss langsam aufbrechen. Meine Schicht beginnt um fünf.", stellte sie am Tresen bedauernd fest und beobachtete die Feuchtigkeit auf den Scheiben. Als er zu ihr aufrückte, schlich unheimliche Angst in ihre weit offenen Augen, wie ein unheimlicher Dieb in ein weit offenes Haus. Unheimlicherweise galt ihre unheimliche Angst aber nicht ihm, sondern der trommelnden Naturgewalt vor dem Fenster. Er sah sie mit seinen trügerischen Blicken eines friedvollen Priesters an. "Du willst dich doch nicht umbringen.", murmelte er heiser, "Lass mich austrinken, dann kann ich dich fahren." Draußen breitete die schwarze Krähe auf dem schiefen Leuchtschild gerade ihre Flügel aus und begleitete die lauten Trommelschläge des Hagels mit dem verzweifelten Krächzen des Untergangs. Nervös lief sie für die nächsten Minuten auf dem Leuchtschild auf und ab. Durch das beschlagene Fenster sah sie, wie sich Jäger und Beute lachend vom Tresen erhoben. Der Jäger war der Beute einen guten Schritt voraus und konnte in der Luft bereits die Jagderfolge riechen. Als sich die Tür öffnete, schlug die Krähe aufgebracht mit den Flügeln und verlor dabei eine lange Feder. Tänzelnd wie eine Schneeflocke schwebte sie hinab und wurde vom Wind in das sandfarbene Gesicht der Beute geschlagen. Abrupt gefror sie im Schritt und zog sich die rabenschwarze Feder von der Wange. Ihr irritierter Blick stolperte wie betrunken nach oben. "Kommst du?", fragte der Jäger gerade zwischen den lauten Trommelschlägen des Hagels. Als sie die Blicke nach oben wandte, fing die Krähe sie auf, wie einen Ball. Sie würde niemandem erzählen können, was sie heute gesehen hatte. Es andere aber wissen zu lassen, lag in ihrer Macht. Daher schwieg sie das Schweigen der Bedeutsamkeit und starrte tief in die junge Frau hinein. Als die ihre starren Augen zurück hinab bewegte, schluckte sie kräftigt und schüttelte verhalten den Kopf. "Nein.", erwiderte sie dem Jäger so leise, dass es vom Hagel übertönt wurde. "Nein, ich hab's mir anders überlegt." Ohne ein Wort des Abschieds kehrte sie in die Bar zurück. Ohne ein Wort des Abschieds ging auch der Hagel. Er zerfloss in der Luft zu feinen Regentropfen und spülte die Gefahr aus den nächtlichen Straßen. Der Jäger blieb draußen stehen. Seine dunkle Silhouette warf einen finsteren Schatten durch die beschlagenen Scheiben. Die Krähe sah von oben auf ihn herab, wie der Schöpfer beim jüngsten Gericht. Die junge Frau blieb die ganze Nacht lang am schummrigen Tresen sitzen. Am Morgen zerging der Schatten des Jägers draußen ins Morgenrot und die Krähe erhob sich in den Sonnenaufgang. Mit Schlaf in den Augen betrat gerade derjenige die Bar, der die junge Frau einige Stunden zuvor aus fehlender Lust, aus Zeitmangel, Sinnlosigkeit oder fehlendem Mut in die Finsternis entlassen hatte. Als sie ihn sah, fiel der Schatten des Unbehagens von ihr ab, wie Laub von herbstlichen Bäumen. Sie sprang vom Tresen auf, fiel ihm um den Hals und gemeinsam verließen sie die Bar. "Was war denn los, dass du dich nicht alleine nachhause getraut hast?", fragte er in das Licht des Sonnenaufgangs gehüllt. Sie ließ das Morgenrot in ihren Augen zergehen und zuckte die Achseln. "Nur so eine innere Stimme. Einfach ein schlechtes Gefühl eben." Spöttisch lächelte er durch Prismen aus rötlichem Licht in ihre Richtung. Spöttisch lächelte bei diesen Worten Hunderte Meter über ihnen auch die Krähe, zu deren geheimsten Gedanken die innere Stimme gehört hatte. Sie würde es niemals jemandem sagen können, aber das war auch überhaupt nicht ihr Wunsch. Vom Wind ließ sie sich zurück in den Wald tragen. Ihre aufmerksamen Augen beobachteten auf dem Weg das Grauen des Morgens. Als sie sich auf einer Tanne niederließ, seufzte sie zusammen mit dem Wind ein Seufzen der Verständnislosigkeit. Diese grauenvollen, grauenvoll egozentrischen Menschen!

Kommentar: Bildhafte Sprache. Gruselige Geschichte. Läuft langsam an, fesselt dann aber.

Gianna Suzann Goldenbaum

Bruno und das Vergessen

Wir wohnten schon jahrelang Tür an Tür. Damals, als meine Eltern noch lebten, waren sie schon unsere Nachbarn.

Bruno und seine Frau Maria. Jetzt waren meine Eltern schon ein paar Jahre tot, beide waren kurz hintereinander gestorben.

Bruno und Maria haben sich in der Zeit sehr um mich gekümmert. Jetzt waren die Beiden auch schon in den Siebzigern. Wir waren sehr vertraut miteinander.

Ich wusste, dass Bruno leidenschaftlich gerne in den Supermarkt auf der anderen Straßenseite ging. Er liebte das Einkaufen und Maria hatte nichts dagegen.

„Weißt du Kindchen“, er nannte mich immer so, obwohl ich auch schon vierzig Jahre alt war, „da kenne ich mich aus. Ich weiß wo meine Lieblingsschokolade liegt, oder mein Joghurt und die Dinge, die ich Maria mitbringen soll, finde ich auch im Schlaf.“ Glücklich wie ein kleiner Junge, strahlte Bruno mich an. Eines Tages kam er mir entgegen. Er war beladen mit Einkaufstüten. Irgendwie nahm er mich gar nicht wahr. Sein Blick war so entrückt.

„Hallo Bruno“, sprach ich ihn an. „Warst du mal wieder in deinem Supermarkt?“ Er zuckte zusammen, als wache er aus einem Traum auf.

„Ach Kindchen, hast du mich erschreckt. Irgendetwas war heute komisch.“ Er sah fast aus, als hätte er heute vergessen, sich zu rasieren.

„Was ist denn los gewesen?“ Aufmerksam sah ich ihn an.

„Ich wusste plötzlich nicht mehr, wo meine Schokolade liegt, und meine Joghurts waren auch nicht mehr an derselben Stelle. Ich begreife nicht, warum die immer umräumen müssen. Die nette Verkäuferin hat mich dann dorthin gebracht, und stell dir vor, was sie gesagt hat: „Herr Roland, die Lebensmittel stehen alle dort, wo sie immer stehen.“ So ein Quatsch, hab ich nur gedacht. Ich bin doch nicht senil.“

Empört guckte Bruno mich an. *Ich muss mal mit Maria reden,* dachte ich. *Vielleicht hat sie auch schon etwas bemerkt.*

„Komm Bruno, ich helfe dir tragen.“ Mit dem Angebot wollte ich nur sicher gehen, dass er heil bei seiner Maria zu Hause ankam.

„Kindchen, ich muss mal mit dir reden. Ich mache mir schreckliche Sorgen um Bruno.“ Maria benutzte auch dieselbe Anrede für mich, wie ihr Mann.

„Bruno verhält sich so merkwürdig in letzter Zeit. Er ist so furchtbar ruhelos. Nachts läuft er umher und tagsüber verfolgt er mich auf Schritt und Tritt. Als wenn er Angst hätte, dass ich ihn alleine lasse. Auch in seinen geliebten Supermarkt möchte er gar nicht mehr so unbedingt hin. Könntest du mal mit ihm reden? Mir würde er sowieso nicht die Wahrheit sagen, was mit ihm los ist.“ Ich nahm mir vor, gleich morgen Bruno zum Nachmittagstee einzuladen, wenn ich von der Arbeit kam.

„Was ist los mit dir, Maria macht sich große Sorgen um dich?“, fragte ich ihn, als wir beide gemütlich in meiner Couchecke saßen und Tee tranken. Einen kleinen Eierlikör hatte ich auch vor ihm hingestellt. Wusste ich doch, dass er den so gerne trank.

„Ehrlich gesagt, hab ich gar keine Ahnung, was ich gerade im Kopf spüre und das macht mir Angst. Aber bitte nichts Maria von dem Gespräch erzählen. Sie macht sich dann nur furchtbare Sorgen", bat mich Bruno. „Es ist, als wenn immer mehr Lücken in meinem Gedächtnis entstehen. Du musst es dir vorstellen wie ein Puzzle. Erst sind alle Teile vorhanden und dann verschwinden sie nach und nach." Mit Tränen in den Augen sah Bruno mich an. Es rührte mich selbst so sehr, dass ich mir auch verstohlen eine Träne aus dem Augenwinkel wischen musste.

„Einige Puzzleteile sind die Bekannten und Freunde. Da sind schon ein paar von weg aus meinem Kopf. Ich weiß einfach nicht mehr, wer sie waren und wie sie geheißen haben. Dann gibt es verlorene Puzzleteile, da überlege ich, was war der Inhalt dieser Teile. Ich bin so ratlos.

Ich verliere so langsam mein Leben. Meine große Angst ist, dass ich eines Tages meine liebe Maria nicht mehr erkennen werde.

Wenn das passiert, wer gibt mir dann Sicherheit? Vor ein paar Wochen konnte ich noch mit Maria Mühle spielen. Gestern hielt ich den Stein in der Hand und wusste nicht mehr, was ich damit anfangen sollte. Ich habe ihr dann gesagt, dass es mir nicht so gut geht und ich mich hinlegen möchte. Natürlich merkt sie, dass etwas nicht mit mir stimmt.

„Weißt du was, wir werden einmal zu einem Neurologen gehen. Maria muss ja nichts davon wissen. Der kann uns bestimmt sagen, was nicht in Ordnung ist. Vielleicht ist es ja gar nichts Schlimmes und du hast nur einen Mangel an Vitaminen", sagte ich hoffnungsvoll. Ich wollte ihm unbedingt Mut machen.

„Ich glaube auch nicht, dass in meinem Supermarkt die Lebensmittel anderswo lagen. Ich wusste nur einfach nicht mehr, wo ich sie finden konnte. Das sind auch Puzzleteile die nach und nach verschwinden." Unendlich traurig sah Bruno mich an. „Ich werde jetzt mal rüber gehen, Maria denkt sonst noch ich bin verschüttgegangen.“ Bruno lachte über seinen Witz. War er doch so passend für seine derzeitige Situation.

Am nächsten Tag machte ich einen Termin beim Neurologen, der auch spezialisiert war auf Alzheimererkrankungen.

Leider bestätigte sich der Verdacht, dass Bruno an Alzheimer litt. Gemeinsam sagten wir es Maria. Sie wirkte sehr gefasst.

„Ich habe es mir schon gedacht. Meinst du ich habe nicht gemerkt, wie du mich manchmal ratlos ansiehst? Als würdest du dich fragen, `wer ist diese Frau`. Wir müssen jetzt versuchen, damit zu leben. Ich werde immer da sein.

Hab keine Angst.“ Leise ging ich aus der Wohnung. Bruno und seine Maria hielten sich fest umschlungen. Als könnten sie sich so einander Halt geben.

Monate vergingen und es passierte Gott sei Dank nichts Unvorhergesehenes bei Bruno. Ich hatte das Gefühl, dass die Krankheit stagnierte.

Eines Tages, ich ging gerade mit dem Hund Gassi, sah ich Bruno auf der anderen Straßenseite stehen. Er sah so ratlos aus. Ich ging zu ihm herüber und sprach ihn an. Er sah mich mit leeren Augen an.

„Wissen Sie, ich wollte eben einkaufen gehen. Da waren aber keine Dinge wie mein Lieblingsjoghurt oder meine Lieblingsschokolade im Regal. Da lagen nur Pullover und Hosen. Ich weiß aber genau, dass ich in meinen Supermarkt gegangen bin. Ob die wohl ein Zeuggeschäft daraus gemacht haben? Wissen Sie das?“

„Komm Bruno, ich bringe dich zu deiner Maria.“ Tränen verschleierten meinen Blick.

Kommentar: Eine bewegende Geschichte.

Leonie Halter

Kleiner Bruder

Es regnet als das Tor für ihn geöffnet wird. Eine Welt, die auf ihn gewartet hat. „Mach keinen Scheiß und bleib sauber", sagt der Wärter und lächelt ihm freundlich zu. „Scheiß Penner", raunt er, zieht sich die Kapuze seines Pullis tiefer ins Gesicht und geht.

Er bildet sich ein, dass die Leute auf der Straße ihn anstarren. Ein wenig verunsichert bleibt er stehen. Wo verdammt ist er? Er kennt diese Gegend nicht. Unter den Menschen auf der Straße meint er auf einmal ein Gesicht zu erkennen. Er beginnt zu laufen. Drei Typen rennen hinter ihm her. „Der ist es, Mann! Ganz sicher!", schreit einer von ihnen, „das ist der Kerl, der meinen Bruder umgebracht hat."

Er ist schneller als sie, die Todesangst verleiht ihm Flügel. Irgendwann geben sie auf. „Verpiss dich ruhig, du Wichser!", schreien sie noch und fuchteln mit ihren Messern in der Luft, „wir kriegen dich noch, Eric!" Er rennt noch ein Stück, dann bleibt er stehen, keucht nach Luft. *Herzlich willkommen im Leben außerhalb der Mauern*. Er lehnt sich an eine Hauswand, versucht seine Gedanken zu ordnen.

„Eric?" Er zuckt zusammen, fährt herum. *Wir kriegen dich noch, Eric!* Er packt die Gestalt am Kragen, presst sie gegen die Wand. „Was verdammt wollt ihr von mir?!" „Eric, was soll das? Ich bin es doch!" *Ihre Stimme.* Er lässt sie los. Verunsichert sieht sie ihn an.

Sie hat die Haare jetzt blond und einen Piercing in der Lippe, auf der Wange ist eine auffällige Narbe. Sie ist nicht mehr die Fünfzehnjährige von vor sechs Jahren. „Hey, Alex“, murmelt er, vergräbt die Hände in den Taschen, „lange nicht gesehen. Wie geht's?“ „Ganz offensichtlich besser als dir“, erwidert sie und mustert ihn. „Du bist heute rausgekommen, was?“, fragt sie und zündet sich eine Kippe an. „Willst du?“ Sie hält ihm die Schachtel hin. „Klar, danke.“ Er zündet sich eine an. „Wie geht es den anderen?“, fragt er, „wie geht es deiner Freundin…Becci?“ „Hat sich verpisst.“ „Echt?“

Er sieht sie genauer an. Ihre Wangen sind ein wenig eingefallen, unter den Augen hat sie dunkle Schatten, ihr Haar hängt in Strähnen. *Diese Braut fand er mal heiß?* „Bist du drauf?“, fragt er. Sie schüttelt den Kopf. „Bin grade wieder clean“, sagt sie, „aber wenn du etwas Stoff hast…“ Er schüttelt heftig den Kopf. „Hab im Knast aufgehört mit dem Scheiß.“ Sie lächelt verzerrt. „Dann war's ja scheinbar nicht ganz umsonst.“ Früher hätte er ihr für diesen Satz eine geknallt. Heute nicht.

„Gehst du anschaffen?“, fragt er. „Sehe ich so aus?“, fragt sie. Ja, denkt er. „Ich weiß nicht“, sagt er, „du siehst… abgefuckt aus. Hast du Stress mit ein paar harten Jungs?“ Sie wird wütend. „Du hältst mich also für ne beschissene Nutte?“ „Nicht für ne *beschissene* Nutte“, sagt er, bereut es gleich darauf. „Sorry, Alex.“ „Ach, hau einfach ab, Arschloch“, faucht sie und tritt ihre Kippe aus, „du hast dich kein bisschen verändert.“ Sie wirft ihm einen enttäuschten Blick zu und will gehen, er hält sie am Arm fest. „Sorry“, sagt er noch einmal. „Lass mich los!“ „Was ist mit meinem Bruder?“, fragt er, „weißt du, wo ich ihn finde?“ Sie kneift die Augen zusammen. „Ich habe von Sam seit Ewigkeiten nichts mehr gehört. Lass mich jetzt los!“ „Hat er nach mir gefragt?“ Sie wehrt sich gegen seinen Griff. „Lass mich los, du tust mir weh!“ „Hat er nach mir gefragt?“ „Nein, Eric“, sagt sie dann, als sie einsieht, dass es zwecklos ist, „er hat nicht nach dir gefragt. Und soll ich dir was verraten: Du interessiert ihn wahrscheinlich nen Scheißdreck!" Sein Gesicht erstarrt.

„Das ist nicht wahr", sagt er. Sie stöhnt. „Lässt du mich jetzt *bitte* los? Ich hab noch was zu erledigen." „Willst du auf den Strich?" „Arschloch", ist das einzige was sie sagt. „Nein, jetzt im Ernst", er sieht sie an, „willst du?" „Du bist nicht der Einzige der Probleme hat, Eric." Er lässt sie los. Sie zündet sich eine neue Kippe an, ihre Hände zittern. „Ich meine… du hast nen Typ umgebracht. Das war…", sie sucht das richtige Wort, „mies. Und dafür bist du eben in den Knast gewandert." Ihre Finger zittern auch beim Rauchen. „Und jetzt bist du eben wieder draußen. Vieles hat sich verändert, die Menschen haben sich verändert und so. Aber du kannst nicht erwarten, dass alle vergessen haben, was du getan hast." Sie drückt die Kippe an der Wand aus.

„Es war kein Mord", sagt er. „Dann ist Tyler also wieder lebendig?", fragt sie. „Nein", sagt er, „aber ich wollte ihn nicht umbringen." Sie schüttelt verständnislos den Kopf. „Es ist egal ob du das wolltest oder nicht. Tyler ist tot, Mann. Und du bist schuld." Er schweigt. „Sag mal, bereust du das eigentlich?", fragt sie dann. *Sie soll ihre verdammte Klappe halten,* denkt er. „Ich wollte ihn nicht umbringen", sagt er noch einmal. Sie sieht ihn eindringlich an, dann schultert sie ihre Tasche. „Ich gehe jetzt", sagt sie, „um ehrlich zu sein… ich bin extra hergekommen weil ich wusste, dass du heute entlassen wirst. Ich wollte sehen ob du dich verändert hast. Aber du bist noch das gleiche Arschloch von damals." „Warte!", er rennt ihr hinterher, versperrt ihr den Weg, „ich werde das wieder gutmachen Lex. Ich verspreche es dir!"

„Ach ja?" Sie wendet den Blick ab, damit er nicht sieht, dass sie weint. „Wie willst du das bitte machen? Hast du auch nur einen Augenblick an mich gedacht? Daran, wie ich mich fühlte, als du plötzlich weg warst?“ Er schweigt. Sie hebt den Kopf etwas. „Wo warst du als ich abgerutscht bin, he? Wo warst du als diese Scheißwichser mich zusammengeschlagen haben, weil ich meine Schulden nicht bezahlen konnte? Wo warst du als mein Zuhälter mir die Wange aufgeschlitzt hat, weil ich nicht genug Geld rangeschafft habe? Wo warst du, Eric?“ „Ich mache es wieder gut, Lex“, sagt er, „ich werde dich da rausholen, ich verspreche es.“ „Ich bin nur noch ne scheiß Nutte“, sagt sie, „und zwar eine die ganz unten ist. Du kannst mich da nicht mehr rausholen.“ Er sieht sie an. Ihre Augen sind immer noch schön, auch wenn sie jetzt traurig aussehen. „Lass mich jetzt gehen!“ Sie zwängt sich an ihm vorbei. „Ich werde kommen und dich da rausholen, Lex!“, ruft er ihr nach, während sie davoneilt, „ich verspreche es dir. Ich komme und hole dich da raus.“ Dann lässt er sie gehen.

Sein Handy klingelt. Er hebt ab. „Hey, JG.“ „Du bist jetzt draußen habe ich gehört?“ „Ja“, sagt er, „das spricht sich schnell rum.“ „Klar, Mann“, JG hustet, „pass, auf. Da sind so Typen hinter dir her.“ „Ach echt“, er verdreht die Augen, „ist mir noch gar nicht aufgefallen!“ Er merkt wie er zornig wird. „Die Warnung kommt ein bisschen spät, Mann. Die Typen haben mich schon gesehen!“ „Scheiße, Mann!“ „Wer sind diese Kerle JG?“ „Kumpel von Mickey.“ „Wer ist Micky?“ „Na, der Bruder von Tyler. Der ist grade ganz groß im Geschäft, weißt du? Hat voll Cash und so. Und Stoff. Der hat massenweise Stoff. Der hat die Kerle angeheuert denke ich.“ „Scheiße.“ Er lehnt sich an die Wand. „Eric?“ „Ja?“ „Du hast Probleme!“ „Weißt du wo mein Bruder ist?“ JG schweigt, dann sagt er: „Sorry, Kumpel. Echt kein Plan. Von dem haben wir schon lange nichts mehr gehört.“ Da ist er auf einmal müde. Warum weiß niemand wo sein Bruder ist? „Komm her, Kumpel“, JG klingt besorgt., „komm her und wir reden über alles, ok? Weißt ja wo du mich findest. Du kannst auch wieder einsteigen, wenn du willst.“ Seine Geduld ist am Ende. „Ich will die ganze Scheiße nicht mehr, verstehst du?! Ich will nur meinen Bruder sehen. Ich war sechs Jahre im Knast weil ich nen Typ umgelegt habe, ich will einfach nur mit allem abschließen!“ Am Ende der Leitung ist es still. Er wird aggressiv. „Was?!“, brüllt er in sein Handy. „Pass auf dich auf, Bruder“, sagt JG.

Er hastet die Straße entlang, kommt sich verfolgt vor. Doch als er sich umsieht, ist da niemand. Er biegt in eine Seitenstraße ein, knallt gegen jemanden. „Sorry“, sagt er und will weiter, doch die Gestalt sieht ihn etwas zu lange an, erkennt ihn und sagt: „Du bist also wieder draußen.“ Sein Atem geht stoßweise, er kann ihr nicht in die Augen sehen. „Hey, Lily“, sagt er, weicht ihrem Blick aus, „wie geht's so?“ „Wie soll's mir schon gehen, Arschloch?!“, faucht sie und krallt ihre Hand in seinen Pulli, „du hast meinen Freund umgebracht, weißt du noch? Und da traust du es dich allen Ernstes, mich zu fragen, wie es mir geht?!“ „Lass meinen Pulli los“, sagt er. Ich sollte sie einfach wegstoßen, denkt er, sie ist mir doch völlig unterlegen, es wäre einfach sie wegzustoßen. Doch er tut es nicht. Er sagt nur: „Es tut mir leid, Lily. Echt.“ Da lässt sie ihn los. Hasserfüllt sieht sie ihn an. „Und du denkst, das reicht ja?“ Er starrt auf den Boden, weiß nicht, was er sagen soll.

Sie kommt ganz nahe an ihn heran. „Ich will dir mal was sagen, Wichser“, sagt sie leise, atmet hörbar ein, „du hast Tyler zu Boden gehauen… und dann hast du einen Stein genommen, und ihm damit auf den Kopf geschlagen. Immer und immer wieder… auf den Kopf. Wir haben dir gesagt, dass du aufhören sollst. Wir haben dich angeschrien, dich angefleht aufzuhören. Dann hast du aufgehört. Wir dachten schon, es wäre vorbei. Tyler war noch nicht tot, ich habe gehört wie er noch geatmet hat… Da hast du eine Bierflasche genommen, und sie ihm nochmal über den Schädel gezogen. **Bang!**" Sie schreit das letzte Wort. „Der ganze Weg war voll mit Tylers Blut, und da kommst du nach sechs Jahren und sagst, dass es dir leid tut?!" „Ich wollte ihn nicht umbringen", sagt er, will sich die Ohren zuhalten. *Ich will die Scheiße nicht mehr hören*, denkt er, *sie soll ihre verdammte Fresse halten.* „**Bang!**" Sie schreit es noch einmal. Und dann formt sie eine Faust, lässt diese durch die Luft kreisen und fängt wie eine Wilde an zu kreischen: „**Bang! In die Fresse! Bang! Bang! Bang! Bang!** Und nochmal: **Bang!**" Er kann nicht mehr, hechtet an ihr vorbei. Hinter sich hört er sie lachen. Es klingt schaurig, dann hört er sie laut schluchzen. Ich muss hier weg, denkt er. Er hat sich getäuscht. Die Welt hat *nicht* auf ihn gewartet, das versteht er jetzt.

Er weiß jetzt wieder, wo er ist, diese Straßen hier kennt er. Ganz in der Nähe ist sein Elternhaus. Er bahnt sich den Weg durch die Häuser, lieblos in die Gegend geworfene Betonklötze. Dann ist er da, geht die Treppe hoch bis in den fünften Stock und klingelt. Niemand öffnet ihm. Er klingelt noch einmal, dieses Mal energischer. *Bitte macht auf*, denkt er, *verdammt, bitte.* Dann öffnet sich die Tür ein Stück, seine Mutter steht hinter der Sicherungskette und sieht ihn durch diesen schmalen Spalt an. „Ich habe gewusst, dass du kommen wirst", sagt sie tonlos. „Ma", sagt er und merkt wie seine Kehle trocken wird, „Ma, wie geht es dir? Lässt du mich rein?" Er sieht nur, wie sie langsam den Kopf schüttelt. „Das kann ich nicht… du hättest nicht kommen sollen." Auf einmal kommt er sich wie ein hilfloser Junge vor. „Es tut mir leid, Ma", krächzt er, seine Stimme spielt nicht mehr mit. „Was habe ich nur falsch gemacht", murmelt sie. Er denkt, dass sie schlecht aussieht und er sie unglaublich gerne in den Arm nehmen würde. Aber er merkt, dass etwas zwischen ihnen steht, dass dies nicht zulässt, darum sagt er nur: „Ma, du hast nichts falsch gemacht." Sie beginnt zu weinen, er würde sie gerne trösten, aber das kann er nicht. „Du hast nichts falsch gemacht“, sagt er noch einmal. Da weint sie noch heftiger. Er steht nur da, während in ihm etwas zerspringt. „Du solltest gehen“, sagt sie irgendwann leise und wischt sich die Tränen von den Wangen, „du solltest gehen, Junge… ich… ich ertrage es nicht, dich zu sehen. Der eigene Sohn ein Mörder… der eigene Sohn…“ „Ich bin kein Mörder“, sagt er und kommt sich furchtbar erbärmlich vor, „ich wollte ihn nicht töten.“ „Sechs Jahre Gefängnis und immer noch keine Einsicht“, sagt sie dann, ihre Stimme ist kalt. Er will etwas sagen, doch da hat sie die Tür schon wieder geschlossen. Er hört, wie sie den Schlüssel umdreht. „Ma!“, schreit er und hämmert mit den Fäusten gegen die Tür, „sag mir wenigsten wo mein Bruder ist. Sag mir, wo Sam ist, Ma! Ich muss ihn sehen. Nimm mir nicht meinen kleinen Bruder weg! Ma!“ Doch sie antwortet nicht. Er haut noch einmal gegen die Tür, dann geht er. Er würde gerne heulen, aber in ihm ist alles wie eingefroren. Er weiß, dass sich diese Tür für ihn geschlossen hat, für immer.

Wieder draußen auf der Straße kommt er sich beobachtet vor. Er geht ein paar Meter, bleibt stehen, dreht sich um. Tatsächlich, ein paar Typen verfolgen ihn. „Was verdammt wollt ihr!“, brüllt er und breitet die Arme aus, „was, Mann!“ Er glaubt, dass er diese Typen aus der Szene kennt. Aber nur vom Sehen her. Sie kommen näher, einer von ihnen zieht eine Knarre unter seinem Shirt hervor, hält sie ihm vor die Nase. „Was wir wollen? Wir wollen Tyler rächen, du Wichser!“ Der Typ hat den Schädel fast geschoren und sieht aus, als würde er am Tag mächtig was an Koks vertickern. „Mickey?“, fragt er. Der Typ verzieht das Gesicht. „Ja, Mann“, sagt er dann, „so sieht's aus. Da staunst du, was?“ Der Typ geht um ihn herum und hält ihm die Knarre an den Kopf. „Wie fühlt sich das an, he?“, fragt er, seine Stimme überschlägt sich wie bei einem Teenager, „wie fühlt sich das an? Dich mach ich platt, du Penner! Für das, was du meinem Bruder angetan hast.“

In den ansonsten skrupellosen Augen zeigt einen Hauch von Verletzlichkeit. „Ich meine, wo würden wir hinkommen, wenn jeder die Brüder von anderen Leuten killen würde, he? Ich sag's dir, Eric: Dann würde es jede Menge angewichste Brüder geben wie mich. Und ich lasse mich nicht gerne anwichsen, schon gar nicht von so 'ner Pussy wie dir, klar!"

Er steht da, sieht die Wut in Mickeys Gesicht. „Ich war betrunken", sagt er, hat Panik, spürt die Knarre an seiner Schläfe, „ich wollte ihn nicht umbringen, Mann. Ich bin kein Mörder." Mickys schwarze Augen sehen ihn kalt an. „Arschloch", sagt er, „so Schweine wie dich sollte man auf diesem Stuhl hinrichten, wie heißt das Teil?" „Elektrischer Stuhl", sagt einer seiner Kumpels. „Ja… danke Bro", Mickey hält die Waffe weiterhin an seinen Kopf, „auf den elektrischen Stuhl gehören so Leute wie du, das meinte ich." „Ich wollte Tyler nicht umbringen", wiederholt er ein ums andere Mal, hofft, dass sie es ihm irgendwann glauben. „Weißt du, wie scheißegal mir das ist?", Micky nimmt die Knarre von seiner Schläfe und baut sich mit der Waffe vor ihm auf, „Tyler ist tot, Mann. Mein Bruder ist tot, weil du seinen Kopf zu Brei geschlagen hast." „Ich war drauf", murmelt er, kommt sich vor wie bei seiner Verhandlung, „Tyler hat mich provoziert. Ich wollte niemals, dass es so kommt." „Ich will dir mal was sagen", Mickey kommt nahe an ihn heran, platziert den Lauf der Knarre unter seinem Kinn, „du hast mit einem Stein und einer Bierflasche mehr als siebenunddreißig Mal auf ihn eingeschlagen. Nicht wollen sieht anders aus. Dafür mache ich dich kalt, Mann."

Da ist er auf einmal ganz ruhig. „Dann tu's doch", sagt er. Mickeys Gesicht verzehrt sich, angestrengt richtet er die Waffe auf ihn. „Tu's doch!", schreit er, „na, los. Tu's endlich!" Es ist ok, denkt er. Mein Leben für die Zerstörung eines anderen. Das ist fair. Mickeys Arm, der die Knarre hält zittert. „Tu's endlich, Mann!", schreit er noch einmal. „Tu's endlich, Mickey!", schreien Micheys Kumpel. Da lässt Mickey die Waffe fallen. „Fick dich, du Wichser“, sagt Mickey, „kommt Jungs, wir gehen. Lassen wir dem Wichser sein beschissenes Leben.“ „Ich wusste, dass du kein Mörder bist, Mickey“, sagt er. „Wenn ich dich umgebracht hätte, Eric“, sagt Mickey, „ dann hätte mir das Tyler auch nicht mehr zurückgebracht.“ Mickey will schon gehen, dann dreht er sich noch einmal um. „Einen Moment noch, Arschloch“, sagt Mickey, holt mit der Faust aus und schlägt ihm so hart ins Gesicht, dass das Blut aus seiner Nase spritzt. „Das war für meinen Bruder, Arschloch“, sagt Mickey.

Er irrt durch die Gassen, weiß nicht wo er hingehen soll. Seinen ersten Tag in Freiheit hat er sich anders vorgestellt. Die gebrochene Nase schmerzt, aber das ist ihm egal. Das, denkt er, ist nur der kleinste Preis den ich für Tylers Tod zu zahlen habe. Irgendwann setzt er sich an den Straßenrand, beobachtet die Menschen, die vorbeigehen. Er kennt sie nicht. Sie kennen ihn nicht. Manche von ihnen sehen ihn erschrocken an. Er muss furchtbar aussehen, das halbe Gesicht mit Blut verschmiert. „Eric?“ *Diese Stimme*. Er fährt zusammen, springt auf. „Sam!“, sagt er, kann sein Glück kaum fassen, „du bist es, kleiner Bruder.“ Er denkt, dass Sam sehr gut angezogen ist, er ist nicht mehr der Teenager von damals, der mit Baseballkappe und Ringen im Ohr herumgelaufen ist. Der die Schule schwänzte und schließlich abbrach. Der Dope zum halben Preis vertickte, der unbedingt in die Szene wollte. Sein kleiner Bruder.„Du siehst gut aus, Sam“, sagt er, glaubt, dass er gleich anfängt zu heulen, „was hast du so gemacht, die letzten sechs Jahre?“ „Naja“, Sam zuckt mit den Schultern, „ich… habe angefangen zu studieren.“

Er starrt ihn ungläubig an. „Nicht dein Ernst, Mann.“ „Doch“, sagt Sam, „Jura.“ Da wirft er den Kopf zurück, lacht wie ein Irrer. „Ein schlechter Scherz, Mann“, sagt er, als er sich wieder halbwegs eingekriegt hat, „nein, im Ernst, was machst du wirklich? Keiner von unseren Leuten konnte mir sagen, wo du steckst." Sam sieht ihn merkwürdig an. „Das sind nicht mehr meine Leute, Eric", sagt er dann fast ein wenig betreten, „ich habe mich sehr verändert, nachdem du eingelocht worden bist. Ich hab nen Entzug hinter mir, habe meine Schulden bezahlt, bin ausgestiegen. Ich habe meinen Schulabschluss nachgemacht. Bin Schulsprecher geworden. Habe mich für mehrere Stipendien beworben. Und jetzt studiere ich Jura im zweiten Semester."

Eric muss sich von ihm abwenden, ist erschüttert, denkt, dass das nicht sein Bruder ist. „Du hast dich kein einziges Mal gemeldet", sagt er. Sam sieht zerknirscht aus. „Das tut mir leid, Eric", sagt er dann nach einer Weile, „ich hatte Angst, dass ich wieder absacke, wenn ich dich sehe oder nur mit dir rede. Ich war seit langem wieder auf dem richtigen Weg, das musst du verstehen, Eric. Ich wollte nicht riskieren wieder… zurückzufallen." Sam sieht traurig aus. „Ich wollte nicht so enden wie du, Eric", sagt er dann leise, „kaum fünfzehn und schon wegen Mord verurteilt. Ich war damals dreizehn, erinnerst du dich, aber auf dem besten Weg so zu werden wie du. Ich wollte das nicht mehr."

Eric spürt einen Kloß in seinem Hals, schluckt. „Hast du ne Kippe?", fragt er, doch Sam schüttelt den Kopf. „Habe aufgehört zu rauchen." „Bist du jetzt ein Spießer, oder was?", fragt er, wird aggressiv, kommt sich irgendwie heruntergekommen vor. „Nein, aber ich habe etwas aus meinem Leben gemacht", sagt Sam.

„Dauert das noch länger, Sam?" Eine Frau kommt zu ihnen. Eric denkt, dass sie sehr gut aussieht, sehr gepflegt, sehr gesund. Blowjoblippen, Tittten und Arsch, denkt er, an dieser Frau ist alles perfekt. Die Frau nimmt Sams Hand, sieht ihn fragend an. „Wer ist das, Sam?", will sie wissen. „Mein Bruder", sagt Sam. Die ganze Situation scheint ihm peinlich zu sein. Augenblicklich wirkt die Frau angespannt. „Hey, Eric", sagt sie dann, gibt sich keine Mühe Freundlichkeit vorzutäuschen, „ich hätte nicht gedacht, dass wir uns mal kennenlernen." Sie verschränkt die Arme, sieht ihn feindselig an. „Eric, das ist Cara", sagt Sam nicht minder stolz, „meine Freundin. Sie studiert Medizin."

Eric sieht seinen kleinen Bruder erstaunt an, dann lächelt er misslungen. „Da lässt man dich mal sechs Jahre alleine, und du angelst dir direkt so ne heiße Schnalle", sagt er, „Respekt, Mann." Cara scheinen seine Worte unangenehm zu sein, aber noch kann sie sich beherrschen. „Sam, ich war vorhin zu Hause", sagt er dann, „Ma hat gesagt, sie will mich nicht mehr sehen." Sam schaut auf den Boden, während Cara schnaubt und sagt: „Na, was ein Wunder. Ich wäre auch nicht scharf einen Mörder in meiner Wohnung zu haben." Da wird er wütend. „Was geht dich das an, he?", fragt er dann, wird aggressiv, „was willst du von mir? Sam, sag deiner Alten, sie soll die Fresse halten."

Da ist Cara mit ihrer Geduld am Ende. Sie macht sich von Sams Hand los, baut sich vor ihn auf. Mit ihren hohen Absätzen ist sie so groß wie er. Im Gegensatz zu Alex hat sie keine Scheu ihm in die Augen zu sehen. „Wir sind hier nicht in deinem Ghetto, *Bruder*" sagt sie dann, betont das letzte Wort abfällig „Sam hat mir gar nichts zu sagen, ich bin eine freie Frau und ich mache und sage was ich will. So kannst du mit deinen Ghettoschlampen reden, aber nicht mit mir, klar?! Wir bewegen uns hier nämlich auf einer höheren Gesprächsebene, Bro, wir sind alle gleichberechtigt, diskutieren miteinander und lassen uns *ausreden*, kapiert?"

Er wirft Cara einen irritierten Blick zu, dann dreht er sich wieder zu seinem Bruder. „Tu dir einen Gefallen und kick die Alte, Mann“, sagt er, „die hat ja ‘nen Vollschaden. Mit der wirst du versauern, Bruder.“ „Kicken?!“ Cara sieht ihn ungläubig an, dann schaut sie zu ihrem Freund. „Kicken?! Kicken?! Sam, was meint der mit kicken?“ „Warte einen Moment hier“, sagt Sam, „ich will mal ganz kurz mit meinem Bruder alleine reden.“

Sie gehen ein paar Meter, dann fragt Sam: „Wo wirst du jetzt wohnen, Eric?“ „Ich weiß nicht“, sagt er, vergräbt die Hände in den Taschen, „ich hab noch ein paar Kumpel in der Nähe. Vielleicht kann ich da erst mal bleiben, bis ich was Neues gefunden hab. Ich will mir’n Job holen, 'ne tolle Frau suchen und so. Nochmal von vorne anfangen.“

Sam schweigt kurz, dann sagt er: „Lex hat oft nach dir gefragt. Erinnerst du dich noch an sie? Ich ward zusammen als du…“ „Ja“, sagt er, denkt an die abgefreckte Frau zurück die er getroffen hat, „ich erinnere mich noch an sie.“ „Also“, sagt Sam, sieht ihn von der Seite an, „sie hat die ganzen Jahren über verdammt oft bei mir angerufen. Wollte wissen wann du rauskommst und so. Ob es dir gut geht. Ich glaube sie mag dich immer noch. Sie ist die einzige von früher mit der ich noch längere Zeit Kontakt hatte.“ „Ja“, sagt er, kommt sich plötzlich in der Gegenwart seines eigenen Bruders, dieses eleganten und gebildeten Mannes, unterlegen und falsch vor. Verdammt, es ist doch nicht mehr mein kleiner Bruder, denkt er, wo ist der kleine Junge, der von mir lernen wollte, der mich bewundert hat, der gesagt hat, dass er so werden will wie ich? Er muss gehen, das merkt er plötzlich. „Ich muss jetzt gehen, Bruder“, sagt er, „pass auf dich auf, Mann.“ „Ja“, sagt Sam, scheint über seinen Aufbruch fast etwas erleichtert, „und mach keine Scheiße mehr, ok?“ Er denkt, dass sein Bruder für immer verloren ist. Er denkt, dass sein Bruder früher oder später als Richterarschloch Jugendliche wie ihn verknacken wird. Er will ihm sagen, dass er wieder sein kleiner Bruder sein soll, aber stattdessen sagt er: „Ich bin stolz auf dich, Bruder.“ Und in diesem Moment meint er das auch ernst. Da lächelt Sam und sagt: „Mach's gut und bleib sauber.“

Er geht durch eine Straße, die ihm bekannt vorkommt, diese Straße gehört wahrscheinlich zur Szene. Er weiß nicht, wie es weitergehen soll, denkt, dass er alles verloren hat. „Hey“, sagt auf einmal eine Stimme, die ihm vertraut vorkommt. Ihre Stimme. Er dreht sich zu ihr um. „Hast du deinen Bruder gefunden?“, fragt Alex und zündet sich eine Kippe an. „Ich habe keinen Bruder mehr“, sagt er tonlos, sie sieht ihn erstaunt an. „Willst du eine?“ Alex hält ihm die Schachtel mit den Kippen hin. „Klar“, sagt er, mustert sie, denkt, dass sie zu dünn ist. Eine Weile rauchen sie sie schweigend, dann fragt er. „Wollen wir was essen gehen? Ich lade dich ein.“ „Warum sollte ich mit so 'nem Arschloch essen gehen?“, fragt sie. „Weil“, er sucht nach Worten, „weil ich nicht mehr derselbe Kerl von damals bin. Die Jahre im Knast haben mich verändert. Ich würde dir gerne zeigen, dass ich mich verändert habe.“ Sie sieht ihn schweigend an. „Hast du im Moment 'nen Kerl?“, fragt er weiter. „*Einen* Kerl*?*“, erwidert sie, da muss er lachen. Dann lächeln sie beide fast etwas schüchtern. „Ich mag dich immer noch, Eric“, sagt sie dann, „ich sehe in dir mehr als nur den Mörder, das weißt du doch?“ Er will sagen, dass es kein Mord war. Aber stattdessen sagt er: „Also gehst du mit mir essen?“ Sie sieht etwas unschlüssig aus, dann sagt sie: „Also gut, gehen wir essen.“ Dann lächelt sie. „Ich habe dich vermisst“, sagt sie. Und da merkt er irgendwo in sich ein warmes Gefühl, dass ihn zum Lächeln bringt. Er bekommt eine zweite Chance und er hat nicht vor, diese zu vermasseln. „Ja“, sagt er und legt seinen Arm um sie, „gehen wir essen.“

Christina Klose

Mord in der Speisekammer

Oberkommissarin Simone streckte sich an ihrem übervollen Schreibtisch und nahm einen Schluck aus dem Wasserglas: „Das ist heute nicht mein Tag!“ stöhnte sie, begann dann aber erneut, über die Lösung eines mysteriösen Falls nachzudenken. Das Telefon klingelte. Der Pförtner des 5. Polizeireviers, Kommissar Emil Barth, klang fast belustigt, als er sagte: „Frau Oberkommissarin, hier ist ein junger, sehr junger Mann, der einen Mord melden möchte! Können Sie mit ihm sprechen?“ Simone stöhnte: „Mein Schreibtisch ist randvoll. Aber wenn sonst niemand da ist, spreche ich mit ihm. Lassen Sie ihn bitte zu mir bringen. Wie heißt er denn?“ „Robert Hoffmann!“ „Ist er glaubwürdig?“ „Ja, ja, total, denke ich!“ war die Antwort. Seltsam, irgendwas wunderte sie beim Klang seiner Stimme.

Fünf Minuten später saß der junge Mann vor der Oberkommissarin. Sie hatte nicht schlecht gestaunt, als dieser Robert Hoffmann zur Tür hereingebracht wurde. Er war ganze sechs Jahre alt, setzte sich wie ein Alter auf den lederbezogenen Stuhl und begann sofort, aufgeregt zu erzählen: „Ich habe einen Mord zu melden. In der Speisekammer, wo meine Mama immer das Essen aufbewahrt, liegt ein Toter, eine Leiche.“ Simone fragte ernst: „Hast Du die Leiche gefunden? Kennst Du den Toten? Wissen es Deine Eltern?“ „Mein Vater ist doch der Mörder, darum bin ich abgehauen und melde den Mord der Polizei. Ich weiß, dass man das so macht. Ich gucke den Kika im Fernsehen. Mama konnte ich das auch nicht sagen. Sonst hätte sie mich in mein Zimmer gesperrt. Ich gehe nie mehr nach Hause wegen dem Mord an Manni!“

Jetzt wurde Simone hellhörig: „Manni heißt er. Wer ist das denn? Erzähle mir doch mal ausführlich, was Du gesehen hast und wer dieser Manni ist!“ „Ich weiß nicht, wie Papa ihn totgemacht hat. Meine Schwester hat verraten, dass es Papa war. Sie heult so sehr und hat sich in ihr Zimmer eingeschlossen, nachdem wir die Leiche gefunden haben.“

Simone war entsetzt. „Deine Schwester war auch dabei. Wie heißt sie und wie alt ist sie denn?“ „Rosemarie und ist vier!“ „Ja, und Eure Mama. Was hat sie denn gesagt?“ „Ach, die hat nix gesagt und weiter in der Küche Zwiebel geschält.“

„Sie hat nichts gesagt? Warum hat sie uns nicht gerufen?“ „Weil die weiß, dass Papa der Mörder ist. Und ich will, dass er ins Gefängnis kommt. Das hat er verdient. Er hat nämlich schon mal gemordet.“ Simone zeigte sich erschüttert. „Schon mal gemordet? Ja, wann denn, wen denn?“

„Das weiß ich nicht mehr genau. Aber, wenn da eine Spinne im Zimmer ist, nimmt er einen Schuh und mordet die gleich, statt sie leben zu lassen. Man macht keine Lebewesen tot, das hat ein Mann im Kika gesagt. Doch Papa ermordet sogar Fliegen. Und wer Tiere tötet frisst auch kleine Kinder!“

Ich glaube, vor dem ist niemand sicher.“

Nun fing der Kleine auch noch an zu weinen. Schluchzend sagte er. „Manni war mein bester Freund. Wir hatten uns so gern. Und jetzt hat Papa ihn ermordet. Ich hasse ihn! Er muss jetzt ins Gefängnis!“

Simone rutschte mit ihrem Ledersessel näher zu dem Kleinen und berührte zärtlich seinen Arm. Dann fragte sie ihn:

„Schaust Du immer gern Kika?“ „Ja, das ist oft ganz spannend. Da kann man viel lernen!“ „Aha!“

„Weißt Du denn, wie dieser Manni mit Familienname heißt?“ „Na klar, auch Hoffmann, wie ich!“ „Seid Ihr denn verwandt? Wo wohnte er denn, dieser Manni Hoffmann?“

Das Wort „wohnte“ machte dem Achtjährigen sofort deutlich, dass Manni nie mehr wiederkommen würde und er seinen besten Freund verloren hatte. Erneut schluchzte er herzerweichend und sagte: „Der wohnte bei uns. Das Schlimmste ist. Papa hat dem Manni das Fell auch noch abgemacht. Und das hängt in der Waschküche. Und Manni liegt in Buttermilch eingelegt. Eklig. Ganz tot!“

Simone ergriff ein Tempotuch und wischte ihm liebevoll die Tränen ab. „Du armes Kind, was hast Du mitgemacht! Hast Deinen besten Freund verloren. Das ist aber auch so traurig. Wir beide fahren jetzt mal zu Deinen Eltern und klären, was da passiert ist.“ Der Kleine sprang auf: „Ja, und Handschellen müssen wir mitnehmen, damit der Mörder nicht wegläuft“.

Simone gehorchte, griff in eine Schublade und steckte ein Paar Handschellen in ihre Jackentasche.

Wie selbstverständlich sprang Robert ins Polizeiauto.

Die Eltern waren in großer Sorge. Sie hatten ihren Sohn schon in der Nachbarschaft verzweifelt gesucht. Nun erschraken beide, als ein Polizeiwagen vor der Haustür hielt, waren aber froh, als Robert gesund aus dem Auto kletterte.

Simone stellte sich vor und fragte, ob sie sofort die Leiche in der Speisekammer sehen könne. Mami ging vor, flüsterte aber leise, den Topf mit der „Leiche" rasch zu Omi gebracht zu haben, um die Kinder nicht weiter aufzuregen.

Beide kamen mit traurigem Gesicht zurück, und Mami den immer noch weinenden Robert in den Arm. Papa stand wie versteinert an der Tür und versprach dann aber, nie mehr ein Kaninchen schlachten zu lassen.

Die Oberkommissarin kniff dem Papa ein Auge und nahm ihm das Versprechen überdeutlich ab, dass er künftig, keiner Fliege mehr was zuleide tun werde, um die Liebe seines Sohnes wiederzuerlangen. Der nickte brav, versprach seinen Kindern sogar, einen neuen, vor allem eigenen Manni zu besorgen, der, ganz egal, wie alt der würde, nie mehr geschlachtet werden solle! Gleich morgen baue er einen neuen Stall.

„Nun, lieber Robert. Dein Papa ist einsichtig. Ich denke, wir brauchen ihn nicht mit Handschellen abführen!"

Mit kräftigem Tatütata fuhr Simone lächelnd davon.

Kommentar: Eine niedliche Geschichte.

Sven Armin Domann

Kleine kahle Zweige hacken die Wege unter den Fichten

Patronenhülsen nach der Schlacht

um das Licht.

Gott hat seinen Blick von uns abgewandt.

In diesem Treibhaus regen sich

nicht die Heiligen Drei Könige.

Jede Beerenfrucht sammelt

einhundert Samen.

Der Traum schmiegt sich

auf den Wolkenkamm.

Wälzt sich im Wellental,

auf der Wolke,

rollt hinunter,

legt sich unter die Erde, löst in ihren Seen die Sprache auf,

erlischt in den Möglichkeiten glitzernder Sandschatten

unter den Felsen Gold zu finden.

Ein Friedhof ohne Dachrinne

schlägt Gedichte

und Gründe für das Bessere

mit dem Regen aus Pflastersteinen.

Doch niemand entwickelt sich.

(Hommage an Pierre Garnier)

Kommentar: Verfremdende Kombinationen, Spatialismus?

Patrick Aigner

In meiner Küche

Er saß in meiner Küche und war dankbar. Mir war nicht schlecht. Ich kannte das. Er war dankbar. Er saß an der Längsseite des Tischs. Ich fragte mich kurz, ob ich im Falle eines Falles seine Frau ficken würde. Er war dankbar.

Er war dankbar dafür, dass er jetzt die gleiche verfickte Scheiß-Arbeit machen konnte, die er vor zwei Jahren nicht mehr ausgehalten hatte. Jetzt, dreieinhalb Autostunden entfernt im dem verfickten scheiß Oberbayern gehts. Geht alles. Mir war es egal. In meinem Bauch lag wohlig warm die große Greca. Extra dunkel. Kopf an die Wand gelehnt. Augen halb zu. Was bei ihm dieses Jahr so alles ging. Enorm. Er war dankbar.

Mir war das scheißegal. Keine fünf Minuten möchte ich seinen Scheiß leben. Ich saß da. Mitte vierzig wieder mal in einer Wohnung im Elternhaus. Noch kleiner kann das Leben einen Schwanz nicht machen. Das war noch bevor die Mädchen einfielen. Doch kleiner Schwanz bleibt kleiner Schwanz. Da helfen auch die Mädchen nicht.

Also, ich vom Leben impotent und er dankbar. Wir waren das Dream-Team in einem echten Win-Win-Küchen-Dingsbums. Verdammter Fick. Was war nur passiert? Scheiße.

Ich fragte ihn, wo denn das viele Geld sei, das er verdient hätte und ob er es jetzt mal auf den Küchentisch legen könnte. So echtes Geld auf echten Tisch und so. Noch immer war er dankbar und noch immer war mir nicht schlecht. Eine echte Win-Win-Situation eben. Sollte ich das Geld gesehen haben, habe ich das verdrängt. Gut erinnern jedoch tue ich mich daran, dass ich nun erfuhr, dass Erfolg haben für mich bedeute, in einem Mercedes heimzufahren. Gelb und Neun-Elf, sagte ich leise.

Dritter Stuhl. Füße hoch. Augen zu. Er dankbar. Überheizt. Verraucht. Fenster bleibt zu! Soll er doch in seinem verfickten scheiß Oberbayern atmen. Bei mir jedenfalls nicht.

Und überhaupt. Was will der eigentlich hier? Hab ich ihn mir beim Universum bestellt? Dann hätte er ein paar Kilo und einen Schwanz weniger. Und in diesem Fall dürfte er sogar ein wenig von seiner verfickten scheiß Dankbarkeit faseln. Phantasieren. Dankbarkeits-Onanie-Phantasien für den Herrn ab vierzig. Diese Marktlücke wurde bereits geschlossen. Und vor mir saß ein Opfer. Das Vorzeige-Opfer schlechthin. Ein Hirn-Nein-Gefühls-Gewichse. Und das in meiner Küche. Na gut, in einer der Küchen meiner Eltern. Gier wäre immer schlecht, sagte er, wobei er sehr unbeholfen versuchte, es nicht wie eine Anschuldigung klingen zu lassen. Ihn werde ich nicht besuchen. Denn vielleicht klingt das in seiner Küche ja anders.

Wir hatten also das, was man einen schönen Abend nennen könnte. Mein Bauch war voll und ich hatte noch was zu rauchen im Hinterkopf. Für später. Für dann also, wenn die zu Fleisch gewordene Ode an die Dankbarkeit seinen Schlafplatz in meinem Wohnzimmer eingenommen hätte. Die Ode an die Funktionalität der Dankbarkeit selbstverständlich auch.

Ich möchte mit dir nicht tauschen, sagte ich. Schweigen. Möchtest du noch einen Kaffee, fragte ich. Er bejahte. Halbe Tasse, sagte er. Jep, sagte ich und stand auf. Wie viel Süßstoff auf die halbe, fragte ich. Zwei, dann guck ich mal, sagte er. Ich hätte noch Schokoladeneis, auch ein halber Marmorkuchen wäre noch da, sagte ich. Vielleicht später, sagte er. Gut, sagte ich. Ich geh jetzt schiffen, sagte ich.

Vom Klo wiedergekommen saß er immer noch da. War nicht aufgestanden. Nicht im anderen Zimmer gewesen. Nicht also da gewesen, wo sein Handy lag. Gefällt mir, dachte ich. Kurz, und im Nachhinein etwas verlegend machend, trafen sich unsere Blicke. Ja, verdammt nochmal, liebevoll. Ich setzte mich wieder. Rührte nochmal leise meinen Kaffee.

Vielleicht solltest du doch nach Thailand, sagte er. Das wäre ein Haifischbecken für dich, sagte er. Doch besser nicht alleine, sagte er. Ich glaube auch, dass ich mich das nicht alleine trauen würde, sagte ich. Ich sagte auch, dass das etwas für Mein-Vadder-sein-Jung sein könnte. Er sagte ernst und so schön still, dass ich es doch machen solle und schaute dabei etwas schräg zu mir hoch. Schaute jedoch gerade in meine Augen.

Schön einen Freund zu haben, dachte ich. Schön einen Freund zu haben, sagte ich. He Patrick, wir sind doch die Besten, sagte er. Ja, sagte ich, sehe ich auch so.

Kommentar: Derbe Sprache, zeichnet ein Milieu nach, daher lebensnah.

Christian Knieps

Das Volk von Uqbar

Die Frage, wo das Volk von Uqbar lebt, gelebt hat oder in Zukunft leben wird, ist keine Frage, die sich das Volk von Uqbar stellt, denn es braucht sich diese Frage nicht zu stellen. Denn es weiß. Es weiß, weil es sich alles vorstellen kann.

Die anderen Völker, die mit dem Volk von Uqbar entweder bereits in Berührung gekommen sind oder es nur vom Hörensagen kennen, möchten jedoch mehr über das substantielle Wesen des einen Volkes wissen, das selbst kein Wissen benötigt, weil es sich dieses – ohne Rückgriff auf eine Geschichte der Erde oder der Staaten oder der Gesellschaftsformen – einfach vorstellen kann. Wie kann es aber sein, dass sich ein Volk vorstellen kann, was seine Geschichte ist und was seine Zukunft sein wird, unter der Prämisse, dass es dem Prinzip der Wahrheit entsprechen solle, um nicht das Wissen um die Vorstellung selbst infrage zu stellen?

Diesen Kniff der uqbarischen Wahrheitsfindung über die Verifizierung der Vorstellungen auf Basis eines erweiterten Wahrheitsbegriffs untersuchte vor einigen Jahren John Edward Williams, ein anglikanischer Professor für ethnische Minderheiten an der Universität von Cambridge, in seinem Standardwerk *A history of the truth in the Uqbarian imagination*, in dem er sich für eine modifizierte Wahrheitstheorie aussprach, in der nicht der eigentliche und überall in den säkularen Demokratien vorherrschende Wahrheitsbegriff zur Anwendung kommen solle, sondern ein abgeschwächter, ein vorstellbarer, da für Williams der Begriff der Vorstellung essentiell für die Beschreibung des uqbarischen Volkes erscheint. Diese Vorstellung sei, so Williams, gerade deswegen essentiell, weil es auch in den säkularen Demokratien, die nicht selten das Kreuz der Postmoderne als Begriff mit sich schleifen – als wären sie *nach* der Moderne! – keinen Wahrheitsbegriff gibt, ohne dass eine bestimmte Vorstellung von ihr bestünde. Jeder Mensch, der in diesen Demokratien lebe und sich über *seinen* Begriff der Wahrheit Gedanken mache – ob er das nun aufgrund eines bestimmten Ereignisses oder auf abstrakter Ebene mache, sei dahingestellt –, stelle sich eine Art der Wahrheit vor, aus seinem Blickwinkel, die nicht zwingend deckungsgleich mit dem Wahrheitsbegriff eines anderen Menschen übereinstimmen müsse. Und gerade dieses Nicht-Müssen ist für Williams der Aufhänger, dass er diese Geschichte des uqbarischen Wahrheitsbegriffs in deren Vorstellung mit dem ihm eigenen, in der Gesellschaft empirisch erforsch- und belegbaren Begriff der Wahrheit beschreiben könne, ohne sich einen phantastischen Wahrheitsbegriff abstrakt ausdenken zu müssen.

Obwohl es sich kaum denken lässt, dass ein solches Standardwerk auch nur eine Handvoll an kritischen Rezeptionen erhalten dürfte – und kann es denn zu einem Standardwerk werden, ohne ausreichende Rezeption? –, so fegte bald schon ein riesiger Orkan über den Cambridge-Professor hinweg; beinahe in die Tausende gehende Anmerkungen, Widersprüche und zum Teil auch aggressiv widersprechende, keineswegs auf der argumentativen Seite verbleibende Schmähschriften erhielt der besonnene Williams und kam kaum mehr zu seiner eigentlichen Forschung, sondern musste auf solche Artikel und Vorwürfen antworten, die ihm unterstellten, dass er sich in den uqbarischen Dienst stellen würde, ohne per se zu wissen, was diese Positionierung für den allgemeinen Wahrheitsbegriff bedeute.

„Wenn Sie also im Recht wären, Professor Williams", schrieb einer der argumentativ feineren Widersacher, „dann müsste der allgemeine Wahrheitsbegriff, den die Philosophen über die letzten Jahrhunderte gebildet und herausgefeilt haben, auf den Prüfstand, denn wenn der uqbarische Wahrheitsbegriff, der allein auf Basis der Vorstellung fuße, der einzig wahre wäre, dann würde es keine Wahrheit an sich geben. Dieser logische Ausschluss führt dazu, dass ein Wahrheitsbegriff auf Basis einer Vorstellung – und damit eine n-dimensionale Wahrheit bei n Uqbarern – niemals zu einem einheitlichen Begriff der Wahrheit kommen könne, was wiederum den Begriff der Wahrheit obsolet mache, denn er decke sich zu einhundert Prozent mit der Vorstellung der Uqbarer."

Diese und andere Argumente bekam Professor Williams übermittelt, und bei einigen Schriftstücken war er nicht einmal abgeneigt, in die fachliche Diskussion einzusteigen, doch nicht wenige forderten ihn explizit auf, sein Werk zu widerrufen; er solle sagen und noch besser schreiben, dass er das Ganze noch mal bedacht habe und zu dem Schluss gekommen sei, dass eine Geschichte der uqbarischen Wahrheit niemals im Rückgriff auf den säkularen Wahrheitsbegriff möglich sei. Dabei sollte er jedoch keine Namen von Widersprechern nennen, da sich auch diese sonst dem Hass der vielen Drohenden aussetzen würden, denn es war zu vermuten, dass ein nicht gerade geringer Teil der Drohenden nicht nur gegen die Meinung von Professor Williams waren, sondern auch – und eigentlich vor allem – auch gegen die Meinung der Gegenredner, denn ihre eigene, dritte Meinung, die auf einem starken Widerstand gegen die Säkularen fußt, war eine ganz andere Art von Wahrheit, die sich merkwürdigerweise kaum von der unterschied, die Williams bei den Uqbarern identifiziert und beschrieben hatte. Wie so oft, wenn sich religiös motivierte Denker dabei ertappt fühlen, dass ein Text nicht zu dem eindeutigen Ergebnis kommt, dass die Essenz aller Wahrheit die eigene göttliche Wahrheit deckungsgleich untermauert, wird eine Blockadehaltung initiiert, die keineswegs mit Offenheit bezeichnet werden kann, obgleich es in diesem Fall schon verwunderlich erscheint, denn auch wenn das Volk von Uqbar vielleicht nicht religiös ist oder es als solches unmittelbar beschrieben werden kann, so ist es jedoch in der Lage, sich eine göttliche Gestalt in all seiner Mannigfaltigkeit, Macht und Größe vorzustellen, was in letzter Konsequenz die Frage stellen lässt, ob nicht alle tiefreligiösen Menschen Uqbarer von Natur aus sein müssten.

Doch das sollte nicht die einzige Reaktion auf das Standardwerk von Professor Williams bleiben. Es ging eine gewisse Zeit ins Land und die anfänglichen Widersprüche gegen das Williams-Werk gingen gegen Null, als ein neues Standardwerk erschien – man merkt schon an der Wortwahl, welcher Sturm dem Erscheinen folgte –, dieses Mal von einem Juniorprofessor für philosophische Nischendoktrin, der an der Sorbonne lehrte: *Une argument contre l'utilisation de la notion de vérité dans l'idée de Uqbar* von Laurent Bloise. Kern seiner Untersuchung ist die Absprache der Verwendung des Wahrheitsbegriffs für die uqbarische Vorstellungswelt. Um den Druck aus der bisher ergebnislosen Diskussion herauszunehmen, schlug Bloise vor, dass man für die Uqbarer einen neuen Begriff benennen sollte, der die Wirklichkeitserfahrung in deren Volk besser beschreibe als die von der Moderne definierte Wahrheit, dessen Verwendung zu so viel Diskussionsstoff gesorgt hatte. Der Sturm der Entrüstung zu diesem Werk war vielleicht noch größer als der Sturm nach dem Williams-Text, denn der Vorschlag, einen allseits anerkannten und wohlweislich in fast jeder Tiefe und Dimension definierten Begriff einfach für ein einziges Volk wegzulassen, weil sich dieses nicht den üblichen als postmodern definierten Strukturen unterwarf, schien vielen als Affront gegen die jahrhundertelange, geisteswissenschaftliche, aber auch rechtswissenschaftliche Streitgespräche, die oft mit vielen Opfern geführt worden waren. Der Vorschlag nun, die Wahrheit für die Uqbarer auszuklammern, erschien keinem der Widersprechenden für sinnvoll, und am Ende musste Bloise klein beigegeben, da es niemand gab, restlos niemand, der sich seiner Theorie anschloss, denn die Aufgabe der Wahrheit als Begriff erschien allen als Aufgabe der Wahrheit selber.

Man hätte meinen sollen, dass es mit dem Nachgeben des Juniorprofessors, der aufgrund seiner theoretischen Schwächen in seiner Argumentation in der Folge die Sorbonne verlassen musste, weil man ihm nahelegte, dass er wohl keine wissenschaftliche Zukunft habe, nun Ruhe in die Sache mit den Uqbarern einkehrte – doch weit gefehlt, denn der Graben zwischen den säkularen und den fanatisch religiösen war noch lange nicht überwunden, und nun entbrannte wieder der alte Kampf zwischen den Gruppen, wer denn Herr der Wahrheit wäre – eine göttliche oder dann doch die einzelne menschliche Wesensfigur –, und es bleibt zu vermuten, dass sich daraus ein endloser Streit entwickelt hätte, wenn nicht – und das ist einer der wenigen Momente in der Menschheitsgeschichte, in welcher sich ein Uqbarer zu den Geschehnissen der restlichen Welt direkt zu Wort meldete – dass dieser Uqbarer über Professor Williams als Übersetzenden kundgetan hätte, dass er sich wunderbar vorstellen könnte, wie es wäre, wenn sich die anderen Menschenvölker keine Gedanken um den Wahrheitsbegriff unter den Uqbarern wie auch unter den Menschen machen würden, sondern einfach das Leben lebten, mit der Wahrheit eines jeden Einzelnen, ohne die Infragestellung der Wahrheit der anderen, ohne die Wahrheit überhaupt inhaltlich zu thematisieren. Dieser erstaunliche Vorstoß eines Uqbarern hätte tatsächlich dazu führen können, dass sich die einzelnen, streitenden Gruppen beruhigen, doch ein bestimmtes, sich oft wiederholendes Ereignis hielt sie davon ab, sich auf gegenseitiger Basis über das Faktum der Wahrheit zu einigen: die Wut der Menschen über den Wahrheitsanspruch eines anderen Menschen über die eigene Wahrheit.

Gerhard Goldmann

Augustinergässchen

Nepomuks erster Gang nach dem Aufstehen führte ihn wie immer an das Fenster seiner Schlafkammer. Denn er war seit elf Jahren Ratsherr und betrachtete es als seine heilige Pflicht, zuallererst über das Wohl der Stadt und ihrer Bürger zu wachen. Außerdem liebte er nichts mehr als den Blick über den geschäftigen Marktplatz und auf die beiden markanten Türme der Dionyskirche.

Aber an diesem Tag war alles anders. Dort, wo sonst die Händler ihre Stände aufgebaut hatten und die Bauern aus der Umgebung direkt aus der Kiepe Obst und Eier verkauften, dort sah er nur - Sessel. Säuberlich aufgereiht standen sie nebeneinander. Manche waren rot, manche blau, die meisten jedoch grau in allen Abstufungen. Über Armlehnen verfügten nur wenige, aber alle besaßen oben eine Kopfstütze. Dadurch wirkten sie merkwürdig hoch und erinnerten Nepomuk frappierend an Grabsteine.

Der ganze Marktplatz, das pulsierende Herz der alten Stadt, hatte sich so in einen riesigen Friedhof verwandelt. Es war unklar, wer oder was dort begraben sein sollte, aber die sesselförmigen Grabsteine reckten sich stumm dem Himmel entgegen. Dafür waren die Menschen verschwunden. Die Händler und Fuhrleute - weg. Die tratschenden Hausfrauen - irgendwo anders. Die spielenden Kinder – vielleicht eingesperrt. Nur noch Sessel, ordentliche, gepolsterte, tote Sessel.

Nepomuk war vor Schreck wie gelähmt. Dann fasste er sich und lief eilig in die Wohnstube auf der anderen Seite des Hauses. Doch was er dort beim Blick aus dem Fenster entdecken musste, fand er noch viel grauenvoller, als den Polsterfriedhof auf dem Marktplatz. Auch die Augustinergasse war vollgestopft mit Sesseln. Beiderseits der Fahrbahn aufgereiht, ließen sie den Passanten nur noch einen engen Spalt, um sich zwischen den Sitzmöbeln und den Wänden der Häuser aneinander vorbeizuzwängen.

Auf der Fahrbahn selbst standen die Sessel zum Erstaunen von Nepomuk nicht still. In zwei Schlangen rumpelten sie durch die Gasse hindurch, die eine nach Osten, die andere nach Westen. Ungefähr in jedem vierten von ihnen saß ein Mensch und stierte in die Richtung, in die er vorwärtsbewegt wurde. Manche stopften sich dabei etwas aus kleinen Tüten in den Mund, andere wippten mit dem Oberkörper hin und her, wie er es einmal bei einer verblödeten Käfighenne beobachtet hatte.

Am Rande der Gasse drehte sich ein kleiner Junge zur Fahrbahn hin um und sah auf die vorbeiströmenden Polstermöbel. Er zögerte einen Augenblick, dann lief er los. Vier Sessel umrundeten ihn mit einem aufgeregten Tuten, doch der fünfte warf ihn um und glitt knirschend über ihn hinweg. Die Sessel stoppten. Die Menschen stiegen aus ihnen heraus und begafften das leblose Bündel. Schließlich kamen einige Männer, räumten die Reste des Kindes zur Seite und malten mit weißer Kreide sein Abbild auf das Pflaster. Dann setzten sich die Leute wieder in ihre Sessel und die Sessel setzten sich wieder in Bewegung.

Als Nepomuk erwachte, war er schweißgebadet. Sein erster Gang führte ihn bis an das Fenster seiner Schlafkammer. Erleichtert sah er von dort über den Marktplatz mit seinem bunten Treiben und auf die beiden markanten Türme der Dionyskirche. Der Anblick beruhigte ihn wieder und er stellte sich vor, dass sein Alptraum ja noch viel schlimmer hätte ausfallen können. Wie wäre es gewesen, wenn sich die Sessel alle in Dosen befunden hätten, jeweils zu fünft in einer großen Blechkiste verpackt? Schluss jetzt, sagte er schmunzelnd zu sich selbst. Das ginge ja schon deshalb nicht, weil dann auch die Menschen in Dosen gefüllt werden müssten. Und so etwas, da war er sich völlig sicher, würden sie sich niemals gefallen lassen.

Kommentar: Ein skurriler Alptraum mit Ortsbezug. Eines der hervorragenden Werke dieses Wettbewerbs.

Vom Reisen

Reisen heißt für manche fliegen,

sich in Flugzeugsessel biegen,

später flach im Sande liegen,

am Buffet was Gutes kriegen
und beim Heimflug noch mehr wiegen.

Ein paar Urlaubsgrüße dichten
für die Tanten, Neffen, Nichten;
Eingeborene ablichten;
über fremde Sitten richten
und am Strand die Titten sichten.

Aber Reisen ist viel mehr
und das sagt nicht irgendwer,
sondern ich, der – bitte sehr –
liebend gern woanders wär',
irgendwo am Mittelmeer.

Doch das ist für mich kein Reisen,
nur zu Super-Sonder-Preisen,
um's den Nachbarn zu beweisen,
in den Ländern, den ganz heißen,
zwischen Bett und Pool zu kreisen.

Lieber fahr' ich mit der Bahn,
wenn die Arbeit ist getan,
raus aus meinem Alltagswahn,

zum Hafen dicht am Ozean,
denn dem bin ich sehr zugetan.

Meist reicht mir auch ein alter Kahn
auf Unstrut, Saale, Spree und Lahn
und die Begegnung mit 'nem Schwan,
was dann so mancher Blödian
langweilig findet und profan.

Und muss es mal das Auto sein,
dann lass' ich Luft und Sonne rein.
Denn das wäre doch gemein,
so ganz allein als armes Schwein
rundum im Blech gefangen sein.

Drum lob' ich mir mein Cabrio,
mit ihm zu reisen macht mich froh,
von Stockholm bis Fernando Póo -
oder mit dem Deux-chevaux
von Bordeaux nach Saint Malo.

Noch lieber nehme ich das Rad
bis nach Arad im Banat,

gönn' mir unterwegs ein Bad
im Baggersee bei dreißig Grad
und lab' mich abends am Muskat.

Selbst das Reisen mit den Füßen
tu' ich meistens sehr genießen.
Hand in Hand mit meiner Süßen
Lauf' ich über Blumenwiesen
und will von dort aus jene grüßen,
die hektisch durch die Wolken düsen.

Wenn auch ihre Flieger stinken,
so werd' ich ihnen trotzdem winken,
beim Picknick ein Glas Rotwein trinken,
dazu ein Stück Serrano-Schinken -
zuletzt, wenn sie zur Gangway hinken,
mit meinem Schatz im Gras versinken.

Kommentar: Da kann man nur zustimmen.

Sarah Wetterau

Plätzchenausstecher

Würzig, Spritzig, Matschig, Stibitzig.
Säuseliges Brummen, Schleimiges Summen
Jeder Mensch steigt durch einen Rahmen
Köstlich, Fettig, Eklig, Ständig.

Süßlich, Klebrig, Förmig, Krümelig
Kullerndes Gewälze, Stetiges Gestelze
Das linke Bein, das Rechte, zermatschtes Hirn in Prächte
Sabbernd, Stotternd, Stolzierend, Flanierend.

Schmerzlich, Dümmlich, Triefend, Spießig
Seufzende Melancholie, Traurige Ironie
Ein Ort zum Versauern zwischen Sahne
Stereolastig, Synchronsüchtig, Überüppig, Butterstückig.

Einsam, Tödlich, Verblüffend Tröstlich

Kurzweiliges Schlecken, Abnormales Lecken

Mein Teig wird nimmermehr zum Plätzchen

Gourmets mit Lätzchen verdammend muster

Wartend, Gierig, Verurteilend, Schmierig.

Kommentar: Das hat was. Binnenreime, Assonanzen … ein guter Klang.

Hymne der Odette*

(*Bedeutung des Namens: diejenige, die Erb-Besitz hat und Erb-Besitz schützt)

Verlass das Verlassen und verlass das Verlies des Verlassens, so, dass du verließest das Verlies des Verlassenen.
Verlier das Verlieren und vergiss das Vergessen, so, dass du verlierst das Vergessen und vergisst das Verlieren.
Hinterfrag das Hinterfragen und vergieß das Vergossene und du wirst lieben das Geliebte und erhalten das Erhaltende.
Fang das Verfangene und verwirf das Verworfene, so, dass das Vergangene vergeht und du dich nicht im Verfangen verfängst.

Verschmilz mit dem Verschmolzenen und verspiel das Verspielte und das Verspielte wird mit dem Verschmolzenen verschmolzen und das Verschmolzene wird mit dem Verspielten verschmollt und verspielt verspielt.
Gestehe dem Gestandenen das Gestehen zu und gebiete dem Gebieter dem Gestehenden das Gebieten zu gebieten, so dass der Gestandene gebietet und der Gebieter gesteht.
Verstör das Verstörende und verlieb das Verstörte, so, dass das Verstörte das Verstörende verstört und sich das Verliebte in das Verstörte verliebt.
Verbleib dem Verbleibendem und herz das Herzige, so, dass dass du

dem Herzigen verbleibst und das verbleibende Verbliebende herzt und das geherzte Herzige dir verbleibt.

Versprich dem Versprochenen das Versprechen, dich nicht versprochen zu haben. Versuch das Versuchte und versuch nicht das Versuchende zu versuchen.
Vererb dem Vererbten kein Verirren und vertage das verirrte Vertagen, so, dass sich das Vertagen nicht vererbt und das Vererben nicht verirrt.
Verfahre mit dem Verfahrenen nicht in einem verfahrenen Verfahren, sondern verehre den verfahrenen Verehrer, denn dann ist auch der Verfahrenste nicht mehr verfahren.
Verfolge das Verfolgen von Folgen welche Verbliebenen mit folgender Folgschaft verbleiben und verlange das Verlangen, so wirst du erlangen und Verlangen erlangen.

Kommentar: Das geht ins Experimentelle.

Heiner Brückner

Backbag

Ein junger Mann kam mit Plastiktüte und Backbag, altdeutsch Rucksack, aufs Kulturamt der Stadtverwaltung und äußerte die Bitte nach Information und Gewährung eines Unternehmensdarlehens für sein zu gründendes Kulturprojekt. Der sachbearbeitende Beamte schaute kaum von den vor ihm auf dem Schreibtisch liegenden Akten und Formularen hoch, fragte aber etwas von unten herauf zur Abgrenzung und Einordnung des Vorganges: „Welche Art von Kultur wollen Sie projektieren?“

Unbeirrt antwortete der junge Mann: „Mein ganz eigenes privates Leben will ich in einem Museum ausstellen.“

„Was wollen Sie ausstellen?“ fragte der Beamte nach. Dabei blickte er kurz in die Höhe. „Habe ich richtig gehört? Ihr eigenes Leben? Wie stellen Sie sich das vor? Wie habe ich mir das vorzustellen? Wer sollte daran Interesse haben?“

Sein Blick richtete sich nun vom Schreibtisch nach oben und blieb auf dem Bittsteller haften. Er begann den nicht einmal unordentlich gekleideten jungen Herrn mit den kurzgeschorenen Haaren und einem goldenen Ringlein im linken Ohrläppchen zu mustern. Der Museumsgründungsaspirant breitete ohne Umschweife seine Vorstellungen dem ihn musternden Sachbearbeiter ins Angesicht.

„Ich denke mir, die Menschen schauen gerne zurück in die Vergangenheit ihrer Ahnen, versuchen Geschichte zu bewältigen, meißeln Erinnerungen in Denkmälern fest, stellen Kopien der hochrangigsten Kulturgüter aller Zeiten und Nationen in riesigen Museen aus, präsentieren Reminiszenzen an unsere Vorfahren in prachtvollen Kulturpalästen und belichten die Weisheit der Väter auf Mikrofiches. Sie sammeln die bröseligen Knochen eines jahrtausendealten Höhlenbären, demonstrieren seinen angeblich versteinerten Penis und verschließen alles luftdicht und diebstahlsicher unter Vitrinen, die sie mit modernster Technik bewachen lassen wie die Banken ihre Wertpapiere. Ihre allerältesten Vorfahren holen sie aus der konservierenden Gletschereistruhe, rauben ihnen pietätlos die Grabesruhe, nur um sie der Neugier der Nachwelt vorzuführen. Was uralt ist, wird mit hohem Aufwand anschaubar erhalten. Sollten wir da nicht vielleicht auch ein wenig in die Zukunft blicken? Schon jetzt an die morgige museale Darstellung der Gegenwart denken? – Schauen Sie, wie schnelllebig ist doch unsere Gegenwart! Da kann morgen schon out sein, was heute noch in ist, morgen antik, was gestern modern, und übermorgen ist durchaus die Chance gegeben, dass das Vorgestrige wieder als en vogue gilt."

Der jugendliche Antragsteller hat eine flammende Rede gehalten, die von keinem Wort gestylter Werbetaktik getrübt war, sondern eher an klassische Rhetorik gemahnte und den Kulturverwalter zu aufmerksamem Zuhören ohne Unterbrechung bewog. Er setzte deshalb erst jetzt zu einer Antwort an.

„Junger Mann, wir arbeiten soeben unsere Vergangenheit um die Jahrhundertwende auf, haben noch lange nicht das Dritte Reich unter Dach und Fach, geschweige in den Archivdateien. Jetzt ist uns auch noch die aktuelle Geschichte der deutschen Wiedervereinigung, auf die wir so quick nicht vorbereitet waren, dazwischengekommen, und, glauben Sie mir, wissenschaftliche Gründlichkeit verpflichtet zu Bergen von Akten. Auch der Untergang des Sozialismus im Osten Europas will zumindest fürs erste notdürftig notiert sein. Unser Personal reicht nicht einmal rechtschaffen zur Darstellung des 19. Jahrhunderts, gar nicht zu reden von unserem Etat. Und da kommen Sie dazwischen und wollen ein privates Gegenwartsmuseum, sozusagen eine Präsenzpräsentation! Ich darf doch bitten, bei aller Liebe: Das Gemeinwohl geht noch immer vor Einzelinteressen."

Weil aufgeschoben nicht aufgehoben sei und Ablegen erdrückende Berge auftürme, sei es geboten, die Dokumentation der Gegenwart nicht den Zelluloidstreifen und Magnetbändern zu überlassen und sie keinesfalls beiseite zu stellen. Der selbsternannte Museumsdirektor entfaltete mit Enthusiasmus sein Konzept in allen Einzelheiten.

„Wenn ich mit meiner Museumsstube beginne, dann ist sie bereits vollständig für die Nachwelt eingerichtet, denn ich bringe mich selbst, mein Sein und Haben, direkt mit ein. Mein Museum ist sozusagen ein lebendes, eine living exhibition oder Museum live, wenn Sie so wollen. Ich benötige keine Aktenschränke und Regalbunker. So gesehen hat mein Plan auch durchaus einen wirtschaftlichen Vorteil für die Gesellschaft und das Bruttosozialprodukt. In Personalunion vereine ich die Funktion und Sachgebietsleitungen auf mich. Ich bin Künstler und Kustos, Verwalter und Gestalter, bin Handwerker und Hausmeister, Direktor und Türsteher zugleich. Der soziale Nutzen meines Lebensmuseums liegt ebenso auf der Hand: Durch die ganzheitliche Beanspruchung falle ich aus der Arbeitslosenstatistik der Arbeitsamtskartei und benötige keine sozialpädagogische Betreuung, auch keinen Psychiater werde ich belästigen oder Wartezimmer von Ärzten übervölkern. Nebenbei bemerkt: Ich bin Arbeitsuchender. Entschuldigen Sie, ich habe bisher vergessen, zu erwähnen, aber, bitteschön, keineswegs verschweigen wollen, dass mich das Los der Arbeitslosigkeit ereilt hat und ich folglich mit diesem Makel gebrandmarkt bin."

„Was haben Sie denn sonst noch an Ausstellungsstücken außer sich selbst zu präsentieren?" räusperte sich der Kulturreferent der Stadtverwaltung. Er hatte rein gedanklich Zugang zu dem ausgefallenen Konzept gefunden und war menschlich, das heißt rein privat, angetan von der Lebensgestaltungsbemühung des jugendlichen Arbeitslosen. Weil er sein Gegenüber nicht ungehört an die zuständige Sozialabteilung verweisen wollte, bat er den Bittsteller, Platz zu nehmen. Er wollte hören, wie er sich die Details dieses Museumsidealisten vorzustellen habe.

„Zum Beispiel diese Plastiktüte voller Plastiktüten der unterschiedlichsten Gestalt und Gestaltung, der verschiedensten Größen und des unterschiedlichsten Grundmaterials, die ich hier in meiner Hand federleicht am kleinen Finger trage. An den Tüten sehen wir, wie leicht und schnell die Zeit vorbeirauscht. Bereits jetzt wird die Ära der Plastiktragetüten überholt von Mehrwegbeuteln aus Jute oder Baumwolle. Wie lange wird es dauern, und man trägt wieder Papiertaschen oder Hanfsäcke zu Markte. Aber wer hält besser die Zeit des bequemen Pragmatismus fest als diese schnellen, leichten Wegwerfbeutel, mit denen man zu ihrer Zeit einen einzigen Bleistift nebst Verpackung und Kassenbon für die geforderten neunundneunzig Pfennige nach Hause tragen durfte, um die Tüte nach dem Entleeren in den Mülleimer zu werfen, der alles schluckte? Dieses Zeitalter des Alles-haben-Könnens, des Wohlstands in Schlaraffia, mündet es nicht bereits andeutungsweise in eines des Sollens und Wollens, aber Nicht-mehr-Könnens?

Ich könnte darüber ein ganzes Buch verfassen oder vielleicht einen Museumsführer schreiben. Was habe ich davon, wenn Unbekannte in einhundert Jahren eine unverrottbare Plastiktüte aus einer Mülldeponie bergen und sie als signifikantes Überbleibsel des ausgehenden zwanzigsten Jahrhunderts in einem Glasschrank aufhängen? Jetzt, hier und heute, lebe ich, und zwar gar nicht langsam. Übermorgen ist heute vorbei!"

„In der Tat ist die Erinnerung an die Gegenwart erhaltenswert. Und es wird auch sicherlich der Zeitpunkt kommen, zu dem sie zu archivieren ist. Aber Museen sind per se und a priori Kultstätten des gesicherten Vergangenen."

„Diese Auffassung ist eben längst vergangen. Auch sie muss neu bedacht werden. Sie wissen aus eigener Erfahrung, Herr Kulturrat, dass der lederne Rückentragebeutel und der weidene Einkaufskorb Ihrer Urgroßeltern bis auf Sie vererbt werden konnte zum täglichen Gebrauch – erhaben über jede Modeerscheinung, reparierbar nach jeder Blessur. Aber meine Plastiktüte, Herr Kulturgutverwalter, die hält nicht einmal einen gewichtigen Einkauf ohne Risse aus. Mein Nylonrucksack zerreißt beim Hängenbleiben am Gepäckträger meines Mountainbikes. Wollen wir der Nachwelt etwa nur Abfall hinterlassen? – Wenn wir die Zeugnisse unserer Zeit nicht aufbewahren, landen sie alle in der Verbrennungsanlage oder werden beim Recycling bis zur Unkenntlichkeit deformiert. Das kann doch nicht ihr ganzer Wert gewesen sein! Geben Sie mir ein Apartment in einem der Nachkriegswohnsilos, und ich will ein modernes Museum einrichten, von dem die gegenwärtige Welt einen Kunstgenuss hat und die zukünftige einen Vergleichsmaßstab für ihre Fort- oder Rückschritte."

Der städtische Kulturreferent versprach, das Anliegen wohlwollend prüfen zu lassen und an die zuständigen Ressorts beziehungsweise Gremien umgehend zur weiteren Behandlung weiterzuleiten. Der Antragsteller möge sich gedulden, bis er weiteres hören beziehungsweise schriftlich zugestellt bekommen wird. Von einer Nachfrage innert des nächsten halben Jahres sei abzusehen. Überdies seien für Gewährung von Darlehen die Geldinstitute zuständig.

regentanz

für Jan Wagner

der erste tropfen in die leere
tonne ein trommelschlag,
der zweite und der dritte
tänzelnde schritte und knistern
über dem hohlen boden.

die volle rinne, das beginnen
des rauschenden fallens,
das füllen, die fülle
des blechernen Fasses.

das überlaufen über

das band, den rand, doch
leise schillernd füllt sich
unter der tonne das loch.

und es füllt sich und wühlt
eine grube, eine pfütze, ein meer,
das hebt das fass kippt
und leert sich und rollt

Safak Saricicek

Frau Elenis Abend

Sie schritt an Wochentagen den Weg am Strand entlang. Zur selben Zeit. Gegen Sechs Uhr, wenn die Sonne unterging. Sein Boot tuckerte immer wenn sie gerade vorbei ging in den Hafen. Er rief ihr: „Guten Abend, Frau Eleni!“ zu.

Er war stets gut gekleidet. Jedes Mal begleitete ihn nostalgische Musik aus einem Radio.

Frau Eleni wusste, er war einer von der seltenen Sorte.

Sie lächelte ihm zu und sagte: „Ihnen auch Kapitän!“

Ab und zu hatte sie auch den Mops ihrer Neffin dabei, wenn diese bei ihr zu Besuch war.

Der Kapitän war an den Tagen mit dem Mops besonders glücklich. An einem Tag mit dem Mops strahlte sein ganzes altes Seemannsgesicht.

Wir sind beide zu alt, als dass es noch was wird, dachte Frau Eleni, wenn sie den Hafen hinter sich hatte, aber das Tuckern des Bootes noch zu hören war. *Ich bin zu alt*, dachte sie. *Es wäre eine Wagnis. Aber er ist ein Charmeur. Wie er mich damals vor vielen Jahren nach meinem Namen gefragt hat und mir eine Blume schenken wollte...* Und sie lachte über sich, aber es war ein gutes und lustiges Lachen. Ein dicker Wasserverkäufer drehte sich zu ihr um. Er musste denken, der Grund ihres Lachens zu sein. Er war wie ein großer Kegel. Sein Körper spannte sich ab seinen Hüften unfassbar in die Weite. Sein Kopf aber war klein. Er saß seit Jahren neben seinem Kühlschrank und es schien gut möglich, dass er nie aufgestanden war. Frau Eleni fühlte, was der Verkäufer wegen dem Lachen denken musste und kaufte deswegen bei dem Kegelmann eine Wasserflasche. „50 Kurus“ krächzte der erleichtert klingende Kegelmann mit seiner mädchenhaften Stimme.

Frau Eleni war ein herzensguter Mensch.

Sie wanderte sehr gerne am Strand. Es gab so viel zu entdecken. Möwen die sich in Lachen auf dem Wanderweg wuschen und kleine Katzen die zwischen Plastiktüten miteinander spielten, während viele Angler auf den wellenumspülten Felsen fischen waren. Kurz vor Sonnenuntergang färbte sich der Himmel und wandelte sich der Horizont in eine phantastische Welt. Die fernen Wolken ließen ein Dschungel erahnen oder Frau Eleni stellte sich vor auf zerklüftete Gebirgsketten zu sehen.

Es war mysteriös.

Sie wanderte sehr gerne am Strand, weil sie zu Hause alleine war. Abgesehen von ihrer Neffin bekam sie fast nie Besuch. Sie war nach einem Autounfall in ihren mittleren Jahren verwitwet und hatte sich irgendwann an das Alleinesein gewöhnt. Viele ihrer Bekannten waren tot, oder ihre Familien hatten sich ihrer in Pflegeheimen entledigt. Sie verstand die Gründe der Familien und deswegen konnte sie ihnen nicht böse sein. Sie hatte zu lange gelebt, um sich nicht damit abfinden zu können. Gelegentlich traf sie nach dem Gottesdienst in der Kirche auf Frau Helena, mit der sie über Literatur und ihre Neffin sprach. Beide stammten sie aus alten Istanbuler Familien.

Die einzige andere Menschenseele die sie regelmäßig sah, war der junge Hausmeister, der die Einkäufe für die Appartementbewohner tätigte.

Nach dem Abendessen zündete sie sich an jedem Tag eine Kerze an, betete und schlief ein.

Als sie am Freitag am Strand wanderte, dachte sie ihr altes Herz würde aussetzen: das Boot des Kapitäns tuckerte nicht wie üblich in den Hafen herein.

Ist ihm was zugestoßen ? dachte Frau Eleni entsetzt.

Sie merkte wie sehr sie sich an den Kapitän gewöhnt hatte. Sie hatte sein warmes Lächeln, sein Radio, seine Höflichkeit liebgewonnen.

Frau Eleni wurde klar, dass sie sich über die Jahre verliebt hatte, aber aus Gewohnheit nicht mehr wagte, etwas zu ändern.

Sie hatte Angst, denn sie glaubte ihr altes Herz würde diese verheimlichte Erkenntnis nicht aushalten.

Sie hatte Angst, weil er jetzt wo sie es wusste, nicht da war.

Lieber Gott! betete sie stumm. *Lieber Gott!*

Jemand rief: „Guten Abend Frau Eleni!"

Sie wandte sie nach der Stimme um.

Ein schüchtern lächelnder Kapitän im Anzug winkte ihr zu. Schöne alte Musik tönte leise aus einem Radio.

Er saß vor einem mit gebratenem Fisch, Calamares und Meze bedecktem Tisch.

„Frau Eleni, wollen Sie sich zu mir gesellen? Die Fische habe ich heute gefangen!

Ich würde mich sehr freuen."

Frau Eleni hielt inne.

Ein Glück, nach all den Jahren wieder lieben zu können! ging es ihr ehrfürchtig durch den Kopf.

„Sehr gerne, Sie Charmeur." antwortete sie und und nahm seine ausgestreckte Hand entgegen um auf das Boot zu steigen.

Margret Küllmar

Almnacht

Unruhig drehte sie sich von einer Seite auf dir andere und versuchte krampfhaft wieder einzuschlafen, was ihr nicht gelang. In dem altmodischen Bett aus Fichtenholz, mit dem rotkarierten Bettzeug war es wohl doch nicht so gemütlich, wie es von außen aussah. In Lissys Kopf rumorte es immer heftiger. Jetzt nur nicht ins Grübeln geraten, keine Furcht aufkommt lassen ", sagte sie sich und versuchte die Uhrzeit auf ihrer Armbanduhr abzulesen Mitternacht musste doch vorüber sein und es würde hoffentlich bald hell werden. Draußen raschelte und knackte es, ein Käuzchen schrie. Sie zog sich die Decke über die Ohren und begann heftig zu schwitzen. Das konnte doch nicht sein, sie, Lissy, die selbstbewusste, zupackende und energische Frau, die Rat in allen Lebenslagen wusste und immer den Überblick behielt, bekam es mit der Angst zu tun.

Bis zu diesem Augenblick war sie fest davon überzeugt, dass ihre Aktion richtig war. Endlich hatte sie das, was sie in solch einer Situation tun wollte, wahrgemacht. Einfach abzuhauen, eine Woche auf einer einsamen Almhütte in den Alpen zu verbringen. Aber ohne Kühe, davon hatte sie in ihrer Kindheit auf dem elterlichen Bauernhof genug gehabt. Vor allen Dingen wollte sie unerreichbar sein, für die liebe Familie. Das tun, wovon sie seit Jahren träumte, einen Krimi schreiben. Längst hatte sie die Protagonisten in ihrem Kopf entstehen lassen, hatte sich Struktur, Motiv und Aufklärung ausgedacht.

Aber jetzt drängten sich ihr Fragen auf. War sie zu kompromisslos, hätte sie mit Gerhard reden müssen? Sie liebte den intelligenten, leicht chaotischen und etwas bequemen Mann, mit dem sie seit über vierzig Jahren verheiratet war. Sie hatten sie sich für ihren gerade begonnenen Ruhestand vorgenommen, viel zu reisen, Veranstaltungen zu besuchen, oder einfach nur gemeinsam im Garten zu sitzen und zu lesen. Doch es entwickelte sich ganz anders. Ihr Sohn Jens war mit seiner Frau Beate in die untere Etage ihres Hauses eingezogen. Eigentlich war das ja sehr erfreulich, aber Beate stellte Ansprüche. Sie war sehr ehrgeizig und schrieb neben ihrer Arbeit in einem Labor ihre Dissertation. Von Lissy erwartete sie Mithilfe im Haushalt und es dauerte nicht lange bis sie den ganzen Haushalt übernommen hatte. Gerhard war das überhaupt nicht recht, sie hätte den jungen Leuten von Anfang an Grenzen aufzeigen sollen, hatte er ihr vorgeworfen.

Ob er mit seine Ansichten doch richtig lag, fragte sie sich jetzt hier ich der Almhütte. Dabei hatte er auch seine Macken, so suchte er zum Beispiel ständig irgendetwas oder es fiel im etwas Unwichtiges ein. Dann schrie er, egal wo er sich grade befand, im Garten, im Keller oder auf dem Dachboden: „Lissy, wo ist…, wer hat meine…, hast du schon…, wir wollten doch…?“. Sehr häufig kam es dann zu nervenaufreibenden Streitereien, so auch vorgestern am späten Nachmittag

Sie bereitete, das Abendessen für die jungen Leute vor, Polenta und Tomatensalat aus dem eigenen Garten. Beate ernährte sich vegetarisch und legte Wert auf Bioprodukte. Das Telefon klingelte, es war einer dieser lästigen Vertreter, der mit den Worten: „Schön, dass ich sie gleich erreiche", begann. Lissy ließ ihn nicht weiterreden, sondern legte kurzerhand auf und wandte sich wieder dem Herd zu. Inzwischen kochte die Milch über und Gerhard rief aus der oberen Etage: „Lissy, wo bleibst du denn, wir wollten doch die Kartoffeln anhäufeln?". „Heute nicht", schrie sie entnervt nach oben und knallte die Tür zu. Dann begann sie den Herd zu reinigen. Gerhard bequemte sich aus seinem Sessel heraus, stapfte die Treppe herunter und rief von unterwegs: „Warum bist du denn noch nicht fertig? Die Kartoffeln müssen unbedingt...". „Dann mach das doch allein, du siehst doch die Bescherung hier", fuhr sie ihn an. Daraufhin zog er sich beleidigt mit zwei Flaschen Bier ins Gartenhaus zurück. Lissy schrubbte wild auf der Herdplatte herum, als das Telefon erneut klingelte. Es war Beate, die ihr mitteilte, dass sie auswärts zu essen würde. Das reichte, wutentbrannt schmiss sie den Lappen in die Ecke und ihren Computer an.

Hatte sie da überreagiert, hätte sie nicht eine Nacht darüber schlafen müssen? Das fragte sie sich jetzt in der einsamen dunklen Almhütte

Jedenfalls hatte sie nach zwei Stunden Googlen eine passable Almhütte gefunden, gebucht und mit dem Besitzer telefoniert. Dann hatte sie sich eine Fahrkarte besorgt und den Koffer gepackt. Am frühen Morgen verließ sie unbemerkt das Haus. Niemanden aus der Familie waren ihre Vorbereitungen aufgefallen. Die mehrere Stunden dauernde Zugfahrt verschlief sie fast vollständig, kurz vor dem Ziel wurde es aufregend, sie musste zuerst in einen Bummelzug und dann in einen Linienbus umsteigen. Im Dorf angekommen, holte sie der Besitzer der Almhütte ab und ging mit ihr einkaufen. Sie brauche dort oben Vorräte, meinte er, daran hatte sie überhaupt nicht gedacht. Gegen Abend hatte sie die Almhütte endlich erreicht, sie richtete sich ein und setzte sich dann mit einer Wurstsemmel, einer Flasche Wein und Schreibzeug ausgestattet, auf die Terrasse. Sofort begann sie zu schreiben, versetzte sich in Gedanken in die Rollen ihrer Figuren und vergaß die Welt um sich herum. Erst als es dämmerte und sie ihre eigene Schrift nicht mehr erkennen konnte, ging sie todmüde und zufrieden zu Bett.

Ja und dann war sie nach ein paar Stunden aufgewacht und Fragen, Zweifel und Angst kamen auf. Sie versuchte sich dagegen zu wehren, aber es gelang ihr nicht. Ihr Gewissen meldete sich, alle Sünden ihres Lebens, oder das was dafür hielt, fielen ihr ein. Am liebsten hätte sie auf der Stelle die Heimreise angetreten, aber bevor es hell wurde, konnte sie gar nichts tun. Irgendwann schlief sie nochmal ein und träumte - oder etwa nicht? Vor ihrem Bett stand ein Mann mit einem Kissen in der Hand, damit wollte er sie ersticken. Sie versuchte zu flüchten und zu schreien aber nichts ging. „Lissy, Lissy, was machst denn für Sachen, was soll ich denn davon halten?“, sprach der Mann.

Es war Gerhard, der Traum war zu Ende, auch der von der Unerreichbarkeit in der einsamen Almhütte. Sie setzte sich auf und wusste nicht ob sie froh oder böse sein sollte. „Wie hast du mich gefunden, du hast doch gar nichts von meiner Abreise mitbekommen“, fragte sie ein wenig ungehalten. „Ich habe mir in deinem Computer angesehen, was du im Internet gesucht hast, deine Emails gecheckt und deine Anrufe zurückverfolgt. Es war eine meiner leichtesten Übungen“, antwortete er. „Hast du noch nie was vom Briefgeheimnis gehört?“ erwiderte sie. Er ging nicht darauf ein, sondern sagte: „Dann habe ich meine Sachen gepackt, das Auto vollgetankt und bin gegen Abend losgefahren.“

Sprach-und regungslos saßen sie eine Zeitlang auf der Bettkante Nach einer Weile sagte Gerhard: „Du könntest…,“. Lissy ließ unterbrach ihn: „Nein, ich kann nicht, ich will auch nicht und ich tue auch nichts.“ Er ließ sich nicht aus der Ruhe bringen. “Ich möchte nur, dass du den Frühstückstisch auf der Terrasse deckst, ich habe Brötchen mitgebracht.“ er schwenkte die Tasche, die Lissy für ein Kissen gehalten hatte. „Schön“, antwortete sie, „dann will ich mal nicht so sein.“ Er sagte: „Und nach dem Frühstück machen wir beide eine ganze Woche Urlaub, wie beide ganz allein.“ Lissy zweifelte: „Glaubst du, dass uns das gelingt, dann können wir darüber nachdenken wie es mit uns weitergehen soll.“ „Jedenfalls nicht so wie in der letzten Zeit“, sprach er. Darüber waren sie sich einig.

Guido Blietz

Liebe

Junge Liebe
Ist wie das frühe Licht,
Das unverhofft den schwarzen Himmel bricht,
Das grell und heiß der blinden Nacht entsteigt
Und alte Welt in neuen Farben zeigt.

Reife Liebe
Ist wie ein unsichtbares Band,
Das sich vom Mensch zum Menschen spannt
Und wie ein Seil zusammenhält,
Was sonst in tausend Teile fällt.

Alte Liebe
Ist wie ein Ruf im tiefen Wald,
Der hell als Echo widerhallt,
Ist wie das Licht des Mondes in der Nacht,
Das einen schwarzen Himmel leuchten macht.

Kommentar: Ja, die Liebe … Immer ein Geheimnis.

Tina Klemm

Sanft streckte mir ein Engel die Hand entgegen
Nahm mich mit
An einen anderen Ort
Ich war bei dir auf all deinen Wegen
Flüstert er sanft
Zwischen Raum und Zeit
Gingen wir dem Licht entgegen
Leicht und voller Glück
Wollte ich nicht mehr zurück
Macht euch keine Sorgen
Hier bin ich behütet und geborgen
Am Ende werden wir uns alle sehen
Und wieder gemeinsame Wege gehen

Kommentar: Ein schweres Schicksal wurde gemeistert.

Diana Kunzweiler

Postkarten

Ich fuhr mit meinem Auto um die Ecke und da stand es, mein neues Zuhause. Klein und etwas zerbrechlich sah es aus. Ich parkte, stieg aus und hievte meinen Koffer aus dem Auto. Eigentlich sollte all das komplett anders ablaufen. Als meine Oma starb, hätte ich nie erwartet, dass sie mir ihr Haus vermacht. Doch so war es und ich wollte es so schnell wie möglich verkaufen, um mit dem Geld wenigstens einen Bruchteil meiner Schulden abbezahlen zu können. Theoretisch sah der Plan gut aus, praktisch jedoch zog sich der Verkauf in die Länge bis ich nicht einmal mehr meine Miete bezahlen konnte und gezwungen war in dieses Haus zu ziehen.

Ich ging durch das Gartentor, welches schief in den Angeln hing und furchtbar quietschte, betrat den kleinen Weg, der zur Haustür führte und vor lauter Unkraut kaum mehr zu sehen war und schloss schließlich die Tür auf.

Die ersten Wochen waren schwierig. Das Haus musste erst einmal gründlich geputzt und ausgemistet werden. Zum Glück sah es von außen viel kaputter aus, als es tatsächlich war. Wasser, Gas und Heizung funktionierten einwandfrei, lediglich die Fenster waren undicht und der Briefkasten vorne am Gartentor ließ sich einfach nicht öffnen. Neben dem mietfreien Haus hatte mich zusätzlich ein Jobangebot in einem Verlag in diese doch recht eigenartige Gegend geführt.

Im Großen und Ganzen hatte mein Leben eine ungeahnte, wenn jedoch gleich gute Richtung eingeschlagen. Einzig das Gefühl abends ein leeres Haus zu betreten trübte meine Stimmung ein wenig.

Eines Abends kehrte ich mal wieder von der Arbeit nach Hause zurück. Mit meiner Aktentasche mit den vielen Manuskripten darin, die ich noch zu lesen hatte in der Hand, schleppte ich mich müde durch das Gartentor zum Haus hin. Dabei glitt mein Blick über den Briefkasten. Ich blieb stehen und ging zurück. Er war offen und darin lagen Postkarten über Postkarten. Mir tropfte ein Regentropfen auf die Stirn. Ich klaubte die Karten schnell zusammen und rannte ins Haus, sobald ich die Tür schloss, fing es auch schon an in Strömen zu regnen. Als ich zehn Minuten später das Feuer im Kamin angemacht, meine Schuhe ausgezogen und mir ein Glas Wein eingeschenkt hatte, setzte ich mich auf das Sofa und nahm die Karten in die Hand. Ich betrachtete eine nach der anderen. Sie schienen alle aus einem anderen, fernen Land zu kommen. Die Abbildungen vorne drauf waren atemberaubend schön. Dies waren keine massengedruckten Standardkarten mit dem Pool einer Hotelanlage darauf, sondern Karten, die liebevoll gearbeitet, Besonderheiten verschiedener Länder abbildeten. Auf einer sah man die Hindugottheit, deren Hände am Rand der Karte fühlbar waren, oder das Fatima-auge, in dem sich das Licht so lebensecht spiegelte, dass man das Gefühl hatte einer lebendigen Person in die Seele schauen zu können. Auch konnte man durch das langsame Kippen einer Karte den Untergang der riesigen roten Sonnenscheibe am Horizont miterleben und die Karte aus Russland glitzerte so stark, dass man glaubte einen kurzen Blick in das vergangene, prunkvolle Leben der Petersburger Oberschicht erhaschen zu können. Ich war überwältigt. All diese Karten waren an meine Oma adressiert. Ihr Lebensgefährte, den sie der Familie nie vorgestellt hatte, hatte all ihre Traumziele bereist, um ihr, die sie mit ihrer Demenz nicht mehr reisen hatte können, davon zu berichten und die Orte in ihrer Fantasie Wirklichkeit werden zu lassen. Ich erfuhr in den Berichten jedoch, dass er nicht allein gereist ist, sondern von seinem Neffen begleitet wurde. Dieser schrieb auch die Postkarten, da die Hände des alten Mannes zu unruhig waren. Ich war gerührt von den Erzählungen. Zum Beispiel wie sie von einer Art Dreirad durch die Straßen Indiens gefahren worden sind, oder auf Rhodos auf Eseln zwischen Olivenzweigen geritten sind und in Spanien eine Paella gegessen haben, während um sie herum die Einheimischen dem winzigen Fernseher in der Ecke der kleinen Spelunke wüste Beschimpfungen, oder freudiges Gegröle entgegengebracht haben.

In dieser Nacht tauchte ich ein in diese Welt der Abenteuer, ich war ein Teil davon. Vollkommen mitgerissen war mir als würde ich diesen Mann hinter den Postkarten sehen, ihn kennen, seine Gefühle und Gedanken spüren. Dieser Zauber, der die Erlebnisse einhüllte, hüllte auch mich ein und verfolgte mich bis in meine Träume und auch noch die nächsten Tage.

Zwei Wochen später, die Funken, die die Postkarten in meinem Herzen hinterlassen hatten, waren wieder weitestgehend erloschen, besuchte ich meine Großtante, um mit ihr und der ganzen Familie ihren Geburtstag zu feiern. Sie hatte alle eingeladen, das Haus war voll. Ich stand gerade im Flur und war dabei mich aus meinem Mantel zu schälen, da kam meine Mutter und stellte mir einen alten, rundlichen Mann mit grauem Vollbart als den Partner meiner Oma vor. Zuerst begriff ich nicht, doch dann drehte er sich zur Seite und gab den Blick auf seinen Neffen frei. Ein junger, sportlicher Mann mit zerzausten Locken und himmelblauen Augen, die mich direkt ansahen. Ich war sprachlos, denn in diesen Augen sah ich den Mann, dem ich neulich Nacht in meinem Wohnzimmer begegnet bin und der etwas in meinem Herzen hinterlassen hatte. Damals waren es nur Funken gewesen und es hätte auch Einbildung sein können, doch jetzt, diese Begegnung war wahrhaftig und führte den Zauber der Postkarten fort, sowohl in meinem, als auch in seinem Herzen.

Kommentar: Sooo schön …

Angélique Duvier

Wenn der Wind sich dreht

Wenn der Wind ganz leise weht,
weil dein Leben zu Ende geht
und in mir die Frage entsteht,
wohin deine Seele entschwebt.
Wenn der Wind sich langsam dreht,
und mein Herz vor Kummer vergeht,
und tiefster Schmerz in mir entsteht,
der niemals mehr vergeht.

Wenn der Wind singt wie ein Chor,
und Engel tragen dich empor,
weil der Wind mir flüstert ins Ohr,
dass du bald stehst am Himmelstor.
Und mein Herz es nicht versteht,
dass dein Leben zu Ende geht.
Wie schnell doch ein Leben vergeht,
noch ehe der Wind sich legt.

Irene Diamantis

Schuldlos

Kaltes Lächeln, warmes Gold,
Beide reglos, beide still.
Kennen sie des andern Sold?
Gibt es wen, der's wissen will?

Ihre Schmerzen brüllen laut,
Doch sie schweigen trüb umhüllt,
Während man ihr Leben klaut,
Schwere Truhen damit füllt.

Schriller Schrei wird teures Gut,
Wer dies sieht, an's Sparen denkt,
Doch verlässt ihn bald der Mut,
Der ihn flüchtig hat gelenkt.

Bitter seufzt und schmunzelt er,
Runzelt hoffnungslos die Stirn,
Reibt die Augen, schaut umher,
Keiner plagt sein müdes Hirn.

Heute nicht mehr, morgen nicht,
Hier nicht, dort nicht, habt Geduld!
Kümmert mich ein fremd Gesicht?
Bin doch frei von jeder Schuld!

Kommentar: Formal sehr ordentlich. Schweres Thema.

Florian A. N. Müller

Eden oder Der fallende Apfel

Der erste Zweifel fällt mit den bleiernen Tropfen der sternlosen Nacht auf die fruchtbare Ebene des östlichen Landes. Während das aufhellende Nass am Boden unnütz zerspringt, benetzt es die Früchte des einen Baumes mit flammendem Licht: das sündige Versprechen, die Dunkelheit des Verstandes zu erleuchten.

Der helle Schein lockt einen kriechenden Schatten aus seinem Versteck. Mit schlängelndem Drängen nähert er sich den nackten Ahnen des göttlichen Abbildes und zieht ihren Blick zu den lockenden Früchten des verbotenen Baumes, der gleichzeitig Leben und Tod, Gut und Böse, Mensch und Gott ist, alles Sein in sich vereint. Und die Schlange sagt zu den Menschen: „Dürft ihr nichts essen von den Bäumen des Gartens, in dem ihr lebt?" „Von den Bäumen des Gartens, in dem wir leben, dürfen wir wohl essen, nur nicht von dem einen, der in der Mitte steht. Sonst müssen wir sterben, sagt Gott." Und da die Menschen den Tod fürchten, wagen sie es nicht, den Baum in der Mitte des Gartens, in dem sie leben, zu berühren. Und die Schlange sagt: „Wie könnt ihr den Tod fürchten, wo ihr doch unsterblich seid? Wie könnt ihr etwas fürchten, das ihr gar nicht kennt?" „Wir wissen wohl, was der Tod ist", sagt der Mensch, „der Tod ist das Ende." Und die Schlange sagt: „Wie könnt ihr das Ende fürchten, ist nicht die Endlosigkeit die größere Qual? Was ist ein Leben wert, wenn es ewig währt?" Aber der Mensch versteht die Schlange nicht, weiß er doch nichts von der Unendlichkeit der Zeit. Und die Schlange sagt: „Wenn ihr von dem Baum in der Mitte des Gartens, in dem ihr lebt, esst, dann werdet ihr nicht sterben. Gott verbietet es euch, weil er weiß, dass ihr dann erkennt. Dann werdet ihr wie Gott sein." Aber der Mensch versteht die Schlange nicht, denn alles, was er kennt, ist Gottes Wort. Und der Mensch zweifelt nicht. Und die Schlange sagt: „Wenn ihr von dem Baum in der Mitte des Gartens, in dem ihr lebt, esst, dann werdet ihr frei sein zu erkennen, was Richtig und Falsch ist. Ihr werdet fähig sein, Schlüsse aus der Natur zu ziehen." Aber der Mensch versteht die Schlange nicht, ist die Natur selbst doch Gott und jeder Schluss aus ihr muss folglich Gott sein. Und die Schlange sagt: „Wenn die Natur selbst Gott ist, ist dann nicht auch der Baum in der Mitte des Gartens, in dem ihr lebt, Gott, so wie jeder andere Baum auch?" Und der Mensch bejaht, dass auch der Baum in der Mitte des Gartens, in dem er lebt, Gott sei. Denn alles sei Gott. Und die Schlange sagt: „Versprach euch Gott nicht eben alles? Schuf er euch nicht nach seinem Abbilde, auf dass ihr gebietet über die ganze Erde? Und ist der Baum in der Mitte des Gartens, in dem ihr lebt, nicht Teil dieser Erde, über die ihr gebieten sollt?" Und der Mensch bejaht, dass auch der Baum in der Mitte des Gartens, in dem er lebt, Teil der Erde sei, über die er nach Gottes Willen gebieten soll. Und die Schlange sagt: „Also ist es euer Recht, eure heilige Pflicht, über den Baum in der Mitte des Gartens, in dem ihr lebt, zu gebieten und die Früchte dieses Baumes zu essen." Und der Mensch bejaht, dass es seine heilige Pflicht sei, die Früchte vom Baum in der Mitte des Gartens, in dem er lebt, zu essen. Und die Schlange sagt: „Dann esset von dem Baum in der Mitte des Gartens, in dem ihr lebt, auf dass ihr erkennt."

Und der Mensch macht sich auf zu dem Baum in der Mitte des Gartens, in dem er lebt. Und je näher er diesem Baum kommt, desto drängender wird das Verlangen, den Baum zu berühren, ihn zu umklammern, eins zu werden mit ihm, die Flucht in den Mutterschoß der Natur. Und die süßen Früchte des Baumes locken den Menschen, sich zu versündigen in der Schöpfung Gottes, dass er nach dem saftigen Apfel der Erkenntnis, der Unschuld seiner Selbst, greift und sie pflückend dem Ende zuführt. Und während sein gieriger Schlund im Begriff ist, die Wahrheit zu saugen, sich eigen zu machen, trifft den Menschen die volle Wucht des göttlichen Zorns, ein schüttelnder Krampf befällt seinen Körper, den zuckenden Fingern entgleitet die sündige Ernte. Und noch bevor die unreine Frucht auf dem öden baumlosen Boden der Verdammnis aufschlägt, erleben wir in eben diesem fallenden Akt Jahrhunderte später die Menschwerdung des größten aller Genies: Es werde Wissen.

Annelie Kelch

Als der Himmel Trauer trug

Sunny hatte ewig nichts von sich hören lassen, genauer gesagt, seit der großen Sonnenfinsternis im August 91, weshalb ich buchstäblich aus allen Wolken fiel, als Wega mir ihre Nachricht überbrachte.

Als Sunny mich das erste Mal um Hilfe bat, tobte auf dem nichtsnutzigen Erdtrabanten der Zweite Weltkrieg und richtete binnen kurzer Zeit zugrunde, was in jahrzehntelanger Arbeit mühevoll aufgebaut worden war. Ich erinnere noch das Dröhnen der Bombengeschwader, die unser Himmelsgewölbe unsicher machten. Nicht allein um mein eigenes Leben habe ich damals gebangt; das Wohlergehen der Sterne lag mir gleichermaßen am Herzen.

Sunnys ersten Brief als bloße Nachricht zu bezeichnen, wie ich es mir eingangs erlaubt habe, wäre freilich stark untertrieben; sie hatte einen halben Roman zu Papier gebracht.

Damals, anno 44 wie auch heute, befand ich mich auf meinem Rundgang durch die Milchstraße und war just Spika entkommen, die mich mit dem neusten Sternentratsch versorgen wollte. Ich hätte mein Augenmerk unverzüglich auf den versiegelten Brief gelenkt, wäre mir nicht mein liebster Morgen- und Abendstern in die Quere gekommen: nah wie selten oder nie.

So aber ließ Venus, dieses Prachtweib, mich für Stunden vergessen, dass Sunny nach ewig langer Zeit wieder von sich hören ließ.

Später freilich regte sich die Erinnerung an ihr früheres Anliegen umso heftiger in meiner einsamen Kraterseele, und Bilder aus den unseligen Kriegstagen, die ich längst verdrängt hatte, tauchten vor meinen Augen auf.

„Von Gelbauge, der alten Schabracke“, hatte Wega damals beim Abschied gespottet und mich schamlos angegrinst, nachdem sie mir Sunnys Brief in die Hand gedrückt hatte. Und just in dem Moment, als ich Funken der Eifersucht in ihren schwarzbraunen Augen glimmen sah, fügte sie hinzu: „... deiner brennend heißen Geliebten.“

„Unsinn“, hatte ich erwidert, obwohl ich ihr keinerlei Rechenschaft schuldig war, „Sunny und ich sind alte Freunde, nicht mehr und nicht weniger. Ginge sie morgens nicht mehr auf, würde sämtliches Leben auf der Erde erfrieren. Halte dir das bitte vor Augen! Obwohl – den meisten Kreaturen, die zur Zeit dort ihr Unwesen treiben, speziell in Germany, würde ich keine Träne nachweinen. Und merke dir eines, Wega: Sunny ist um Lichtjahre epochaler als ich; ich verehre sie.“ Wega hatte eine Grimasse gezogen und war beleidigt davongerauscht.

Ich setzte mich damals in meinen Hof und strich die gefalteten, eng beschriebenen Seiten glatt, die mir Sunnys zackige Botin auf so uncharmante Weise ausgehändigt hatte. Obwohl ich neugierig war, was Sunny auf dem Herzen hatte, verglich ich, bevor ich zu lesen begann, die Anwesenheitsliste der Sterne mit dem Bestand am Himmel – mir ist noch lebhaft im Gedächtnis, dass am Abend zuvor Antares fehlte, zum wiederholten Mal, angeblich wegen Magenbeschwerden; wahrscheinlicher war jedoch, dass er mit Electra herumpoussiert hatte, die sich zu jener Zeit im Wachstum befand und heftigen Strahlungswind produzierte, der auf die männlichen Jungsterne eine verheerende Anziehungskraft ausübte.

Sodann überzeugte ich mich davon, dass unserer Galaxie von der antisemitischen Erdball-Mischpoke keine Gefahr drohte. Seit Hitler an der Macht war, schloss ich einen militärischen Angriff auf die Milchstraße nicht länger aus. Dieses Scheusal war zu allem fähig. Was der sich in kurzer Zeit alles unter den Nagel gerissen hatte! Oft genug, wenn dort unten nichts als Feuer und Rauch zu sehen war, befürchtete ich, vor lauter Zittern vom Himmel zu fallen. Aber ich will nicht klagen – und mache kein Geheimnis daraus, was Sunny, die ungern zur Feder greift, dermaßen wichtig war in jener Zeit, als nach der Kapitulation der sechsten Armee in Stalingrad zigtausend deutsche Soldaten - auch denen zeigte ich nachts ein liebes Gesicht - in sowjetische Gefangenenlager getrieben wurden, während Goebbels, dieser Giftzwerg mit der nervigen Stimme, von Widerstand und Treue zum Führer keifte.

Ich kenne Sunnys Brief auswendig, habe ihre aufwühlenden Zeilen an die neunzigtausend Mal gelesen; Lektüre ist Mangelware in der Galaxie.

Seither denke ich oft darüber nach, weshalb die Menschheit es nicht auf die Reihe bringt, in Frieden zu leben.

Aber nun zum Inhalt des Briefes, die Zeit drängt; ich lasse meine Sterne nur ungern alleine am Himmel zurück. –

„Luna, du musst mir helfen!!!!!!!!“, schrieb Sunny anstelle einer Anrede. Mich beeindruckten die acht Ausrufezeichen, die sie hinter diesen schlichten ersten Satz gepfeffert hatte – ein weiterer Beweis für ihr feuriges Temperament.

„Es geht um Rachel Nussbaum, dreizehn Jahre alt“, fuhr Sunny in ihrer schwungvollen Handschrift fort, „ein gutes Mädchen, das beste, das je 'unter der Sonne' gelebt hat, wie die Deutschen zu sagen pflegen, und vermutlich würde ich mich geehrt fühlen, lieber Freund, wenn dieses Volk sich nicht schon seit Jahren aufführte, als sei es geistesgestört. Mir sollten von Rechts wegen die Strahlen am Rumpf festkleben, aber keine Spur; die finden wie im Schlaf den Weg zur auf Krieg und Mord versessenen Erde. Das währt nun schon seit anno 33 - seit dieser Hitler in Germany die Wahlen gewonnen hat. Und seit Oktober 41 lebt Rachel, dieses schmächtige Ding, in Auschwitz-Birkenau, genauer gesagt, stirbt sie dort seit dem Tag ihrer Deportation einen schleichenden Tod; qualvoller geht es nicht, das kannst du mir glauben.“

Wie viele andere auch; könnte ich was dran ändern, ich hätte es längst getan, dachte ich damals, las freilich unverzüglich weiter, weil ich gespannt darauf war, was es mit dieser Rachel auf sich hatte.

„Ihre Mutter ist letztes Frühjahr an Typhus zu Grunde gegangen, und ihren Vater, den Lehrer Moshe Nussbaum, haben die Nazis nach Majdanek verschleppt“, ließ Sunny mich wissen. „Er wird diesen Krieg nicht überstehen. Dass Rachel noch am Leben ist, grenzt an ein Wunder. Das Mädel ist nur mehr Haut und Knochen. Die Frauen von Block C halten sie in ihrer Baracke versteckt.

Dalia Lewenherz, die in der Rüstungsfabrik schuftet, hat Sprengstoff ins Lager geschmuggelt. Frag mich bitte nicht, wie sie das angestellt hat; das würde jetzt zu weit führen. Mit Chajm Silberstein und dessen halbwüchsigem Sohn Rouven will sie die Krematorien in die Luft sprengen und dann aus dem Ghetto flüchten. Rachel soll mit. Worum ich dich bitte, ja anflehe, Luna: Nimm dich und deine Sterne in der Nacht von

Mittwoch auf Donnerstag zurück und ziehe bitte diesen verrückten Antares, der dauernd so nervig nett auf die Erde abstrahlt, als befände sich dort statt der Hölle das Paradies, aus dem Milchstraßen-Verkehr. Ich weiß, was du jetzt denkst, alter Gauner: Ich solle mich gefälligst an die eigene Nase fassen; aber du bist im Unrecht! Gewiss, ich leuchte noch, ziemlich heftig sogar – jedoch nur zum Schein, im wahrsten Sinne des Wortes, weil man letztendlich den Tag von der Nacht unterscheiden muss, obwohl sich die Erde zu einem Ort entwickelt hat, an dem selbst im gleißenden Sonnenlicht finstere Nacht herrscht. Und glaube ja nicht, ich sei stolz darauf, dass meine warmen Strahlen, mit denen ich während der Lagerappelle die rasierten Köpfe und ausgemergelten Körper der Kinder liebkose, das Beste sein könnten, was ihnen unter diesen qualvollen Lebensbedingungen widerfährt - von grausamen Feinden umgeben, denen sie schutzlos ausgeliefert sind. Makaber genug: eine Sonne, die sie streichelt, bevor sie in den Gaskammern der Nazis ermordet werden.

Luna, ich bringe es jetzt auf den Punkt. Präge dir bitte Folgendes ein, damit der Plan meiner Schützlinge gelingt: Am kommenden Mittwoch, gegen acht Uhr abends, wird ein Unwetter über Auschwitz toben; es wird regnen, stürmen, blitzen und donnern. Das Stromnetz wird zusammenbrechen; ihr - du und deine Sterne - habt das Leuchten eingestellt, und seid hinter die Wolken gekrochen; im Lager wird es stockfinster sein. Capito?“

Wenn das keine Massenflucht auslöst, dachte ich sogleich und sann eine Weile darüber nach, ob eine solche geeignet wäre, Dalias und Chajms Plan zu begünstigen oder gar zu vereiteln, kam jedoch zu keinem vernünftigen Ergebnis.

„Chajm, Dalia, Rouven und Rachel werden versuchen, über die Slowakei zu entkommen. - Wohin?, höre ich dich fragen.

Nun, das steht in deinen Sternen! Lies es oder lass es bleiben! Hauptsache, fort aus Birkenau: ein Kampf auf Leben und Tod, aber auch ein Hoffnungsschimmer," hieß es weiter im Text. Sunny konnte ausgesprochen kiebig werden - von wegen „Capito!" und „Lies oder lass es bleiben!"

„Rachel an einen sicheren Ort zu wissen, sofern es einen solchen auf dieser verfluchten Erde noch gibt, ist mir wichtiger als alles andere im Weltall", fuhr Sunny fort.

Ich ließ den Brief sinken, dachte an Rachel Nussbaum, die ein außergewöhnliches Mädel sein musste, anderenfalls hätte Sunny sie nicht in ihr Herz geschlossen. Ich konnte es mittlerweile kaum erwarten, die Kleine dort unten auf der Erde ausfindig zu machen.

„Du wirst mich verstehen, sobald du Rachel gesehen und ihre Stimme gehört hast. Sie klingt wie das Rascheln der Blätter im Wind – als weile sie bereits unter den Toten. Hab ein Auge auf das Mädel! Noch ist sie am Leben – teilt ein verlaustes Strohbett mit Dalia, die mit ihrer Mutter befreundet war", schrieb Sunny.

„Was du noch wissen solltest, Luna: Chajms Sprössling ist in Rachel verliebt. Er hat es dem Thomasz Mintz aus Polen anvertraut. Rachel hat keine Ahnung, wie es um Rouven steht. Deshalb muss Dalias Plan gelingen. Ich möchte, dass Rachel erfährt, wer sie lieb hat.

Und bitte, Luna, verursache dieser Tage die nächste Finsternis auf Erden, rein astronomisch, versteht sich; finster ist es dort in anderer Hinsicht mehr als genug. Dann nämlich können wir in Ruhe und von Angesicht zu Angesicht über den Ausgang der Flucht diskutieren. Wünsch uns Glück, lieber Freund. Ich verlasse mich auf dich. Alles Liebe! - Sunny!"

Ich hatte keine Ahnung, was in jener Nacht in Birkenau vor sich ging – ebenso wenig wie Sunny, wie sich später herausstellte.

Kurz nach Mitternacht, als das Unwetter über Auschwitz fast vorüber war, schickte ich Sirius und Schildchen, meine tapferste Milchstraßenwolke, auf Reisen; die zwei sollten Chajm, Dalia, Rouven und Rachel ausspähen und auf deren gefahrvollen Wegen begleiten – auf dass es stockfinster würde, sollten die verrohten Nazis ihren Weg kreuzen. Ich ging davon aus, dass Chajm vor der Flucht sämtliche Stablampen eingesammelt und versteckt hatte.

In jener schicksalhaften Nacht, die mir in Erinnerung ist, als wären seither keine drei Tage verstrichen, warteten Wega und ich vergeblich auf Schildchens und Sirius' Heimkehr. Ich wurde von Stunde zu Stunde bleicher und starb fast vor Sorge.

Erst am nächsten Tag, es ging auf den Abend zu, trafen beide in der Milchstraße ein – zum Umfallen müde, aber erleichtert, wie mir schien. Wir brannten darauf, ihren Bericht zu hören, aber Sirius und Schildchen stürzten sich in eine flauschige Wolke und schliefen auf der Stelle ein.

Ich hatte zwei Tage zuvor Rachel entdeckt und wollte eigentlich nichts mehr hören und sehen von diesem furchtbaren Ort Birkenau, dessen lieblicher Name ganz und gar nicht hielt, was er versprach. Das Mädel war nur noch Haut und Knochen; ihr Gesicht bestand aus nichts als riesigen dunklen Augen, die dermaßen traurig blickten, dass es kaum auszuhalten war. Sie saß auf einem Stein vor der Frauenbaracke, und ich wusste sofort, dass ich Sunnys Schützling gefunden hatte. In jener Nacht fehlte kein einziger Stern am Himmel. Alle wollten Rachel sehen.

Ich präsentierte der Kleinen, die zu mir aufschaute wie zu einem fernen Gott, meine allerschönste Seite. Kurz darauf trat eine Frau aus der elenden Unterkunft und mahnte: „Komm jetzt, Rachel, leg dich schlafen, bevor die Wachsoldaten dich entdecken."

„Einen Moment noch, Tante Dalia", bat das Mädel. „Schau nur, wie schön der Silbermond am Sternenhimmel leuchtet."

Mir blieb vor Stolz fast das Herz stehen, aber Dalia sagte: „Eben deshalb kommst du jetzt mit mir in die Baracke. Du bringst uns noch alle in Gefahr." Sie packte Rachel am Arm und zog sie mit sich fort.

Nachdem Sirius und Schildchen gefrühstückt hatten, erstatteten sie uns endlich Bericht. Sirius führte das Wort. Die Sterne und ich hingen wie gebannt an seinen Lippen.

„Wir entdeckten die Flüchtlinge im Birkenwäldchen hinter den Wachtürmen", begann er mit stockender Stimme, die mich sogleich stutzig machte; aber ich brachte es fertig, mich zurückzuhalten.

„Chajm und Dalia hatten Rachel in ihre Mitte genommen und schleiften sie mit sich. Jedes Mal, wenn Hunde kläfften oder das Gegröle der Nazis zu hören war, zuckte Rachel zusammen.

Rouven sagte: 'Nie war der Himmel schwärzer als heute Nacht.' Blitzschnell schoss ich hinter Schildchen hervor und Rachel wisperte: 'Nein, Rouven, schau nur, dort oben steht ein einzelner Stern. Wie hell er strahlt!'

"Pst, seid still, Kinder', schalt Dalia. 'Unsere Füße machen genug Lärm. Außerdem wimmelt es hier von Minen.'

'Denen ist es egal, ob wir schweigen oder flüstern', brummte Chajm.

Sie robbten über das Feld, das hinter dem kleinen Birkenwald lag und rannten in ein angrenzendes Fichtengehölz.

'Jahrelang hat man kaum einen Baum zu Gesicht bekommen und nun ganze Bataillone aus Holz und Laub ...', seufzte Dalia.

'... die uns verbergen und beschützen,' sagte Chajm.

Wenige Meter vor der Grenze zur Slowakei wären Rouven und Chaijm, die vorausgeschlichen waren, um Haaresbreite einer Patrouille ins Netz gegangen. Ich verbarg mich flugs hinter Schildchen; es wurde im Nu stockfinster auf dem kleinen, von Sträuchern umsäumten Feldweg, und beiden gelang es, unbemerkt in den Wald zurückzuschleichen - zu Dalia und Rachel, die hinter dem dichten Gestrüpp einer Weide kauerten.

Als die Posten außer Sichtweite waren, flohen alle vier in die Slowakei. Dort wies ich ihnen den Weg zu einem Bauernhof, der von braven Partisanen bewirtschaftet wird."

Meine Erleichterung kannte keine Grenzen, alle Anspannung war von mir abgefallen, als Schildchen, die die ganze Zeit über geschwiegen hatte, mit einem Mal zu schluchzen begann. Ich warf Sirius einen fragenden Blick zu. Er schluckte, hatte Mühe, seine Tränen zurückzuhalten.

„Rachel ist gestorben", brach es nach einer Weile aus ihm heraus. „Die tapfere kleine Rachel hat die Flucht nicht überlebt. Mit der Angst ist gleichermaßen das Leben von ihr gewichen -

als sei es einzig und allein die Angst gewesen, die sie am Leben erhalten hat. Kaum lag sie im weichen Bett der Bäuerin, fielen ihr die Augen zu; wir ahnten, dass sie den Morgen nicht erleben würde.

Rouven saß die ganze Nacht an ihrem Bett und hielt ihre Hand. Einmal beugte er sich über sie und flüsterte drei kurze Worte, bevor er die fiebertrockenen Lippen der Sterbenden küsste. Rachel schlug ein letztes Mal die Augen auf und lächelte. Sie sah sehr glücklich aus."

Sirius schwieg und ließ seine Schultern sinken.

Meine Sterne zogen sich betrübt hinter die Wolken zurück, einer nach dem anderen; von ihren Zacken tropfte ein Tränenmeer auf die Erde hinab.

Ich war wieder allein und dachte mit Schaudern daran, was ich Sunny während der nächsten Finsternis beibringen musste - falls sie nicht längst über Rachels Tod im Bilde war. Weit über ein Jahr hinaus trugen wir Trauer: schwarze Bändchen, die Schildchen flocht und den Sternen über die Zacken stülpte.

Nun wurde es allerhöchste Zeit, Sunnys neuste Nachricht zu lesen. Ich starrte etwas ratlos auf den Brief in meinen Händen. „An Luna", stand neben einem runden gelben Stempel mit zigmillionen Sonnenstrahlen, worüber ich ein wenig verärgert war. Keinesfalls wegen der Strahlen, Gott bewahre; ich mag es nur nicht, wenn man mich „Luna" nennt. Ich bin „der Mond", nicht mehr und nicht weniger - und männlich, darauf lege ich Wert. Lyriker mögen mich meinethalben „Luna" nennen, ich kann eh nichts dagegen tun; aber Sunny ist keine Lyrikerin, dazu ist sie viel zu realistisch.

Ich riss den Umschlag auf, war ein wenig ungeduldig, das gebe ich

gerne zu. Meine Spannung wuchs, nachdem ich die Seiten herausgezogen hatte; es waren insgesamt zehn, eng beschrieben. Sunny hatte rote Tinte verwendet; ich hatte Mühe, ihre Schrift zu entziffern, die den Eindruck erweckte, als sei eine Taube mit roter Tinte an den Zehen übers Papier getrippelt. Ich hasse solche Nachlässigkeiten.

„Luna, du musst mir helfen!!!!!!!!", hieß der erste Satz - keine Anrede, keine Einleitung, genau wie in ihrem ersten Brief von anno 44; ich war reichlich konsterniert.

„In Germany lebt ein ganz liebes Mädel", fuhr Sunny fort. „Sie heißt Hatice Yildiz und besucht die fünfte Klasse der Realschule. Ihr Vater ist sehr streng: Sie darf weder am Schwimmunterricht teilnehmen noch mit auf Klassenfahrt. Aber weitaus schlimmer: In diesem Staat etabliert sich mal wieder eine Partei, die den Holocaust leugnet und gegen Migranten hetzt.

Wir müssen unbedingt dagegen vorgehen und rechnen fest mit deiner Hilfe, alter Freund. Ich befürchte, dass Hatice in Gefahr ist - und nicht allein sie. Wir von der Milchstraße haben einen Plan ausgeheckt: Antares, Wega und ich wollen denen die nächste Parteiversammlung vermasseln und einen klitzekleinen Meteoriten ..."

Ich seufzte und ließ das Blatt sinken.

Sigune Schnabel

Ungehorsam

Ich bin von meiner Sehnsucht fort gegangen.
In meinem Luftschloss ließ ich sie zurück.
Sie steigt auf schmalen Stufen Richtung Glück.
Ihr Angesicht ist dunkelrot verhangen.

Im Dachstuhl haben Würmer alte Streben
befallen. Bohlen zittern vom Gewicht
des Wollens. Alles bebt und schwingt im Licht
von draußen, ruft nach mir, will mich erheben.

Doch weiß ich wohl, dass Sehnen niemals trägt
und stets als Last in meinen Armen liegt.
Auch wenn es sich so zärtlich an mich schmiegt,

so hat Entbehren seine Art geprägt.
Nach Haben strebt es und will immer fort
und hört – ob sanft, ob rau – nicht auf mein Wort.

Kommentar: Ein perfektes Sonett.

Udo Dickenberger

Ein ungetreuer Posthalter

Seit vielen Jahren schickten die guten Großeltern im Januar Speisen an die Verwandten hinter den Bergen. Wir beluden den Schlitten mit unseren Paketen. Ich zog ihn zur Poststelle. Dort nahm der Halter die Pakete in Empfang. Ich trank drei oder vier Gläser heißen Apfelwein in der Gaststube, kaufte einige einfache Artikel ein und zog wieder heim. Die Wanderung auf den schlechten Feldwegen war beschwerlich und nicht ohne Gefahr, doch ich nahm sie gerne in Kauf. Galt es doch, den fernen Anverwandten, die ich noch nie gesehen hatte, ein Vergnügen zu bereiten. Was für Menschen dies sein mochten, fragte ich mich oft. Antworten der Angehörigen auf die Paketsendungen trafen niemals ein. Sie lebten weit weg und litten, wie es hieß, unter einer unregelmäßigen Verwaltung.

Als ich in einem dieser Jahre von den gutgläubigen Großeltern aufgebrochen war und nach einem mühsamen Marsch in der Poststelle eintraf, war der Halter nicht zu finden. Ich rief laut nach ihm und betätigte mehrmals die Glocke, aber er erschien nicht. Die Tür zum Nebenraum stand offen. Ich zögerte, dann trat ich ein. Mein Erstaunen war groß, als ich hier ungezählte Krüge, Einmachgläser, Flaschen und Dosen aufgestapelt fand. An der Decke baumelten Presskköpfe, Würste und Schinken. Hatte der Posthalter unsere Pakete geöffnet und die guten Speisen entwendet, um sie einzulagern und selber zu verzehren?

Ich rannte ins Freie, schnürte meine neue Lieferung von Paketen eilig wieder auf dem Schlitten fest und zog ihn durch die traurige Winterlandschaft heim. Blutwurstentwendung im Verein mit Bratenraub, schrie der Großvater zuhause erzürnt auf, als ich ihm von dem merkwürdigen Vorfall berichtete. Schinkenaneignung, Leberwurstentzug, fuhr er fort. Er hatte alles sofort durchschaut. Lumpe, Lumpe, Lumpe, krächzte die einfältige Urgroßmutter, die der Auslegung des Großvaters wie immer folgte. Presskopfbetrug, sie bekommen nie genug, ergänzte die übergescheite Großtante. Kuchenkorruption, das sehe ich schon, stammelte die lebenserfahrene Großmutter empört.

Es half uns nicht weiter, dass der unredliche Posthalter wenige Wochen darauf durch einen Schlagfluss an seiner Völlerei zugrunde ging, wie uns berichtet wurde. Wir erkannten deutlich, was vorgefallen war. Während die Verwandten hinter den Wäldern und Bergen viele Jahre lang die bitterste Not litten, hatte der Posthalter die für sie bestimmten Speisen eigenmächtig aufgezehrt. Doch solche Vergehen bleiben zum Glück niemals im Verborgenen und die Zeit bringt sie immer an den Tag. Das Licht beleuchtet und durchleuchtet das Versteckte und Geheimgehaltene.

Wie viele Gänse mussten sterben, damit der Wüterich seiner unkontrollierten Gefräßigkeit nachgehen konnte, fragten wir uns verbittert und fassten uns bei den Händen. Ohne es zu ahnen, hatten wir uns selber aufgeopfert, damit der liederliche Halter seinen niemals zu stillenden Heißhunger befriedigen konnte. Einer Bestie hatten wir in die Hände gespielt. Wir konnten diese Entwicklung nicht rückgängig machen, mussten sie verurteilen. Was wir uns vom Munde abgespart hatten, das hatte der Unflat gleich darauf in seiner unmäßigen Gier aufgefressen. Die Anverwandten hungerten, während sich der hemmungslose Halter in einem Überfluss von Speisen suhlte. Wir härmten uns ab und der Lumpenhund hatte alleine den Nutzen. Wir waren voller Zutrauen gewesen, doch er hatte sich fürchterlich an uns vergangen. Konnte es da ein Trost für uns sein, dass er an seinem Laster verendete? Sollten wir eine Freude daran haben?

Er war ja längst jämmerlich zugrunde gegangen. Und doch. Die Vorstellung, dass der Unflat all die prächtigen Schinken und Pressköpfe aufgefressen hatte, erbitterte uns bis auf diesen Tag. Während der Schweinsigel sich in den Delikatessen wälzte, wird er uns verspottet und verhöhnt haben, fürchteten wir. Was aber werden die darbenden Anverwandten hinter den Wäldern und Bergen empfunden haben, als unsere Blutwürste und Topfkuchen niemals bei ihnen ankamen? Dass die Menschen einander nichts sein können, werden sie gedacht haben. Dass sie schlimmer als Pardelkatzen miteinander umgehen, grunzte die Urgroßmutter in ihrer Aufgeregtheit immer neu. Der Dreckskerl wird seine schmutzigen Kumpane zu den säuischen Sabbergelagen herbeigeholt haben, erwog die nachdenkliche Großtante.

Uns wurde bewusst, dass die Kriminellenkohorte auf unsere Kosten konsumiert und sich ein schönes Leben bereitet hatte. Sie werden dabei recht herzhaft über uns Narren gelacht haben, stellte der Großonkel sich trübselig vor. Sie werden ihren Spaß gehabt haben, brummte er finster. Wir werden annehmen müssen, dass diese Übeltäter nicht nur mit uns, sondern mit dem gesamten Gemeinwesen ihren Spott getrieben haben. Wir wollen unsere Folgerungen daraus ziehen. Unser Leben wird sich ändern müssen. Ob wir die Kraft dazu haben werden, fragten wir uns und schauten einander mit großen Augen an. All diese Enttäuschungen, all diese Leiden, stöhnten wir. Wenn wir die verlorenen Schinken selber verzehrt hätten, stünden wir heute in der Welt ganz anders da. Bislang hatten wir das Verweigern der Wurstsuppe für das schlimmste Delikt im Bereich der Lebensmittel gehalten. Jetzt sahen wir erst, was wahre Ruchlosigkeit ist. Wehmütig gedachte die Urgroßmutter der entwendeten Kuchen und Schinken. Ihre Schwestern weinten und gewannen die Fassung nicht wieder. Die Großtante jammerte hemmungslos und ohne Einsehen.

Dass es unerhört sei, eine ganze große Familie samt ihrem Anhang und ihren Vertrauten in dieser Weise zu hunzen, war unser Fazit. Nur Gutes haben wir gewollt, flennte der Stiefvetter des Großvaters. Aber wir sind immer nur hereingelegt worden. All diese Anstrengungen und Entbehrungen. Für nichts haben wir diese Opfer erbracht, für nichts. Es ist nicht in Worte zu fassen, was dieser windige Halter uns angetan hat. Immer sind wir bereit, Opfer zu leisten. Aber es muss ein Sinn in diesem Handeln zu erkennen sein. Wo indes Menschen wie der widerwärtige Halter am Werk sind, da kann kein Zutrauen aufkommen.

Der alte und gute Flurschütz trat heran, hörte uns eine Weile zu, kratzte sich am rechten Ohr, rückte seine Mütze mit der Kokarde zurecht und schlug dann vor, wir sollten alljährlich an dem Ort zusammenkommen, wo der arglistige Halter so erbärmlich verendet war. Auch der Halter sei schließlich ein Mensch mit einer unsterblichen Seele gewesen, beteuerte der Flurschütz. Wir fragten uns, ob wir uns tatsächlich Jahr für Jahr in der Posthalterei versammeln und des Verstorbenen gedenken sollten. Nein, riefen wir. Wäre es denn nicht weit besser, Vorsätze für die eigene Zukunft zu fassen? Und vor allem mussten die fernen Verwandten hinter den Wäldern und Bergen ins Bild gesetzt werden, gab der Gemeindediener zu bedenken. Wir sahen sofort ein, dass er klug gesprochen hatte.

Konnten die betrogenen Angehörigen in dieser Welt in irgendeiner Weise entschädigt werden? Was für ein trauriges Bild mussten diese armen Menschen in ihrer Not von uns gewonnen haben. Wir erkannten, dass wir vor großen Aufgaben standen, auf die wir nicht vorbereitet waren. Wir mussten diese Enttäuschungen verarbeiten, ohne dabei zu verbittern. Was für Menschen, was für Schicksale, stöhnten wir, während der düster blickende Flurschütz auf seiner Mundharmonika wehmütige Melodien anstimmte. Was haben wir durchmachen müssen. Und dazu noch das Leiden der Anverwandten, seufzte der Gemeindediener. Damit ein einziger im Überfluss leben konnte, hatten viele hungern müssen. Und, schlimmer noch, das Vertrauen unter den Menschen war für alle Zeiten verloren gegangen.

Doch wir bedachten auch, wie jämmerlich der liederliche Halter zugrunde gegangen war. Es schien also trotz der Presskopfentwendung, des Bratenraubs und des Blutwurstbetrugs noch eine Gerechtigkeit in der Welt zu bestehen. Wir müssen genau untersuchen, wie wir unter den gegebenen Bedingungen weiterexistieren können, sagten wir uns. Der Gedanke daran, was mit unseren Speisen geschehen war, vermochte uns jedoch immer noch das Herz zu zerreißen. Wir sahen ein, dass wir die Zusammenhänge erforschen mussten. Vorher würden wir keine Ruhe finden. Welche Verbindung bestand also zwischen der Posthalterei und der Verfressenheit? Welche zwischen dem Zutrauen und dem Verbrechen? Zwischen dem Schlitten und den Speisen, oder der Fremde und den Verwandten? Ist noch eine Vorsehung in der Welt? Auch glaubten wir sicher zu erkennen, dass im Postwesen keine Humanität aufkommen kann.

Wir wollten nicht annehmen, dass auch all die Liebe, mit der wir die Speisen verpackten, im ausgedehnten Magen des unbarmherzigen Posthalters verschwunden ist. Wir wollten Gutes tun und gingen dabei fürchterlich in die Irre, greinte die Urgroßmutter. Aber Verbrecher sind wir nicht. Mag sein, dass das Leben nicht der höchste Wert ist. Aber die armen Anverwandten hätten ihre Speisen bekommen sollen. Wir werden diese Enttäuschung überwinden. Aber viele Hiebe dieser Art werden wir nicht mehr einstecken können. Ihr solltet euch bemühen, selber die Posthalterei zugewiesen zu bekommen, schlug der Flurschütz vor. Dann würden wir Gelegenheit haben, alles besser zu machen als der ruchlose Posthalter.

Aber die Speisen sind ja doch trotzdem fort, sie sind doch dahin, und für immerdar, heulten die Alten infernalisch auf. Mittlerweile begann ich mich dieser ausschließlich mit sich selbst beschäftigten Verwandten heftig zu schämen. Hätten wir die Speisen selber verzehrt, wären wir schuldig geworden, fing die Urgroßmutter von vorne an. Wer hätte denn gedacht, dass wir hintergangen werden? Habt ihr mich denn jemals um Rat gefragt, warf der Gemeindediener überraschend ein. Habt ihr das? Und warum nicht? Aber mit dem Schaden kommt ihr jetzt wieder zu mir. Ihr seid sentimentalisch, selbstverliebt und seicht, setzte der Gemeindediener seine Rede fort. Ihr kreist immer nur um euch selbst. Ich empfehle euch, in die Welt zu gehen, damit ihr etwas lernt und damit aus euch etwas wird. Eure Provinzialität reizt auch den Wohlgesonnenen, resümierte der mittlerweile leicht verstimmte Gemeindediener.

Wir sollten Menschen bleiben, auch wenn wir von Menschen betrogen worden sind, fasste der Großvater zusammen. Wenn wir der Heimtücke erstmals begegnen, dann erschreckt sie uns fürchterlich, erklärte der Flurschütz. Wir dürfen nicht zulassen, dass das Vertrauen für alle Zeiten zerstört wird, merkte der Urgroßvater an. Ein einziger Verbrecher kann eine ganze Region auf unabsehbare Zeit in Verruf bringen. Und das Vertrauen für immerdar zerrütten.

All die Kuchen, all die Würste, sie sind unwiederbringlich dahin. Doch trotz aller Rückschläge sollten wir zuversichtlich bleiben. Der gehässige Halter ist von uns gegangen. Er hat ein schauriges Ende gefunden. Wir bleiben mit den Sorgen und Nöten zurück. Und mit dem Hunger und Gram der Anverwandten hinter den Wäldern und Bergen. Wenn wir dies alles vorher gewusst hätten, deutete die Großtante an. Ja freilich, wenn wir es gewusst oder auch nur geahnt hätten. Stattdessen all diese Schmerzen, all diese Leiden. Wozu, fragen wir uns jetzt, wozu? Diejenigen, die untergehen mussten, weil der liederliche Halter ihre Subsistenz verzehrte, bekommen wir nicht wieder, fuhr sie fort. Aber wir wollen uns ihrer in Ehren erinnern.

Lug und Trug, gibt es immer genug, sang dazu der Vogel der Urgroßmutter im Käfig. Auf Anstand und Vertrauen, wollen wir bauen, stimmten wir unbeholfen dagegen an. Je ausgedehnter der Postverkehr, desto schlimmer wird die Welt, meinten Nachbarn, die durchs Fenster hereinschauten. Es fehlt einer, der die Aufsicht hat, kommentierte der Austräger der Gottesdienstordnung, der sich dazugestellt hatte. Mit Aufsicht hätte sich das Unglück nicht in dieser Weise zutragen können, wusste er. Aber die Würste und das Zutrauen sind fort, sagte der Großvater. Und wir stehen nach wie vor ohne Aussicht auf Aufsicht da. Der Urgroßvater kratzte sich jetzt am graugrünen zerrissenen Bart, der voller Kautabak hing. Und wenn die Welt voller ungetreuer Posthalter wäre, so würden das Zutrauen und die Liebe dennoch weiterbestehen, versicherte der Alte.

Wir müssen uns entscheiden, auf welche Seite wir gehören, forderte die Großmutter. Destruktiv und gemein sind die dummen Dorfbewohner. Sie helfen nicht weiter. Fresst eure Pfannkuchen doch selber, sagen sie. Solche Scheinargumente hört man bei uns leider oft. Die Zuversicht sinkt in den Keller, meinte der Flurschütz. Wir müssen es tragen, ergänzten wir. Wir wirkten im Stillen zusammen, und hielten die andern für treu, skandierte der Großvater erstaunlich gutgelaunt. Doch wie entsetzlich sind wir hintergangen worden, stöhnte sein Bruder. Schinken, Würste, hin und her, Kuchen und Liköre.

Aber alles ist fort. Und das Leben muss dennoch weitergehen, warf der Gemeindediener ein.

Der Hohn der Missgünstigen und der Neider kommt in solchen Situationen ja stets noch zum wirtschaftlichen Schaden hinzu, erklärte der Großvater. Alles haben sie von Anfang an besser gewusst. Doch Kuchen haben sie nicht verschickt. All diese Verbrechen, all diese Ruchlosigkeit. Doch es muss voran gehen. Wer vom Posthalter enttäuscht wurde, der wird auch den übrigen Instanzen nicht mehr trauen. Dem Kindergarten. Dem Bauhof. Der Apotheke. Das Zutrauen in die wichtigen Institutionen ist verlorengegangen. Es ist auseinandergerieselt und zerstäubt. Sollen wir weinen darüber, dass die Instanzen einander zugrunde richten? Ihr Eigensinn und ihre Dummheit widern uns an. Aber das Vaterland darf niemals unter den Verbrechen kollabieren. Wir wollen beherzt zusammenstehen. Unsere Verachtung gilt den Urhebern dieser Vergehen. Was auch immer geschieht, wir wollen einander treu bleiben. Wir werden an das Vergangene denken und an das glauben, was kommen wird.

Der Großvater fasste in wenigen treffenden Worten verbindlich zusammen, was wir alle dachten. Wir müssen dulden. Doch auch das Dulden hat eine Grenze. Es hat einmal ein Ende. Wir vertrauen auf alles. Aber nicht mehr lange. Die Tränen traten uns in die Augen und wir sahen einander traurig, doch zutraulich an. Kein Lachen oder Lärmen störte die Stille. Das Vertrauen unter den Einvernehmlichen darf nicht zerstört werden, sagte die Großmutter. Solange der Anstand unter uns noch vorhanden ist, mag es in der Welt aussehen, wie es will. Es ist uns gleich, wie es dort zugeht. Auch dann ist noch nicht alles verloren und die Erde dreht sich weiter. Mag sein, dass wir nicht leisten können, was die Früheren erbrachten. Doch wir wollen zusammenwirken. Uns wurde nun ein Gedanke klar. Auch wenn wir in der Welt gegen die ungetreuen Posthalter niemals aufkommen werden. Das Zutrauen und die Liebe werden dennoch bleiben. Es darf nicht sein, dass ein einziger Lumpenhund die Verbundenheit der Menschen miteinander zerrüttet.

So sprachen wir. Die Monate gingen dahin. Da traf gegen Ende des Jahres ein Brief ein. Er kam von den Anverwandten hinter den Wäldern und Bergen. Sie dankten für die guten Kuchen und Schinken, die sie über viele Jahre hin erhalten und die sie allesamt mit Genuss und Freude verzehrt hatten. Allein im zurückliegenden Jahr sei keine Sendung eingetroffen und sie vielleicht der unregelmäßigen Verwaltung zum Opfer gefallen. Die Speisen hatten ihnen geschmeckt. Ohne unsere Presskopfe hätten die Verwandten niemals überleben können. Wir staunten. Jetzt war freilich die Freude groß unter uns. Wir fielen einander in die Arme und weinten. Dann begannen die Angehörigen miteinander zu tanzen und der Flurschütz musizierte dazu.

Nur ich erschrak. Die Leberwürste, die Schinken und die guten Pasteten waren also doch angekommen. Die Speisen, die ich im Nebenraum der Posthalterei gesehen hatte, waren mithin gar nicht unsere Lebensmittel gewesen. Es waren fremde Artikel gewesen. Was für Verwechslungen und Versehen! Und wer war dafür verantwortlich? Unsere Flaschen und Dosen hatten ihr Ziel hinter den Wäldern und Bergen erreicht und waren keinesfalls vorher unterschlagen worden. Sie waren viele Jahre lang regelmäßig bei den Verwandten eingetroffen.

Alleine im zurückliegenden Jahr hatte ich dummer Mensch ohne schlechte Absichten den Angehörigen die für sie bestimmte Sendung vorenthalten und die Pakete wieder zu den Großeltern zurückgebracht. Der Posthalter war in Wahrheit ein grundanständiger Mensch gewesen. Ich allein hatte ihm bitteres Unrecht zugefügt. Ich hatte sein Ansehen schwer geschädigt und ihm übel nachgeredet. Ich selber war ja der Lump in dieser traurigen Geschichte, nicht der gute und getreue Posthalter.

Schreiend, dem Wahnsinn nahe, die Fäuste an die Schläfen pressend, rannte ich in die Waldeinsamkeit hinaus. Der Vogel in seinem Käfig lärmte mir nach. Jetzt ist alles verloren, dachte ich. Zu den Angehörigen kehre ich nicht zurück und die Poststelle werde ich niemals bekommen. Bis hinter die Wälder und Berge werde ich mich durchschlagen müssen. Dies scheint jetzt meine einzige Hoffnung zu sein. Doch werden sie mich dort haben wollen? Aber es bleiben ja keine anderen Aussichten. So lief ich über die schlechten Feldwege und wusste nicht wohin.

Susi Petersohn

Der Pechvogel

Gisela Maria hatte es schwer. Sie bekam gerade ihr erstes Kind. Nach vielen Stunden in grausamen Schmerzen hielt sie endlich einen wunderschönen Sohn in den Armen. Das Kind strahlte sie an. Aller Schmerz war bei Gisela Maria verschwunden. Sie war so glücklich, das Kind war gesund und kräftig und schrie sein Daseinsglück laut in die Welt. Da – was war das? Ein furchtbarer Schmerz überfiel Gisela Maria. Der Arzt sagte, daß da noch ein Kind käme. Na nu, Zwillinge? Damit hat keiner gerechnet. Ein mickriges Söhnchen erblickte gerade das Licht der Welt. Es verhielt sich ruhig und tat gut damit. „Wie sieht der denn aus?" entfuhr es dem enttäuschten Vater. Das Kind war nicht nur mager, wie ein Hering, sondern er hatte auch ein großes und ein kleines Ohr. Sonst schien er gesund zu sein. Wenn einer so aussieht, wie der da, können wir ihn nur Otto nennen. Der erstgeborene Sohn hieß Benjamin, ein schöner und klangvoller Name. Vater Martin hatte etwas gutzumachen – denn der Nachname war nicht so doll. Die Familie hieß Kartoffel. Das war zwar nicht hübsch, aber irgendwie lustig. Benjamin Kartoffel passte zu Martin und Gisela. Aber Otto Kartoffel – das war ganz unmöglich. Es klang bitter und sehr arm. Mit so einem Namen ist man gestraft. Gestraft war er als zweiter Zwilling sowieso. Er bekam später sein Fläschchen, weil er nicht schrie. Benjamin meldete seine Rechte lauthals an. Wie im

Vogelnest wurde der Brüller belohnt, der Schweiger nicht beachtet.

Die Kinder wuchsen heran und entwickelten sich sehr unterschiedlich. Benjamin trat laut und männlich auf. Er bevorzugte alles, was Krach machte, knallte und stank, wie Silvesterböller, Kanonen und Trompeten. Otto war leise, er liebte Bücher, Musik und schöne Bilder. Benjamin mochte Otto nicht. Er war nie leise. Er wollte gehört werden. Bei Otto war es gerade umgekehrt. Die Eltern waren ratlos. Der Vater lehnte Otto ab. Wie der schon aussieht, und dann noch als Zufallskind, unerwünscht. Dazu kommen noch die schlechten Zeiten, die immer schlecht sind besonders, wenn Kinder zu versorgen sind. Bei Wunschkindern findet man sich damit ab, aber ein Kind wie Otto? So dürr, mager und mit dem großen und kleinen Ohr, war er ein unwillkommener Eindringling in der Familie Kartoffel. Aus dem wird nie etwas, hieß es bei allen, die Otto kannten. Gisela Maria versuchte, Harmonie einzubringen aber sie konnte gegen die starken Männer Martin und Benjamin nichts ausrichten. Ihr tat Otto leid, aber sie verteidigte ihn nicht. Otto stand ganz allein da. Als Schulkind erlitt er viel Spott von seinen Mitschülern und Benjamin beteiligte sich daran. Mein Bruder ist eine richtige Memme – Otto wurde immer schweigsamer.

Er ging in den Wald und las dort ein Buch. Hier fühlte er sich sicher. Er ließ sich auf einem sonnigen Platz nieder und bemerkte nicht, daß er sich gerade in einen Ameisenhaufen legte. Schreiend sprang er hoch. Die zappligen Tierchen bemächtigten sich des schmächtigen Körpers von Otto und bissen herzhaft zu. Der verlor fast die Beherrschung. Es tat so weh und es war eklig. Auch der Wald war kein Hort für Otto. Wurde im Wald gerade gejagt, war es sicher, daß Otto für einen Hasen gehalten wurde. Die Jäger hielten kräftig drauf, ein Wunder, daß er nicht ernsthaft verletzt wurde. So trafen sie nur mal sein linkes großes Ohr mit einem Streifschuß. Es baumelte wie ein müdes Blatt im Herbst hin und her. Als Otto so nach Hause kam, lachten Benjamin und Vater Martin ihn tüchtig aus: „Hast wohl deinen Horcher für die Jäger hingehalten?" Otto hielt überhaupt nichts hin. Er hatte sich hinter einem Baum versteckt. Das große Ohr konnte er nicht verbergen, es lugte hinter dem Baum hervor. „Der Arzt kann ja Ottos großes Ohr abschneiden, dann ist es kleiner, als das kleine Ohr", hänselte Benjamin seinen Bruder und Familie Kartoffel lachte Tränen.

Mutter Gisela Maria ging mit Otto zum Arzt. Der schüttelte bedenklich den Kopf und murmelte etwas von „zusammenflicken". Otto litt Höllenqualen, er hatte Angst, daß er nun noch absonderlicher aussehen würde. Die Operation gelang und Ottos Ohr wurde zwar nicht kleiner, dafür aber größer und das war blöde aber besser als ein Miniohr. Das große Ohr war sehr imposant, weil es enorm angeschwollen war und so blau und groß vom Kopf abstand. Benjamin schüttelte sich vor lachen. „Du, paß bloß auf, daß Du keinen Rückenwind kriegst, du segelst glatt über alle Häuser." Vater Martin schlug Benjamin auf die Schulter und pflichtete ihm bei: „...wollte ich auch gerade sagen". Wieder lachte Familie Kartoffel. In den Wald traute sich Otto nicht mehr, erst die Ameisen, dann der Schuß – wer weiß, was sonst noch alles passiert.

Als stille Denkerperson hielt er sich länger im Zimmer auf und las dort. Manchmal hörte er ein Konzert im Radio, dann war er mit seinem ruhigen Leben völlig im Einklang. Seine Familie interessierte sich nicht für Otto und der sich nicht für die Angehörigen. Die Verachtung war gegenseitig. Otto besuchte eine Gemäldegalerie, weil er Bilder liebte. Da sagte ein Besucher zu seinem Begleiter: „Sieh mal was der da für komische Ohren hat." Beide lachten. Otto schaute verdrießlich drein – auch hier erfuhr er Spott. Er ging nach Hause und ärgerte sich. Benjamin bekam Trompetenunterricht und lärmte, daß es kaum auszuhalten war. Er war nicht musikalisch und spielte fast nur falsche Töne. Das verdroß Otto sehr. Er hatte eine Riesenwut auf seinen lauten Zwillingsbruder und er stopfte sich Ohropax in seine Löffel. Das half zwar nicht, dämpfte aber etwas die Lautstärke.

In der Schule hatte der stille Otto bessere Zensuren als Benjamin. Den Eltern machte das nichts aus. Benjamin konnte ja von Otto abschreiben. So schummelte sich Benjamin auf die Siegerseite und Otto der seine Arbeiten in der Schule abgab, wurde vom Lehrer getadelt und erhielt eine 5 für's Abschreibenlassen. Benjamin hingegen erhielt eine gute Note weil der Lehrer eine so mustergültige Arbeit nicht rügen wollte. Otto wurde immer mißmutiger. Als Ausgleich zur stressigen Schule hätte er gerne Geigenunterricht gehabt, aber die Eltern erlaubten das nicht. Es war zu teuer und er brauchte überhaupt keine Wünsche anzumelden als Überraschungskind. Er konnte froh sein, daß er ein kleines Radio und ein paar Bücher besaß. Andere Leute haben noch weniger. Otto war froh, als er endlich sein Abitur in der Tasche hatte. Benjamin drehte dafür eine Ehrenrunde, die genauso bei Familie Kartoffel gefeiert wurde, wie das Abi von Otto. Otto wollte Philosophie studieren. Das liegt mir, dachte er sich. Die Eltern wollten für das Studiengeld nicht aufkommen. Wie üblich hieß es – wir haben kein Geld. Das Geld muß schließlich bei Benjamin bleiben, wenn er vielleicht mal studieren will. Benjamin und ein Studium – das ging überhaupt nicht. Otto dachte grimmig, daß sein Bruder höchstens Feuerwerker oder einen anderen lauten Beruf ergreifen wird, vielleicht Unkrautmäher oder so ähnlich. Das würde er sogar mit der mittleren Reife schaffen.

Na ja – Otto ging arbeiten, um sein Studium zu finanzieren. Er kellnerte, trug Zeitungen aus und Pakete bei der Post. Bafög konnte er auch beantragen. Sein Studium war schwer aber für Otto sehr interessant. Seine Kommilitonen trugen alle eine Brille. Sie bemerkten die seltsamen Ohren von Otto nicht. Hier genoß Otto erstmals so etwas wie Zugehörigkeit. Otto arbeitete bis zum Umfallen, dazu das Studium, eines Tages streikte sein Körper. Sein Herz war nicht in Ordnung, weil er zu schnell gewachsen und dünn wie ein Faden war. Er hielt sich schlecht und ging vornüber geneigt. Außerdem aß er sehr wenig, teils aus Zeitmangel, teils aus Geldmangel. Welcher Körper hält das aus? Otto bekam eine schwere Herzattacke. Er kam ins Krankenhaus und wurde nach einigen Tagen unter Vorbehalt entlassen. Otto stürzte sich erneut in die Arbeit, er kellnerte, er trug Zeitungen und Pakete aus - dazu das Studium. Hetze hier, Hektik dort. Armer Otto, du hast ein besseres Los verdient. Otto tat, was er noch nie getan hatte, er kaufte sich ein Los, vielleicht würde er ja ein paar Mark gewinnen und könnte dann seine Jobs aufgeben.

Am Sonntag kamen die Zahlen heraus. Es waren Ottos Zahlen, 6 Richtige mit Zusatzzahl und Superzahl. Im Jackpot 3 Millionen. Otto sah sein Glück nur kurz, dann krümmte sich sein Herz. Otto fiel tot um.

Auf Ottos Grabstein stand: Hier ruht Otto Kartoffel. Er hatte nur einmal im Leben Glück. Daran starb er.

Ingrid Achleitner

KAMPF DER GIGANTEN

Sie war eigentlich ein fröhlicher, zufriedener Mensch und sie hatte wirklich ein schönes, beschauliches Leben. Die Kinder waren ausgezogen, da beschloss sie, sich den Traum eines kleinen Häuschens mit Garten zu erfüllen und kaufte sich ein entzückendes Domizil am Stadtrand, für eine Person hatte es genau die richtige Größe. Fortan genoss sie mit ihrem Hund Lui die Ruhe und die Natur und pflanzte sich einen Großteil des Gemüses und der Kräuter für den Hausgebrauch selbst.

Ja, Paula Haas wäre glücklich und ausgeglichen, wäre da nicht er. Er, Klaus-Michael Meinrath, ein hochgewachsener, neureicher Schnösel mit teurem Auto und stets gepflegtem Äußeren, immer korrekt, nie freundlich, nein, unglaublich kaltschnäuzig und außerdem arrogant wie ein Filmstar – ihr Nachbar.

Angefangen hat es damit, dass er eines Sonntages bei ihr anläutete. Sie sah ihn schon vom Fenster aus, stürmte zur Tür in freudiger Erwartung eines netten Trätschchens unter Nachbarn, öffnete strahlend und schenkte ihm ein freundliches „Guten Morgen, schön, Sie endlich kennen zu lernen!". Lui wedelte mit dem Schweif und bellte. „Ja, Tag. Meinrath mein Name", erwiderte er steif und mit einem Gesicht, als hätte er gerade eine ganze Zitrone gegessen, „ich möchte Sie ersuchen, endlich Ihren Rasen zu mähen, die ganzen Unkrautsamen wehen schon von Ihnen auf meinen Rasen, wir wollen schließlich alle in gepflegter Umgebung leben, nicht?“ Lui zog den Schweif ein, Paula war paff. Verwirrt streifte sie sich eine Locke aus dem Gesicht, dann starrte sie betreten zu Boden. War denn der Rasen wirklich schon so hoch, war er ungepflegt, ihr Garten? Störte sie etwa das Gesamtbild der Siedlung? War sie gar für die anderen Leute hier eine schlampige Erscheinung? Sie stand da, mit ihrem zerschlissenen Hausanzug und den alten, geflickten Pantoffeln, vor ihr der große, gepflegte und wohlfrisierte Herr, der einer Antwort harrte. „Ich, ich … ja, natürlich, ich werde den Rasen unverzüglich mähen!“ brachte sie hervor.

„Gut, wiedersehen.“, sprach er und schwang sich elegant in sein neues, schwarzes Auto, um erhobenen Hauptes an zu starten und mit erhabener Langsamkeit den Ort der Handlung zu verlassen.

Paula ging zurück ins Haus, schloss die Tür hinter sich und lehnte ihren Kopf an die kühle Türscheibe. Die Zurückweisung und Kälte dieses Mannes erzeugte in ihr einen richtigen Schock und eine tiefe Traurigkeit. Sie ging in die Küche und trank einen Schluck Wasser, dann setzte sie sich aufs Sofa, lehnte den Kopf weit zurück und ließ ihren Gedanken freien Lauf. Tiefe Zweifel, ein nagendes Minderwertigkeitsgefühl und längst vergangene Verletzungen aus ihrer Kindheit kamen in ihr hoch wie Quellen schwarzgrauen Schlamms, dazwischen immer wieder das unnahbare Gesicht Klaus-Michael Meinraths. Schließlich döste sie ein und träumte einen langen, düsteren Traum.

Die Nachmittagssonne, die durchs Fenster auf ihre Nase schien und sie zum Nießen zwang, weckte sie nach einigen Stunden. Sie stand auf und machte sich einen Kaffee mit extra viel Zucker. Dann ging sie in ihren geliebten Garten. Die Vögel zwitscherten und der Wind spielte sanft mit den Blättern des alten Birnenbaumes. Sie sah sich um. Der Rasen war eigentlich noch nicht sehr hoch, schöne Wiesenblumen zierten sein sattes Grün, und Schmetterlinge tummelten sich von Blüte zu Blüte. Auch der Rasen im Garten zu ihrer Rechten war ungefähr so hoch wie ihrer und auch voller Farben und Leben, Meinraths Rasen war kurz und grün und leblos.

Jetzt läutete schon wieder die Haustorglocke. „Oh je", dachte Paula, ging unsicher ins Haus und spähte durch die Spitzenvorhänge ihres Fensters zum Eingangstor. Was für eine Freude, als sie das fröhlich freche Sommersprossengesicht ihrer geliebten Freundin Anne erkannte! Sie lief hinaus, sperrte auf und umarmte die rotgelockte Schönheit herzlich. Auch Lui sprang erfreut an ihr hoch.

In der Küche tranken sie Tee und Paula erzählte Anne von dem Vorfall am Vormittag. Anne war empört und sofort voll hilfreicher Einfälle. „Der wird sich noch wundern!" lautete die triumphale Kampfansage.

Einige Tage darauf konnte man zwei weibliche Frohnaturen in der Apotheke eine wirklich sehr große, nadellose Spritze kaufen sehen. In Paulas Haus dann gab Anne die Samen der roten Gartenmelde, ein sehr dominantes und deshalb bei so manchen Gartenliebhabern unbeliebtes Kraut, in die Spritze und füllte Wasser dazu. Sobald das Auto Meinraths vom Straßenrand weg war, wurde die Flüssigkeit mit dem Samen mittels der Spritze mit gezieltem Strahl über den Zaun auf den Nachbarrasen verteilt.

Einige Zeit später konnte Paula beobachten, wie Meinrath sich über das neu gewachsene „Unkraut" schief ärgerte.

Der Verlauf der nachbarschaftlichen Beziehung blieb sehr kühl. Eines Abends beobachtete Paula vom Fenster aus, wie etwas aus der Richtung von Meinraths Garten auf ihre Wiese flog. Sie schaute hinüber und traute ihren Augen nicht, als sie sah, wie ihr im neuesten Designerfreizeitdress gekleideter Nachbar eine Nacktschnecke nach der anderen in ihren Garten warf. Paula spürte den Zorn in sich aufsteigen. Nicht genug damit, läutete er wieder bei ihr an und beschwerte sich diesmal über Luis Gebell. Beim nächsten Gassigang nahm Paula ein Plastiksäckchen und sammelte damit Luis Losung ein. Als sie spät nachts beobachten konnte, wie Meinrath vor dem Fernseher saß - Fußball - schlich sie auf die menschenleere Straße und platzierte Luis Kot direkt vor seine Eingangstür.

Als Klaus-Michael früh morgens sein Haus verließ, stand Paula schon an ihrem Beobachtungsposten hinter dem Fenster. Kurz darauf konnte man ihn laut fluchend beobachten, wie er auf einem Bein hüpfend den Schuh des anderen Fußes mittels eines Steckens zu reinigen versuchte. Paula nickte zufrieden und streichelte Lui mit einem triumphierenden Lächeln. Später, als der Winter kam und der erste Schnee fiel, schaufelte der Nachbarschnösel den Schnee seines Gehsteigs in gelassener Regelmäßigkeit vor Paulas Tor. Dafür lehnte Paula einen großen und sehr spitzen Nagel an den Reifen seines Autos, sodass dieser sich beim Wegfahren durch den Gummi bohren konnte. Meinrath kehrte an diesem Tag ungewohnt spät und mit frisch aufmontiertem Reservereifen heim.

Eine an Paula adressierte Postkarte von Anna, die der Briefträger versehentlich mit anderen Schriftstücken in Klaus-Michaels Postkasten warf, landete im Müll statt bei der Adressantin, zahlreich buntes Staniolpapier von Paulas Lieblingszuckerln im Garten Klaus-Michaels.

Paula setzte im Frühling ein paar bei ihr eingefangene Küchenschaben in einem unbeobachteten Moment ans Fensterbrett des offenen Fensters ihres Nachbarn, während dieser seinen Radio in Richtung Paula in unglaublicher Lautstärke spielen ließ.

Immer perfider wurden die gegenseitigen Gemeinheiten, immer genialer die Ideen der Heimzahlung.

Der Höhepunkt der Rachegelüste geschah, als Paula um 4 Uhr früh über den Zaun stieg und konzentrierte Essigsäure unter die in strengen Reihen angesetzten Lieblingsblumen Klaus-Michaels goss, und dann noch Wasser darauf, wegen dem Geruch.

Eines nebligen Tages kam nichts mehr von Seiten Klaus-Michaels, es war verdächtig ruhig, auch der Audi war plötzlich nicht mehr da, und weder Licht noch ein anderes Lebenszeichen war zu vernehmen, und Tage später war an einem Schild an seinem Eingangstor zu lesen: „Zu verkaufen, Tel. 0676/44332123, Frau Rotholzer, Immobilien Helzberger". Als Paula das las, fühlte sie einen Stich im Magen. Die Tage wurden länger, grau, ereignislos, die Zeit wollte einfach nicht vergehen. Als Paula Besuch von ihrem Sohn Markus bekam, fragte er: „Was ist denn los mit dir, Mama, du bist in letzter Zeit so still, bist du am Ende depressiv?" Paula drehte sich zum Fenster und strich heimlich eine Träne aus ihrem Gesicht, „Ach, nichts, Markus, ist eh alles in Ordnung." Tage und Wochen vergingen, traurig und fade, bis eines Tages ein etwas jüngerer, schick gekleideter Mann mit gepflegtem Schnurrbart vor ihrer Tür stand und sie mit den Worten „Ich bin Ihr neuer Nachbar, Blaugraf, guten Tag" begrüßte. Paulas Gesicht, dass vor lauter Gram und Langeweile schon ganz verhärmt war, leuchtete plötzlich auf wie die strahlende Sonne am allerjüngsten Morgen, und ihre Augen blitzten wie Diamanten. Beherrscht sagte sie: „Ja, Tag. Haas mein Name. Ich möchte Sie ersuchen, endlich den Rasen zu mähen, die ganzen Unkrautsamen wehen schon von Ihrem auf meinen Rasen, wir wollen schließlich alle in gepflegter Umgebung leben, nicht?“

Kommentar: Amüsant.

Karola Meling

Ein Ort für mich

Noch wandere ich zwischen
Den Hainen des wilden Ahorns
Die Nester auf den hohlen Ästen
Sind verwaist

Wie alt ist die Sehnsucht
Nach einem Ort für mich

Denn der Zeisig ruft
Zur Waldesruh'

Könnte ich, ach, seine Töne
Übersetzen
In eine Sprache
Die Menschen verstehn

Noch wandere ich...

Doch zwischen den Hainen

Wächst Gras

Meinen Weg zu

Kommentar: „Zuwachsen" als transitives Verb zu benutzen, ist unkonventionell. Aber diese Freiheit hat die Dichterin. Es entsteht ein stimmiges Bild.

Sonja Frenzel

Das Hexenhaus

Wie er diesen Wald hasst!

Dabei ist das nicht einmal ein echter Wald. Kein Wald wie die Wälder, in denen David als Kind herumstreunte: Wälder, in denen ein Dickicht aus Farnen und Gebüsch zwischen knorrigen Wurzeln wucherte; Wälder, in denen Moos in den Ritzen uralter Baumstämme hinaufkroch; Wälder, in denen ein tiefgrünes Blätterdach selbst Sommertage in schummriges Halbdunkel tauchte. Echte Wälder eben, in denen Kinder Brotkrumenpfade streuten, um am Ende des Tages den Heimweg zu finden.

David schaudert. Nein, das hier ist kein echter Wald. Er zwingt sich zu diesem Gedanken. Jemand hat diesen Wald geplant. Jemand hat dünne Bäume in Reih und Glied gepflanzt. In den Schneisen dazwischen öffnen sich Wege. Nein, das ist nicht der ausweglose Wald seiner Kindheit.

Und doch führen diese Wege nirgendwo hin. Im Zickzack stolpert David von einem Baum zum nächsten. Immer wieder muss er sich neu entscheiden: Nach rechts? Nach links? Ganz egal wohin er geht, nach wenigen Schritten steht er doch wieder vor einem anderen Baum. Jemand hat ein verdammtes Labyrinth geschaffen!

Oh, wie er diesen Wald hasst.

***

„Heute finden wir einen Schatz!", rief Elena, als sie ihm beim Frühstück von ihrem Hobby erzählte. Geocaching. David hatte noch nie davon gehört.

„Das mach ich schon ganz lange!", erklärte Elena und startete eine App auf ihrem Smartphone. „Schau, die Symbole zeigen dir, wie viele Caches hier überall versteckt sind, sogar mitten in der Stadt!"

Sie frühstückten zum ersten Mal zusammen. Davids Gedanken schweiften zurück zu ihrer gemeinsamen Nacht. Lächelnd verlor er sich in Elenas funkelnden Augen, während ihre Worte an ihm vorbeiplätscherten: Irgendwelche Leute hatten irgendwelche Tupperdosen versteckt und die GPS-Koordinaten dieser Verstecke ins Internet hochgeladen, damit irgendwelche anderen Leute sich von ihren Handys an diese geheimen Orte lotsen lassen konnten. Meistens spann sich noch irgendeine Geschichte darum. Wer den Schatz suchte, wurde Teil der Geschichte, und wer ihn fand, durfte sich zur Belohnung noch in ein Logbuch eintragen.

Elenas Redeschwall trug Davids Fragen fort. Schließlich willigte er ein, gleich nach dem Frühstück aufzubrechen. Was konnte schon dabei sein?

Elena wählte einen Cache im nahen Wald. David schluckte. Doch er schwieg. Sein alter Schwur, nie wieder einen Fuß in irgendeinen Wald zu setzen, musste in ihren Ohren lächerlich klingen.

„Schau, die rote Linie führt uns hin!“ Elena hielt ihm das Smartphone vor die Nase. Aus der gestochen scharfen Vogelperspektive einer Satellitenaufnahme erkannte David die graue Betonfläche, auf der ihr Auto stand. Der lichte Wald erstreckte sich grünlich-braun bis in die Ecken des Displays. Quer darüber spannte ein roter Faden den Weg, der sie in den Wald hineinlockte. Elena griff nach seiner Hand.

„Unser Cache heißt übrigens ‚Hexenhaus‘.“

David runzelte die Stirn. Auf einem breiten Waldweg trottete er ihrem blauen Punkt hinterher. Sie zogen eine weiße Spur über das Grünbraun, schlängelten sich in größeren und kleineren Bögen um die rote Linie herum, immer tiefer in den Wald. Sollten rote Fäden nicht eigentlich den Ausweg aus einem Labyrinth weisen? Virtuelle Brotkrumenpfade, die keine Vögel aufpicken konnten? Doch Elena bog bald auf schmalere Wege ab, die schließlich zu engen Steigen wurden. Als sie geradewegs in den Wald hineinsteuerte, folgte David ihr nicht weiter.

„Wo soll das denn hinführen?“

„Zu unserem Schatz!“ Sie drehte sich nicht um. „Ist eine Abkürzung! Der Weg macht noch einen unglaublich weiten Schlenker und…“

„He!“

Endlich wandte sie sich ihm zu.

„Du kannst doch nicht einfach in den Wald laufen!“

Ihre hochgezogenen Brauen schienen sich über ihn lustig zu machen. „David! Ein Hexenhaus steht nicht am Wegesrand!“

Trotzig blieb er stehen. In der Nachmittagssonne schimmerte Elenas Haar rötlich. Sein seltsamer Zauber hatte David schon bei ihrem ersten Treffen in seinen Bann gezogen. Er versuchte, sich zu befreien.

„Ich warte beim Auto auf dich." David machte kehrt und stapfte ein paar Meter den Pfad entlang. Als er einen raschen Blick über seine Schulter warf, war Elena bereits nirgendwo mehr zu sehen.

Ungläubig musterte er die Baumreihen. Elena zog das durch. Ohne ihn.

Sein Herz klopfte schneller, als er sich doch ins Unterholz schlug.

***

Mittlerweile fallen ihm aus dem Licht der tief stehenden Abendsonne lange Schatten entgegen. Sie senken sich durch die Baumreihen und breiten sich hinter seinem Rücken still über buntem Laub aus. Mit gesenktem Blick taucht David zwischen den letzten Sonnenstrahlen hindurch. Mit einer Hand schirmt er das Display seines Handys ab. Er hat die Geocaching App installiert und fixiert einen kleinen weißen Punkt in einem Fadenkreuz, der in der linken oberen Ecke blinkt: Er gibt seine unermüdliche Suche nach einem GPS-Signal nicht auf, obwohl der blaue Ortungspfeil seit Stunden konfus über das unscharf gemusterte Grünbraun der Satellitenkarte hüpft. Ein roter Faden spannt sich durch das Bild: Während ein Ende versucht, sich an den wirren Pfeil zu klammern, klebt das andere fest an einem weiß-grünen Symbol: die Tupperdose. Nun will auch David sie finden. Elena und das verfluchte Hexenhaus.

Wieder und wieder zoomt er aus einer schemenhaften Vogelperspektive in das bodenlose Grünbraun. Da! Für einen kurzen Moment stehen der blaue Punkt und die rote Linie still. Bevor David seine Lage überblicken kann, drängt sich schon wieder eine Warnmeldung mitten auf die Karte: „Ladegerät anschließen!“ Langsam verdunkelt sich der Bildschirm. David tippt hektisch auf das Glas. Noch einmal leuchtet die Karte auf. Gleichzeitig schiebt sich eine Nachricht in den Wald.

Ein Satz: „Nimm den Faden auf!“

Koordinaten.

Ein Bild: Krakelige Schrift auf hölzernem Untergrund.

Nur mit Mühe entziffert David die Buchstaben: „Hexenhaus“. Ganz langsam wird der Bildschirm schwarz. David hämmert auf das Display. Es bleibt dunkel.

Fluchend setzt David sich auf einen Baumstumpf. Den Faden aufnehmen! Keiner dieser Bäume bietet ihm den geringsten Anhaltspunkt. David verdreht die Augen. Vor lauter Wald sieht er die Bäume nicht?

Wie David diesen Wald hasst! Vor vielen Jahren hat er sich geschworen, alle Wälder für immer zu hassen.

***

David rannte.

Er war elf. Er war ein Cowboy, der zwei Indianer verfolgte. Er ganz allein hatte sie aufgespürt! Sie flohen tiefer in den Wald, doch David blieb ihnen dicht auf den Fersen. Er würde sie kriegen! Und dann würde er mit seinen Gefangenen ins Zeltlager einmarschieren. Er würde ein Held sein!

David stolperte.

Die Wurzel brachte ihn zu Fall. Lachend drehten sich die Indianer um. David rappelte sich hoch. Die Indianer waren verschwunden. David brüllte ihnen einen Fluch hinterher.

Blindlings rannte er wieder los. Der Wald hatte alle Spuren verschluckt. Verloren blieb der Cowboy zurück.

David lehnte an einem Baum.

Herbstliche Dämmerung hüllte ihn ein. Zwischen den wispernden Armen der Farne tauchten Fratzen auf; ihre leuchtenden Augen belauerten ihn; Schatten huschten um die Baumstämme; ihr kühler Luftzug streifte sein Haar.

Mit weit aufgerissenen Augen starrte David in die Dunkelheit. Irgendwann überwältigten ihn die wirren Träume eines erschöpften Schlafs. Die wispernden Farne riefen seinen Namen. David schlug die Augen auf. Gleißendes Licht blendete ihn. Er riss die Arme hoch und schrie.

„Wir haben ihn!“

Lachende Stimmen hallten durch den Wald. Sie hatten ihn gefunden. Sie klopften ihm auf die Schultern. Sie führten ihn ins Zeltlager zurück.

Er war kein Held.

***

Wütend steht David von seinem Baumstumpf auf. Nein, auch heute ist er kein Held. Aber er wird nicht untätig hier sitzen bleiben! Er stopft eine Hand in seine Jackentaschen und ballt die Faust um das nutzlose Smartphone. Mit der anderen tastet er sich von Baum zu Baum. Noch gelingt es seinen Augen, die fallende Dämmerung zu durchdringen. Bedächtig setzt er einen Fuß vor den anderen.

Raschelnde Schatten huschen um ihn herum. David schaudert. Ein kühler Luftzug streift sein Haar. David schüttelt sich. Endlich schimmert wenige Meter vor ihm, mitten im Wald, ein Licht.

Roter Feuerschein glänzt flackernd auf Elenas lockigem Haar. Sie sitzt vor einem kleinen Holzhäuschen, über dessen Türe David undeutlich den krakeligen Schriftzug erkennt: Hexenhaus. Elena kehrt ihm den Rücken zu. Eine Weile betrachtet er sie still, bevor er einen Schritt auf die Lichtung macht.

„Elena!“ Seine Stimme schabt krächzend durch seine Kehle. Er räuspert sich. „Elena?“ David macht noch einen Schritt nach vorn.

Langsam dreht Elena sich um. Lächelnd steht sie auf. In ihrer ausgestreckten Hand liegt ein rotes Seil. Mit gekrümmtem Finger winkt sie David heran. Der taumelt unsicher einen Schritt näher.

Elena lässt das Seil los.

Ein hölzerner Käfig saust auf David herab.

Schallendes Gelächter hallt durch die Nacht.

Kommentar. Eine richtig nette Geschichte. Sehr gern gelesen.

Jürgen Rösch-Brassovan

Heldenhände

Ben fühlte sich mal wieder leicht genervt. Während seiner gesamten Gymnasialzeit hatte er einen sehr kurzen Weg zur Schule gehabt – ca. 5 Minuten zu Fuß. Nun aber, als Auszubildender, fuhr er über eine halbe Stunde mit der S- und der U-Bahn (er musste einmal umsteigen). Das stresste Ben (eigentlich Benedikt), den angehenden Kaufmann für Versicherungen und Finanzen, dieses Unterwegssein zu Stoßzeiten! Seit Ausbildungsbeginn – also seit 2 Monaten – war kaum ein Tag vergangen, an dem ihm nicht irgendeine Form von Penetranz seitens anderer Fahrgäste begegnet wäre. Ein Ellenbogen hier, ein intensiver Körpergeruch dort, ein Tritt auf den Fuß, die allgemeine Enge, anfangs irgendwelche nervigen Unterhaltungen (mittlerweile hörte er mit Knöpfen im Ohr Musik). Der Weg zur Arbeit war mit dem Fahrrad zu weit, ein Auto aus finanziellen Gründen auch keine Alternative; also hatte Ben fürs erste resigniert und beschlossen, das Pendlerleben bis auf weiteres zu ertragen – was die Sache nicht angenehmer machte!

Heute, am Spätnachmittag, war es besonders voll. Ben aber hatte einen Sitzplatz, hörte Musik und las nebenbei den Sportteil der Zeitung, den er dankenswerterweise von einem älteren Kollegen bekommen hatte. Da stieß eine Frau mit ihrer baumelnden Handtasche gegen die Zeitung, und Ben schaute auf. Seine Verärgerung ob der Störung seiner Lektüre wich Verblüffung. Sein Blick fiel nämlich an der Handtasche vorbei auf die Hände eines Mannes, dessen Gesicht von einer Einkaufstasche verdeckt war, die ein Fahrgast an dem Arm hängen hatte, mit dem er sich an einer der Stangen festhielt. Solche Hände hatte Ben noch nie gesehen! Schwere Pranken, die nach harter Arbeit aussahen. Doch hinzu kam, dass an der rechten Hand der Großteil des kleinen Fingers fehlte und vom Ringfinger nur noch ein Fingerglied übrig war. An der linken Hand wiederum war nur noch ein Stumpf vom Daumen übrig und eine wulstige Narbe lief quer über den Handrücken. Ben fiel der alte Spruch von den fünf Bieren für die Männer vom Sägewerk ein - jenen Kneipenwitz, den er das eine oder andere Mal von irgendwelchen selbsternannten Komikern beim Ordern von Bieren gehört hatte. Dazu hatten diese Witzbolde zwei oder drei Finger von der Hand abgespreizt und die anderen weiter angewinkelt gelassen, so dass es aussah, als fehlten ihnen Finger. Ben wurde nachdenklich. Sein Opa mütterlicherseits war zwar als Fotograf ein praktisch veranlagter Mensch gewesen, aber kein Arbeiter oder richtiger Handwerker. Sein anderer Großvater hatte einen Bürojob bei der Raffinerie gehabt, soviel wusste Ben. Seine beiden Eltern hatten eine kaufmännische Ausbildung. Und auch der Rest der Familie konnte nicht gerade mit Musterbeispielen körperlich schwer arbeitender Malocher aufwarten. Diese Hände da drüben - so dachte Ben - die repräsentierten eine andere Welt. Eine Welt fernab von Büros, Monitoren und Keyboards, Dateien und Excel-Tabellen - die reale Welt sozusagen, mit Holz, Metall, Schweiß und - Blut ... Ben musste an die Lektüre seiner Jugend denken. Stevensons „Schatzinsel“ z.B., den einbeinigen Silver ... Die ganzen Seefahrer, diese „Teerjacken“, die konnte man sich mit solchen vom Leben ramponierten Pranken vorstellen ... Auch Bergmänner oder Handwerker, gewiss, aber ebenso Goldgräber, Cowboys oder verwegene Entdecker, denen Zehen oder Finger abgefroren waren ... Nach glücklicher Rückkehr irgendwo am Kamin sitzend, Geschichten erzählend, im Mittelpunkt stehend, bewundert ... Ben musste über sich selbst lächeln. Präpubertäre Romantik ... Doch eines schien ihm klar zu sein: Der da drüben hatte es bestimmt nicht leicht gehabt. Ben fühlte sich insgeheim peinlich berührt. Was war schon dieses bisschen Pendlerdasein gegen den Verlust von Fingern, das Arbeiten bei Wind und Wetter möglicherweise, die Gefährdung von Leib und Leben wie unter Tage, die unmöglichsten, widrigsten, härtesten Arbeitsbedingungen! Ben dachte an eine andere Form der Lektüre als romantische Abenteuerbücher für die Jugend – Günter Wallraffs „Industriereportagen“, die er einmal aus dem Bücherschrank der elterlichen Wohnung genommen hatte. Bereits in den 60er Jahren hatte sich Wallraff in Großbetriebe eingeschlichen und über die dortigen miesen Arbeitsbedingungen geschrieben ...

Abrupt wurde Ben aus seinen Gedanken gerissen. Die Station „Hauptbahnhof“ war erreicht, wo viele aus- und zustiegen. Ben hatte die ganze Zeit den Blick nicht von den Händen seines Gegenübers lassen können, dessen Gesicht von der Tüte jenes anderen Fahrgastes verdeckt geblieben war. Nun aber stieg der aus, und auf einmal gehörte zu den fremden Händen ein fremdes Gesicht. Ben wurde gewahr, dass der andere bemerkt hatte, wie auf seine Finger bzw. deren Überbleibsel geschaut wurde, und sah hoch, leicht verlegen, denn der Blick des anderen wirkte amüsiert. Bens Gegenüber hatte einen Kopf, vielmehr Schädel, der in der Tat seinen Pranken entsprach, ein bisschen wie der alte Hindenburg in einem von Bens Schulbüchern aussehend. Unrasiert, mit Stoppelfrisur, vom Leben gezeichnet, aber irgendwie gutmütig.

Die fremden Hände griffen nun, während die dazugehörigen Augen weiter auf Ben gerichtet waren, in die Innentasche der abgetragenen Lederjacke, holten einen Flachmann heraus, schraubten ihn trotz der fehlenden Fingerglieder geschickt auf und führten die Flasche an die Lippen. Dazu kniff der Unbekannte mit den fehlenden Fingern ein Auge scherzhaft zusammen und sagte zu Ben, als ahnte er, was diesem zuvor durch den Kopf gegangen war: „Auf die Männer vom Sägewerk!“

Kommentar: Lebensnah mit Pointe.

Marco Frohberger

Das Äußere und das Innere der Pinien

Es war stockdunkel. Dante ließ den Wagen durch den Motor abbremsen und gab kaum noch Gas. Nur das Licht der Scheinwerfer teilte die vor ihnen liegende Schwärze und immer wieder schossen Insekten durch das Licht wie schwarze Punkte vor einer Linse. Links und rechts ragten die Bäume in den Himmel, Pinien, etwas anderes als diese Pinien schien es hier nicht zu geben.

Es war August. In den Ferienwochen waren Dante, Phillie und Omar seit sie sich kannten immer losgezogen, um für ein paar Tage in die Berge zu fahren. Das musste jetzt das siebte oder das achte Jahr sein. Phillie, die Schriftstellerin war und sich freinehmen konnte, wann sie wollte und Omar, der auf der Rücksitzbank schlief. Dante war eher der Eigenbrötler gewesen. An einem Freitagmorgen waren sie losgefahren.

Dante war aufmerksam, richtete seinen Blick konzentriert auf die Straße, während er immer abwechselnd Gas gab und das Auto dann wieder laufen ließ. Nach einem langen Stück bergauf verließ er die Hauptstraße und wechselte in eine holperige Stichstraße. Es war fast unmöglich, den Schlaglöchern auszuweichen, bis der Weg vor einem gusseisernen Tor abbrach. Das Auto stellte Dante auf einem leeren Parkplatz an der Seite ab.

Als er ausstieg, spürte er die klare Luft und die Weite, wie sich plötzlich eine Enge in ihm befreite. Eine tiefe, ausgiebige Ruhe empfingen sie. Omar schlief noch. Die Stille war von solcher Heftigkeit, das nichts mehr ging.

Später hatten sie Omar geweckt und die Sachen ausgeladen. Sie schleppten die Rucksäcke durch die Dunkelheit und standen bald vor einer Pension. Ein einfaches Holzhaus, das die Farbe welker Blätter trug. Es war recht klein, viel Platz gab es nicht her und Dante und Phillie teilten sich wie selbstverständlich ein Zimmer. Omar nahm die kleine Kammer, er schnarchte laut.

Das Haus war wie zufällig eingerichtet. Ein Kamin für das Feuer, ein Ofen für das Essen, vier Stühle, von denen einer kürzere Beine hatte, ein Tisch und eine Kommode in der Ecke. Eine Ledercouch, die speckig und abgegriffen war und ein schwerer Läufer im großen Raum. Die Schlafräume befanden sich im rückwärtigen Teil. Omar ging gleich schlafen, Phillie und Dante setzten sich auf die Couch und tranken noch ein Glas Wein aus der Flasche, die sie mitgebracht hatten.

„Ich friere", sagte Phillie.

Dante holte aus der Kommode eine Decke, die er über sie legte.

„Omar hat sich verändert", stellte Dante fest.

Dann erzählte Phillie von ihrem ersten Roman, der ihr viel Geld eingebracht hatte. Sie war viel gereist während ihrer Lesungen. Viele Menschen hatten ihre Aufmerksamkeit erregt. Und jetzt hockte sie auf der Couch, legte ihre Stirn in Falten und stieß die Luft zwischen den Lippen durch, die, wenn der Mund geschlossen war, fast nur schmale Linien waren, als befreie sie sich von einer großen Last.

„Ich bin stolz auf dich", sagte Dante.

Phillie lächelte. „Ich soll einen zweiten Roman schreiben. Ich bin mir gar nicht sicher, ob ich das schaffe."

Dante sagte zu ihr, dass er an sie glaube.

„Was ist mit Kalinka?", fragte Phillie.

Er zuckte mit den Achseln. „Das ist eine lange Geschichte. Die erzähle ich dir ein andermal."

Phillies blondes Haar war kurz geschnitten. Sie sah aus wie über dreißig, aber sie verhielt sich nicht wie eine Erwachsene. Sie lag auf dem Rücken, ihre Füße berührten Dantes Oberschenkel und die Decke hatte sie bis zum Kinn hochgezogen. Dante hielt den Kopf aufgestützt und betrachtete sie von der Seite. Es war eine schöne Ruhe und Phillie schloss die Augen.

„Bist du glücklich, so, wie es jetzt ist?", fragte er.

Phillie antwortete lange nicht und Dante glaubte schon, sie hätte seine Frage gar nicht gehört, bis sie dann doch antwortete.

„So wie es ist, ist es gut, aber ob es auf Dauer so sein wird, weiß ich nicht."

„Du bist sehr frei", sagte Dante nach einer Weile. Aber da war Phillie schon eingeschlafen.

Omar hatte Frühstück gemacht.

„Habt ihr gut geschlafen?", grinste er.

Phillie war still, nur Dante antwortete, dass er gar nichts mitgekriegt hätte. Phillie aß schweigend, Omar goss Kaffee ein, der aus dem Pulver war, das sie mitgebracht hatten. Er erzählte, dass er schon draußen gewesen war, es musste nachts geregnet haben.

Nach dem Frühstück packten sie ihre Rucksäcke und machten ihre erste Wanderung zum See. Es war ein Marsch von zwei Stunden und niemand hatte geredet. Als sie das Ufer erreichten, war es schon weit nach Mittag und die Pinien dämpften die Hitze, die von oben drückte. Die Kühle aus dem Wald erleichterte jeden Schritt. Omar zog sich aus und als Phillie und Dante bemerkten, dass er keine Badehose trug, als sei das selbstverständlich, sprang er schon ins Wasser.

Phillie und Dante setzten sich ans Ufer und Omar rief den beiden zu, sie sollen reinkommen.

„Ich beneide Omar", sagte Dante.

„Wieso?"

„Weil er scheinbar tun kann, was er will."

Phillie lächelte, als wäre ihr diese Form des Lebens nicht ganz fremd. Dann stand sie auf und zog auch sich aus, um ins Wasser zu gehen. Dante sah ihr noch hinterher, den kleinen, runden Hintern, die schmalen Hüften, die langen Beine. So, wie sie war, sah sie schön aus. Dann drehte sich Phillie kurz um und sah Dante einen Augenblick an, als wollte sie etwas sagen.

Zum Abend waren Phillie und Omar in das Dorf gefahren, um Lebensmittel zu kaufen. Sie brachten Bier, Wein, Käse, Oliven, Schinken und Spaghetti mit, etwas Fleisch und Toast und Marmelade für das Frühstück. Als sie die Waren auspackten, ertappte Dante Omar bei einer Geste, wie er Phillie über den Hintern strich, als sei da etwas Vertrautes, als sei es ganz gewöhnlich.

Dante hatte sich um das Feuer gekümmert, dass das Haus jetzt warm hielt. Sie machten es sich auf der Couch gemütlich, tranken Wein und manchmal, wenn sie zwischen dem Lachen still waren, konnten sie das Heulen in der Ferne hören.

„Ob es hier Wölfe gibt?", fragte Dante.

Phillie lachte. „Die kommen erst dann, wenn du es nicht merkst", scherzte sie.

Irgendwann sagte Omar in die Stille, dass er sich vorstellte, überall leben zu können.

„Wo fühlst du dich eigentlich zuhause?", fragte Phillie O-mar.

„Ich nehme das Leben so, wie es kommt. Und es ist mir egal, wo das sein wird."

Dante sah in Omar schon immer einen Menschen, der eher ein Nomade war als jemand, der sich irgendwo einmal niederließ. Er konnte dieses Leben nicht verstehen, denn für ihn selbst wäre das nichts.

Phillie sagte schließlich, dass das ein Glück wäre und dann sagte eine Weile niemand mehr etwas. Das Feuer im Kamin loderte, es war eine gleichmäßig angenehme Wärme, die von ihm ausging.

„Wo wirst du eines Tages sein, Phillie", fragte Omar.

„Wer kann das schon sagen", antwortete sie.

Um Mitternacht ging Omar zu Bett. An seinem Gang war zu erkennen, dass er zu viel getrunken hatte. Dante und Phillie blieben noch lange sitzen. Sie tranken noch etwas Wein und alberten herum. Sie hörten bald Omar aus seiner Kammer schnarchen. Dann erzählte Dante, dass Kalinka ausgezogen sei. Sie wohne jetzt bei ihrem alten Freund. Ihr sei es irgendwann zu langweilig geworden. Er sagte, dass er nicht wisse, was besser gewesen sei; dass er wusste, sie wäre schon zuhause, wenn er von der Arbeit kam oder dass ihm jetzt klar war, dass es niemals etwas Gutes hätte werden sollen.

Weit nach Mitternacht gingen beide auf ihr Zimmer. Im Dunkeln zog sich Phillie aus. Es war zu hören, wie sie ihre

Kleider auf den Boden warf. Sie legte sich ins Bett und Dante folgte ihr. Von Phillies Körper ging eine Wärme aus. Sie roch gut.

„Was nun?“, fragte Phillie.

Dante antwortete darauf, dass er müde sei.

Am nächsten Morgen erwartete die beiden ein gedeckter Frühstückstisch. Omar war nicht da. Er war auch nicht in seiner Kammer. Nur ein Zettel, auf dem in krakeliger Schrift geschrieben stand, dass er heute für sich sein wollte. Er gehe wandern. In den Bergen. Am Abend wäre er wieder zurück.

Phillie und Dante überlegten bis in den Nachmittag hinein, was sie tun sollten und entschieden, in die nächste Stadt zu fahren. Auf dem Markt gingen sie einkaufen, tranken in einem Café Espresso und am Abend aßen sie beim Italiener. Sie waren wütend auf Omar, aber das Gefühl legte sich bald. Als sie zum Auto kamen, war schon der ganze Himmel bewölkt, und kurz nachdem sie losgefahren waren, begann es zu regnen. Es dunkelte sehr schnell ein. Die Stadt wurde zu einem einzigen, großen Schatten. Sie sprachen nicht viel. Dante war unruhig, als ginge ihm etwas nicht aus dem Kopf, er fuhr viel zu schnell und als Phillie ihm sagte, er solle damit aufhören, passte er die Geschwindigkeit wieder an. Später hörte es auf zu regnen und die Straßen sahen im Scheinwerferlicht aus wie nass geschwitzt. Als sie die Stadt und die Randbezirke verlassen hatten, wurde es noch dunkler.

„Irgendwann werde ich Deutschland verlassen“, sagte Dante in das Motorengeräusch hinein.

Dazu sagte Phillie, dass das Leben wie eine Fata Morgana sei. Es wäre schön, überall würde es leuchten und Glück alles überdecken. Wie ein schönes Bild, dass man immerzu ansehen will, und stürzt man darauf zu, um sich aus der Nähe seiner

Schönheit zu vergewissern, verschwindet es vor einem. Man wird es nie wieder sehen.

Die Pinien erschienen auf ihrer Rückfahrt als ein riesiger, schwarzer Organismus, der sich gleichmäßig bewegte. Es waren Abschnitte der Stille, durch die sie fuhren, dann wieder ein paar Worte, und Dante stellte sich vor, wie seine Stimme durch die leere Wohnung hallte. Er kam sich lächerlich vor. Dann sah er Phillie, ihr Profil, die weichen Züge, der schöne Hals, die Brust, die gegen das hauchzarte Kleid drückte. Ihre dunklen Augen glühten.

Den Pinienwald, sich den Hang hinauf schwingend, durchquerte nur die Straße. Dann konnte Dante noch aus den Augenwinkeln von links einen Schatten auf sich zufliegen sehen. Dante bremste mit aller Kraft. Phillie entfuhr ein erschrockener, erstickter Schrei. Weit aufgerissene Augen nach vorne gerichtet.

Der Augenblick dehnte sich in die Zeit, als beanspruchte er mehr Raum. Samtbraune, warme Augen im Scheinwerferlicht. Die fragenden und getrübten Augen waren voll Verständnislosigkeit, weder hasserfüllt, sondern trugen in ihrem Ausdruck etwas herzliches, als wollte es mit diesem Blick noch einmal alles Erbarmen mit den Menschen aufbringen. Das Reh blinzelte, einmal, zweimal, und dann kam es wieder in Bewegung. Langsam, wie zögernd setzte das Reh ein Bein vor das andere und verschwand mit einem leichten Sprung im Wald auf der anderen Seite.

Dante schwitzte und stieg kurz aus. Er sah sich um: zwischen den Baumkronen war der Himmel zu sehen, er schien weniger hoch hier als in der Stadt. Es war ganz still. Die Luft war warm, obwohl es geregnet hatte.

Es war spät, als Phillie und Dante zurückkamen. Das Haus war unaufgeräumt, auf der Anrichte neben dem Ofen stand schmutziges Geschirr. Phillie sah in der Kammer nach Omar.

Als sie zurückkam, sagte sie, er würde schon schnarchen. Dante goss noch zwei Gläser Wein ein, aber diesmal tranken sie es auf dem Bett in ihrem Zimmer. Das Fenster war offen, das Licht aus.

Phillie zündete sich eine Zigarette an.

„Willst du eine?“

Dante schüttelte den Kopf.

Über ihnen war der Himmel durch die Pinien zu sehen, ein weiter, unklarer Schimmer. Sie saßen direkt unter dem Fenster. Phillie schmiegte sich an Dante. Er spürte noch den Schrecken, der in sie gefahren war. Sie zitterte.

„Weißt du noch, die Kometen“, sagte sie dann.

Dante nickte.

Früher, als sie noch nicht wissen konnten, dass das mit ihnen nichts wird, hatten sie im frisch gemähten Gras in den Sommermonaten unter freiem Himmel gelegen und in den Himmel gestarrt. Haben auf den Kometen gewartet und schließlich auf einen, der direkt vor ihre Füße fallen sollte. Noch heute starrte sie in den Himmel und wartete.

„Das ist deine Leidenschaft, oder?“, fragte Dante. „Das andere, das körperliche, ist dir eher lästig, es lenkt dich nur von dem ab, was du wirklich willst. Du machst Liebe, wie du isst: wenn du Hunger hast, schnell und unkonzentriert. Ich habe das nie verstanden.“

Phillie sagte lange nichts.

„Hast du schon mal einen Menschen geliebt? Also, so wirklich, nicht wie deine Mutter. Liebe macht verletzlich. Vielleicht bist du deswegen so.“

Dante, hatte sie immer gesagt, Dante, im Leben ist alles nur ein kurzes Erschüttern. Ein Klingen in den Ohren. Das alles ist nur eine andere Form von Leben.

Dann griff Phillie nach Dantes Hand, und hielt sie fest. So, als wollte sie sie nie wieder loslassen, als fürchte sie sich davor, sich zu verlieren.

Am nächsten Morgen kochte Dante Kaffee, Omar kam später und Phillie schwieg. Sie tranken Kaffee und aßen gemeinsam. Die Tage streckten sich in die Länge. Sie machten nur noch einen Ausflug, bevor sie ihre Sachen packten und in den Wagen luden. Omar, Dante und Phillie hatte nie über den Tag gesprochen, der so anders verlaufen war als geplant. Möglicherweise lag das aber auch daran, dass sich die Zeiten änderten, dass eine Vorstellung von etwas Bestimmten irgendwann eine andere Richtung nahm. Manchmal ist das Leben ein langes Warten, ohne darin einen bestimmten Sinn zu finden.

Kommentar: Beinahe ein bisschen melancholisch, macht nachdenklich.

Micha Johannes Aselwimmer

Der Dom

Am Dom steh ich und denk an dich
Und denk an deine Liebe
Die grad noch frisch, doch früh erlischt
Wie eine Eintagsfliege

Das Sonnenlicht blutrot zerbricht
Befeuchtet meine Lider
Ich frage mich, wo find ich mich
Wo find ich mich bald wieder?

Vom Dom spring ich ganz widerlich
Das denk ich immer wieder
Weil sie mir nicht von Liebe spricht
Zerspreng ich meine Glieder!

Das Sonnenlicht den Sternen wich
So lang bedacht die Triebe
Wo flieg ich hin, wenn ich nicht bin
Wenn ich jetzt gleich versiege?

Der Dom hat sie schon oft gesehen
Die vielen lieben Kleinen
Die rasch zu seiner Aussicht gehen
Zum abendlichen Scheinen

Manche lachen, andre weinen
Manche sind nicht lange da
Andre bleiben Stunden gar
Die vielen lieben Kleinen!

Am Dom steh ich und denk an dich
Im Herzen tausend Kriege
Ich frage mich, was werde ich
Wenn ich hinunter fliege?

Das Sternenlicht von Göttern spricht
In Sehnsucht klingt es wider
Die Seele sticht und klagend bricht
Erhört wer meine Lieder?

Am Dom steh ich, und wieder nicht
O Schluss mit diesem Zittern!
Man hört mich nicht, ich wehr mich nicht
So will ich jetzt zersplittern!

Das Sternenlicht dem Urteil wich
Ich wünscht ich hätt Gefieder!
Der Boden wich so fürchterlich
Es war mir ganz zuwider

Der Dom hat sie schon oft gesehen
Die vielen lieben Jungen
Die rasch zu seiner Aussicht gehen
Mit schnellatmigen Lungen

Aufgewühlte junge Zungen
Von der großen Liebe singend

Aus Versehen hinunter springend
Die vielen lieben Jungen!

Vom Dom sprang ich, doch fall ich nicht
Und sink ganz weich hernieder
„O rettet mich!“, schrei ich erpicht
Und rüttel meine Glieder

Da schwebe ich ganz unmerklich
Gemächlich bis zum Grund
Und liege da, ganz sonderbar
Am Boden ganz gesund

Da frag ich mich ganz flehentlich
Zu dieser späten Stund
Da frag ich mich und frag ich mich
Was ist dafür der Grund?

Wie lebe ich und atme ich
Und rede aus dem Mund?
Wie unbegreiflich wunderlich
Stieg ich doch in den Schlund!

Der Dom hat sie schon oft gesehen
Die vielen lieben Wesen
Und meint, er kann sie bald verstehen
Bald ganz in ihnen lesen

Mancher kommt mit einem Besen
Mancher stürzt hinab zu Erden
Manchem muss geholfen werden
Die vielen lieben Wesen!

Vorm Dom steh ich und wunder mich

Und frage mich wieso
Brennt im Gesicht so herzerfrischt
Mein Lächeln lichterloh?

Da stehe ich, die Trauer wich
Warum bin ich so froh?
Ach wollt ich doch gerade noch
Ins lichte Nirgendwo

Des Domes Licht, entzückend schlicht
Mir scheint als ob er lachte
Und insgeheim ganz väterlich
heut Nacht über mich wachte

Vorm Dom steh ich, der mir verspricht
Wir sind des Glückes Schmiede
Sein altes Licht strahlt aufs Gesicht
Im Herzen herrscht jetzt Friede

Lisa Pond

Das Ende des Lebens

Ich bin umgeben von purer Kälte. Ich spüre, wie sie über den spiegelglatten Boden in meine Arme und Beine kriecht, als wäre sie ein Insekt. Sie versteckt sich in meinen Knochen und Muskeln, sodass ich wie gelähmt bin, unfähig mich zu bewegen. Ich spüre sie in meiner Lunge, weswegen ich kaum atmen kann. Sie ist wie eine Last auf meinem Körper, die sich an mich krallt und mich nicht loslässt. Sie hat sich in dem ganzen Raum ausgebreitet, und geht von meinem Bruder aus. Er liegt einfach dort, in der Badewanne. Den Kopf im Nacken, die Augen weit geöffnet, die Arme schlaff über den Wannenrand hängend. Das Blut tropft von seiner Hand auf die weißen Fliesen und bildet dort eine tiefrote Pfütze.

Tropf. Tropf. Tropf.

Ich habe schon zuvor tote Menschen gesehen – beide meine Großväter wurden vor ihrer Beerdigung aufgebahrt. Aber ich habe nie sterbende Menschen gesehen. Ich habe nie gesehen, wie sich jemand die Pulsader aufschneidet, bis heute. Und ich weiß nicht, was die richtige Reaktion darauf ist. Mein erster Instinkt war es, einen Krankenwagen zu rufen, aber mein Bruder war binnen Sekunden tot. Unwiderruflich. Nicht mehr zu retten.

Also habe ich mich auf den kühlen Boden gesetzt. Und ich weiß nicht, was ich tun soll. Meine Eltern haben mich für alle Situationen im alltäglichen Leben vorbereitet. Sie haben mir beigebracht, wie ich mich zu verhalten habe, wenn jemand nett zu mir ist und wie ich mich zu verhalten habe, wenn jemand es nicht ist. Höflichkeit und respektvoller Umgang hatten immer höchste Priorität.

Aber jemanden zu sehen, der sich umbringt, ist keine Situation des Alltags. Das ist keine Situation des normalen Lebens, das ist kein routinemäßiger Prozess. Also wie reagiert man richtig darauf?

Ich beschließe, nichts zu unternehmen. Nichts, das ich tun könnte, würde meinen Bruder wieder zum Leben erwecken. Und plötzlich empfinde ich eine ungeheure Wut. Ich spüre, wie mein Brustkorb sich schneller hebt und senkt, wie meine Hände sich zu Fäusten ballen, wie die ganze Muskulatur in meinem Körper sich anspannt, und dann schreie ich. Ich weiß nicht, was ich schreie, vielleicht ist gar kein richtiges Wort dabei. Ich schlage wuchtig mit der Faust auf den Boden.

Wie konnte mein Bruder es wagen, so von uns zu gehen? Menschen sterben auf unterschiedlichste Weisen, aber Selbstmord ist die egoistischste von allen. Du tötest dich selbst, obwohl du weißt, dass du den Menschen, die dich lieben, damit Schmerzen zufügst, ihnen wehtust und sie hilflos zurücklässt. Mein Bruder hatte noch sein ganzes Leben vor sich, er wollte studieren, reisen, heiraten, ein Haus bauen, Kinder bekommen. Also warum hat er es getan?

Wutentbrannt stehe ich auf, reiße die Badezimmertür auf und fange an, erst das Zimmer meines Bruders und dann alle anderen zu durchwühlen, auf der Suche nach einem Abschiedsbrief. Aber ich kann nichts finden. Ich reiße Schränke und Kisten auf, schmeiße Stühle um, zerre Kleider aus Schubladen und Bettdecken von Betten, trete in Wände und zerstöre Gläser. Nichts. Nirgendwo.

Mein Bruder hätte eine Pille nehmen können, oder etwas Giftiges essen oder trinken können, um zu sterben. Er hätte sich aufhängen können oder sich in der Wanne ertränken. Aber nein, er hat sich die Pulsader aufgeschnitten, damit wir nachher sein Blut wegwischen können. Er hat den dramatischsten aller Wege gewählt, um von dieser Welt zu verschwinden.

Aber warum? Es sieht so aus, als hätte er uns wirklich wehtun wollen, ganz bewusst. Er wollte nicht nur sterben, er wollte, dass wir unter seinem Tod leiden. Es scheint beinahe, als wäre er wütend gewesen.

Ich laufe zurück ins Badezimmer. Ich packe den leblosen Körper meines Bruders bei den Schultern und schüttle ihn, ich brülle seinen Namen, aber natürlich kann er mich nicht hören. Seine leeren Augen blicken ins Nichts. Ich lasse ihn los und gehe einen Schritt zurück, schaue mir meine Hände an und sehe, dass das geronnene Blut an meinen Fingern haftet. Ich gehe noch einen Schritt zurück und stolpere über die Waage, und plötzlich sehe ich nur noch rot. Es ist überall, es erdrückt mich, nimmt mir die Luft zum Atmen, es ist wie ein Albtraum, der einen nicht loslässt, der tief in deine Psyche eindringt und dich ganz fest hält. Ich renne aus dem Badezimmer, über den Flur die Treppe hinunter und aus dem Haus.

Die Menschen auf der Straße starren mich allesamt an, mit ihren blöden Grimassen, mit ihren hässlichen Gesichtern. Ich renne weiter, bis zum Ende der Straße und dann in den Wald. Ich renne soweit, bis ich den Verkehr nicht mehr hören kann, bis ich mich die Bäume komplett umhüllt haben. Sie bilden eine Schutzbarriere zwischen mir und der Welt um mich herum. Ich verlangsame mein Tempo, bleibe schließlich stehen und lasse mich auf den Boden fallen. Die Erde ist wärmer als erwartet.

Ich weiß nicht, wie lange ich dort sitze. Stunden, wahrscheinlich. Ich kann an nichts denken, ich sehe nur immer, wenn ich die Augen schließe, wie mein Bruder in der Badewanne liegt, blutüberströmt, von allem Leben verlassen.

Der Tod ist eine eigenartige Sache. So viele Menschen fürchten sich vor ihm, der Ungewissheit, die er mit sich bringt. Ich hatte nie Angst davor. Ich hatte immer nur Angst vor dem Altern. Ich will nicht sehen, wie ich langsam, aber kontinuierlich die Kontrolle über meinen eigenen Körper verliere. Wie der Tastsinn aus meinen Fingerkuppen verschwindet, wie die Sehkraft aus meinen Augen weicht, wie meine Knochen schwächer werden und meine Ohren taub. Wie meine Haare dünn und weiß werden, meine Haut alt und runzlig. Und wie ich schließlich selbst verschwinde.

Aber am allerschlimmsten finde ich am Alt werden, dass man anfängt, auf eine lange Vergangenheit zurückblicken zu können und sich aus Frust über den eigenen Körper dorthin zurücksehnt. Dann wird dir klar, dass ein Mensch nicht mehr als eine Geschichte ist. Du hast weder Kraft noch Zeit mehr, neue Abenteuer zu erleben, um von anderen Menschen erinnert zu werden. Du bist dann nur noch die Summe der Dinge, die du erlebt hast, ohne die Aussicht auf eine Zukunft. Du stehst kurz davor, nur noch eine Erzählung zu sein, nicht mehr. Und je öfter einzelne Passagen dieser Erzählung weitergegeben werden, desto mehr Details verschwinden, weil auch die Menschen, die diese weitergeben, älter werden und ihr Gedächtnis nachlässt. Und wenn du nicht berühmt bist, wirst du innerhalb der nächsten zwei bis drei Generationen vergessen sein. Das Wissen, im Alter kurz davor zu stehen, nie wieder mehr als eine Geschichte zu sein, macht mir Angst. Wir leben nur solange, wie die Menschen um uns herum die Erinnerungen an uns in sich tragen.

Irgendwann, als ich aus den Grotten meiner Gedanken wieder zu Bewusstsein trete, ist es stockdunkel. Durch die dichten

Baumkronen kann ich keinen einzigen Stern sehen, und ich fühle mich unendlich einsam.

Doch plötzlich sehe ich einen Lichtstrahl die Baumstämme streifen, dann noch einen, und dann sind es vier. Sie schwenken hin und her, blenden mich. Ich höre, wie in der Ferne mein Name gerufen wird. Was passiert hier, frage ich mich. Woher kommt das Licht? Dann sehe ich einen Menschen einen der Lichtstrahle kreuzen, und ich verstehe, dass man nach mir sucht. Ich will mich bemerkbar machen, aber ich schaffe es nicht, meinen Arm zu heben, und aus meinem Mund kommt nur ein leises, unkontrolliertes Wimmern.

„Da!“, ruft auf einmal jemand ganz nahe bei mir. „Ich glaube, ich kann sie sehen!“ Und dann tritt ein Mann in Uniform genau vor mich, geht in die Knie und schaut mich direkt an. „Hey, Alma“, sagt er mir ruhiger, tiefer Stimme. „Ich bin Polizist Schmidt. Du hast uns vielleicht einen Schrecken eingejagt.“ Und dann stürzt sich eine Frau zwischen ihn und mich. Meine Mutter. Sie weint und wiederholt immer wieder meinen Namen mit gebrechlicher Stimme. Sie streicht mir über meine Haare und meine Schultern.

„Habt ihr ihn gefunden?“, flüstere ich, aber sie hört mich trotzdem, obwohl sie jetzt sehr laut weint. Sie nickt nur und berührt abermals meine Wange. Ihr Gesicht glänzt vor all den Tränen.

Und dann weiß ich nicht mehr, wie ich nach Hause gekommen bin, aber am nächsten Morgen finde ich mich in meinem Bett zu Hause in meinem Zimmer wieder. Ich drehe mich auf die andere Seite und spüre, dass jemand auf der Bettkante sitzt. „Hey“, höre ich meine Mutter sagen. „Wie geht's dir, mein Schatz?“ Sie streichelt meinen Kopf. „Der Arzt hat dir gestern Nacht ein Beruhigungsmittel gegeben, du hast völlig hyperventiliert. Soll ich dir einen Tee machen?“

Ich nicke und sie verlässt mein Zimmer. Ich höre sie die Treppe heruntergehen und mit anderen reden – zwei Männern, soweit ich das beurteilen kann. Einer davon ist mein Vater, und meine Eltern beginnen sich zu streiten.

„Sie ist noch ein Kind", höre ich meine Mutter mit gedämpfter Stimme sagen.

„Nichtsdestotrotz hat sie ein Recht auf die Wahrheit", entgegnet mein Vater, mit etwas mehr Druck.

„Sie müssen selbst wissen, wie Sie damit umgehen wollen, aber falls Sie Hilfe benötigen, hier ist die Telefonnummer einer Familientherapeutin, die für solche Fälle spezialisiert ist. Meine Arbeit hier ist erst einmal getan, aber falls Sie meine Hilfe noch irgendwie in Anspruch nehmen möchten, zögern Sie nicht, nach dem Hörer zu greifen. Auf Wiedersehen, ich wünsche Ihnen alles erdenklich Gute." Ich höre, wie die Haustür zugeht und meine Eltern nun alleine sind.

Sie reden leise weiter, als ich mich kaum merklich die Treppe herunterschleiche und auf der Hälfte stehen bleibe, um ihr Gespräch belauschen zu können.

„Sie muss nicht wissen, warum er sich umgebracht hat. Wir haben den Zeitpunkt, ihr und Tom von seiner Krankheit zu erzählen, verpasst und jetzt ist es zu spät. Du kannst dir vorstellen, wie wütend sie auf uns wäre, sie würde uns nie verzeihen. Du weißt, wie impulsiv sie ist. Wir würden sie auch noch verlieren."
„Ja, wir haben den richtigen Zeitpunkt verpasst", stimmt mein Vater zu, „aber wir sind es ihr schuldig, sie aufzuklären. Verstehst du, ich will keine Familie voller böser Intrigen und dunkler Geheimnisse."

„Dafür ist es zu spät, John. Das hättest du dir früher überlegen müssen."

Ich höre, wie sich die Schritte meiner Mutter der Treppe nähern und ziehe es kurz in Erwägung, schnell nach oben in mein Zimmer zu rennen, aber ich entschließe mich dagegen. Ich will wissen, worüber meine Eltern geredet haben. Offensichtlich kennen sie den Grund für den Selbstmord meines Bruders, den Grund dafür, warum er so wütend war und solch ein Massaker hinterlassen hat.

Als meine Mutter mich erblickt, bleibt sie erschrocken stehen. „Alma", sagt sie lautlos.

„Warum hat Tom sich umgebracht?", frage ich direkt.

„Alma, ich –"

„Lüg mich nicht an."

Ich hasse Lügen. Ich weiß, dass manche Menschen lügen, um die Menschen, die sie lieben, vor Trauer und Schmerz und Kummer zu bewahren, und nicht immer primär, um sich selbst zu schützen. Manchmal finde ich es in Ordnung zu lügen, zum Beispiel aus Höflichkeit oder Rücksicht. Aber es gibt viel mehr Situationen, in denen Lügen unangebracht sind und in denen ich sie alles andere als gutheißen kann. Lügen, die aus Scham, aus Angst vor Konflikten, Ablehnung oder negativen Folgen für uns erzählt werden, sind mir zuwider.

Mein Vater stellt sich hinter meine Mutter und sagt, ich solle ins Wohnzimmer kommen, dann könnten wir in Ruhe reden. Ich folge ihm und setze mich gegenüber von meinen Eltern auf die Couch.

„Ich werde dir jetzt ganz direkt sagen, was los ist, ohne drum herum zu reden“, beginnt mein Vater und holt tief Luft, bevor er weiter redet. „Dein Bruder litt an einer Pulmonalatresie mit Ventrikelseptumdefekt. Das bedeutet, dass seine Lungenschlagader sowie seine Kammerscheidewand im Herzen nicht in Ordnung waren. Die Ärzte haben ihm bei seiner Geburt eine Lebenserwartung von nicht mehr als dreißig Jahres prognostiziert. Wir haben Tom nie davon erzählt, weil wir ihm ein unbeschwertes Leben schenken und ihm nicht dem Gefühl der Hilflosigkeit aussetzen wollten. Aber dann... vor ein paar Tagen hat er einen Bericht gefunden, in dem alles über seine Krankheit stand und war natürlich wütend, dass... wir ihn nie aufgeklärt haben.“ Mein Vater atmet schwer aus.

Ich habe ein paar Wochen gebraucht, aber ich habe meinen Eltern verziehen. Ich bin noch immer unglaublich wütend und unglaublich traurig, aber ich verzeihe ihnen. Ja, sie haben einen Fehler gemacht, einen bedeutenden, und ich verachte Lügen noch immer. Aber ich will meine Eltern nicht auf die schwarze Liste setzen. Ich will sie nicht für immer hassen, ich möchte nicht immer Verbitterung, Ablehnung und Verachtung verspüren, wenn ich an sie denke. Sie haben meinen Bruder nicht umgebracht, auch wenn ich mich noch so sehr danach sehne, jemandem die Schuld zu geben. Obwohl sie falsch gehandelt haben, was Tom wohl zu seiner Tat bewegt hat, hat mein Bruder selbst entschieden Selbstmord zu begehen.

Kommentar: Traurig. Fesselnd erzählt.

Georg Fox

Mittag in der Provence

(Eine Sommer-Impression
au lac d'Esparron de Verdon)

Der Himmel taucht
sein Lachen in den See,
wenn Sonnenstrahlen
tausend Glitzerpunkte spiegeln,
als könnte hier der Sommer
nie sein Ende finden.
Der See betastet zart
im Metrum leichter Wellenschläge
die Felsenränder an den Ufersteinen,
und kleine Wellenschläge
schaukeln sanft
ein Kanu auf dem Wasser.
In einer Bucht am Rand vom See
träumt schon ein Trimaran

von einer wilden Fahrt
auf weiten Wasserflächen.
Ein schmaler Pfad am Hang
führt aufwärts bis zum Haus am See,
das sich im Schattenfall der Bäume
ganz sachte schmiegt
an seinen Hang.
Am Sonnensegel der Terrasse
verträumt man, leicht berauscht
von den Lavendelbüschen,
die Zeit der heißen Mittagsstunde
beim leisen Raspeln
aller Grillen in den Bäumen.

blume (michael johann bauer)

Fraß *oder* Das Bankett der Führungskräfte

Wir haben uns versammelt, im Amt für Hoffnung, dort, wo seit Langem die anderen Angelegenheiten dominieren – eine schmutzige Tafel zu unseren Ehren, hingeflegelt auf eine lederne Couch, vor unseren flimmernden Augen ein Bildschirm, der die eiskalten Mythen moderner Methoden in unsere kranken Geister injiziert. Draußen ein Garten, die Vorstadt mit ihren kahlen Versen, romantische Schrebergartenmelodien aus der Ferne, Rasenmäherkaskaden im Heckendickicht unmittelbarer Emsigkeit – Poesie der Leere – vorbei, die wundersame Ära freiwilliger Idyllen, an einem Samstag, weder Tag noch Nacht. Zwölf Männer sind wir – und ich – das bedingungslose Summen der Mägen wird lauter, gemeinsam stimmen wir die Ballade schweigsamer Gefräßigkeit an, die uns begleitet durch unsere Lethargie, im knisternden Speckmantel markanter Unsicherheit. „Eine Portion Tafelspitz" schreit mein Nachbar; und von unsichtbarer Hand perfekt seziert wird ihm das betreffende Stück aus seinem Körper entfernt und prachtvoll zubereitet auf einem Pappteller mit Plastikbesteck serviert, worauf er sich auch sogleich, ohne einen Augenblick zu zögern, hingebungsvoll stürzt, seinem Tun nach nicht ahnend, dass er sich selbst verschlingt – wir Übrigen überwachen kichernd diese prickelnd ausufernde, makabre Idiotie und schwelgen bissig im blanken Hohn unkalkulierbarer Verwegenheit.

Knatternd dröhnen die Motoren einer verwahrlosten Realität, blasse Farben, von grauen Schlieren durchzogen, fiebrig brodelnd im Dampfkessel verlorenen Sinns – vorbei, der Traum vom Menschenglück, die Zukunft ein verbrannter Fels, auf dem kauernd der letzte Affe seinen Darm auswringt. Einsamkeit symbolisiert meine Grenze, die zu übertreten ich längst nicht mehr wage, im Büßerkleid der Eitelkeit degenerieren wir sekündlich mehr, kreischen, schwafeln und vollführen einen Tanz der Prostitution in einer mit Fragezeichen garnierten Atmosphäre siedend heißer Heimlichkeit.

Hörst du es? Hörst du das monotone Läuten geborstener Glocken, die dich aufrufen zur Läuterung? Ein stolzer alter Mann, etwas von mir entfernt, verzehrt seinen linken Fuß und das Lachen der Häme verwandelt sich in Hysterie, denn zwanghaft, ohne es zu wollen, beginnen auch wir, die Erkennenden, vor Tellern zu sitzen, die gefüllt sind, mit Fragmenten unserer Körperlichkeit, beginnen auch wir zu fressen, getrieben von einer im Schattenreich des Unbekannten verharrenden Macht, die uns, an ihren Fäden ziehend, blind durch diese Groteske ohne Wiederkehr dirigiert, während die Hunde bellen, als würden sie etwas wittern – vielleicht den zarten Duft einer Revolution, nicht intern, die Natur als Schirmherr eines überfälligen Vergeltungsschlages – beginnen auch wir, unser Schicksal zu akzeptieren und feiern unseren Abschied mit tragischer Völlerei, die harmonisch einherschreitend, Selbstverstümmelung neu definiert, der Willkür der Ausdrücke einen gebrandmarkten Spiegel vor die zitternden Wimpern hält und charismatisch applaudiert, demjenigen, der am euphorischsten schluckt – mir! Sternenförmig kriechen wir zu, auf unser Verderben – die Kirschen, sie hängen in den Bäumen, prachtvoll und süß, heiter schwankend unter dem Ansturm des Windes, trotzige Versuche, sie von den Zweigen zu schütteln und eines schönen Tages, eines Tages fallen sie doch – ich sehe kein Bedauern in ihren Gesichtern, wenn ihr finales Stündlein schlägt, auch das Orchester im Garten Eden hält nicht auf, was unvermeidbar ist, sein Schall und Rauch der Töne verwirrt die Blüten des Gemüts und ewiglich schäumt das Meer an verlassene Gestade, bis es selbst verdunstet ist. Arme, Beine, Ohr und Genital, wandern hinab, in träge Schlünde, schon transformiert in Einheitsbrei, zerkaut von faulen Zähnen, ihr Geschmack ein Zungenrelikt, vertieft ins Kauen zucken Hälse, rudern Nasen lodernd dahin, im Herzen des Schreckens herrscht nur Ruhe, armselig züngelnde Besinnlichkeit unter einem falschen Mikroskop.

Wenn das Unglück – was immer du dir darunter vorstellen magst, bewusst wähle ich dieses unsinnige Wort, um dich zu blenden, denn möglicherweise ahnst du nicht, was es damit auf sich hat – auch an deine Türe klopft und dich mit seinem Donnerhall aus deiner leichtfertig angelegten, auf tausend bizarren Regeln – die du dir in krankhaften Fieberträumen zusammenhalluziniert hast – basierenden Trägheit reißt, dann öffne ihm nicht, schließe dich ein, in deine kleine Höhle, diese obszöne Karikatur einer heilen Welt und stelle Dich schlafend, oder – besser – bete, hoffe, flehe, dass es vorüberzieht und den Nächsten vernichtet, nur nicht dich... Wenn du dies tust, was deinem aus falschen Tatsachen zurechtgezimmerten Pseudonaturell am ehesten entspricht, begehst du genau den gleichen verheerenden, nie wieder gutzumachenden Fehler, der uns nun unser Leben kostet – doch, war das wirklich ein Leben, oder lediglich eine billige Imitation? Hechelnd liefen wir dem dröhnenden Hall unserer entfremdenden Vorstellungen hinterher, griffen ins Nichts, bereicherten unsere Dummheit mit hohlen Phrasen, einer stinkenden Architektur der Überheblichkeit, schlugen uns die Nächte im Rausch käuflichen Glücks um die Ohren, brutale Exzesse wider jegliche Menschlichkeit – Menschlichkeit im Ursprung seiner positiv geprägten Bedeutung – alles nur, damit wir einen morbiden Ausgleich für die unerträgliche Starre unseres verlogenen Miteinanders in die Waagschale falschgoldener Eitelkeiten werfen und den bereits selbstständig wuchernden Berg verdrängter Wahrheit in unserem Inneren noch ein Stückchen weiter wachsen lassen konnten. Was haben wir jetzt davon? Wir schwinden, verzehren uns selbst, tilgen uns vom Angesicht der Erde, folgen dem Ruf einer höheren Macht, die uns nicht mehr haben will, so interpretiere ich das Unbegreifliche des Geschehens und täusche mich sicherlich erneut; doch, ich will mich nicht mehr ändern, werfe die Hoffnung von mir und nage, die dreckig schillernde Krone meiner emotionalen Kastration stolz zur Schau stellend, das morastig schmeckende Fleisch von meinen liederlichen Fingern, kein Schmerz zerreißt die Stille des Gerichts – wir verhalten uns passend, ich und meine Kumpanen, uns – als Schwindel – in einen Hauch falscher Trance kleidend, um unsere – um unsere – unsere bittere Armseligkeit vage zu kaschieren – wir wollen ihn nicht mehr, den Weg zurück – … und nur ein Narr schenkt uns Glauben.

Die grausamen Rädchen haben: ihren Antizweck erfüllt; zäh knirschenden Rost angesetzt; sich lange genug im klebrigen Schleim ihrer wespenhaften Lächerlichkeit gewälzt; räuspern sich ein letztes Mal voller Selbstgefälligkeit, hallen nach, in endlosen Monologen, die gierig schmatzend die Essenz ihrer bedauernswerten Rezipienten ruinieren – aus dem vermeintlichen Chaos heraus in die Servilität einer potentiellen Gleichschaltung hinein manövrieren – aber, es bringt nichts mehr, die eigene Ideologie tilgt sie aus, schneidet mit einer scharfen Schere ihre verödeten Konturen aus Raum und Zeit, sie fallen durch das, ächzend perverser Logik gehorchende Raster ihrer eigenen Gesetze, stolpern starr grinsend in die eigenen Fallen, verrecken verzweifelt klagend am eigenen Gift, Klumpen nutzloser Materie – unsere einst so stolzen Schritte haben Krähen gesät, das Jubeln des Todes dröhnt hölzern durch die Wände, verdammt ist die Wiege, der ich entkam, mein Wanken ködert kein Mitleid mehr.

Blutüberströmt, mit nässelnden Wunden verziert – wagemutige, die alles überschreitende Lust purer Dunkelheit anrufende Transformation – zerbeißen wir unsere glitschig den Essinstrumenten ausweichenden inneren und nach außen verlegten Organe, das sich gebüschartig verzweigende Korsett unserer verwahrlosten Muskulatur, die hässlichen, löchrigen Cannelloni abgeschlafften Bindehautgewebes – blökender Schwall eines überzeugten Laien – und alle anderen, in wissenschaftlichen, mich nicht tangierenden Präzisierungen definierten Bestandteile unserer weltlichen Bindung – dort, wo die verblichenen Rosen des Abschieds stickig blühen, hinter dick verstaubten Vorhängen, in der Isolation zerwirkter Kammern, macht kein Schmerz sich breit, nur vollkommener Frieden, Befriedigung, Aufschäumen bewegender Erinnerung und der damit verbundenen Scheidewege, einer, aus unreifer Perspektive observiert, teilweise grausam anmutenden Illusion einer wahren Wahl. Jeder für sich – keiner reicht die Hand – Vergangenheitsbewältigung in Reinform, dunkles Rot voll lüsterner Intensität, erdiger Duft metallischen Anstrichs, Fliegen lockende Klebrigkeit – Attrappen im Stereo-Licht röhrenhaften Neonflackerns – Konsumenten, Dirigenten, Manipulatoren und Opferschar, Reigen der Erbärmlichkeit – wir tanzen unseren Walzer im Todestakt: Stümpfe, Löcher und Fragmente pflastern das Portrait einer in Irrsinn ausgearteten Zusammenkunft, schemenhaft aufflackernd vergehen Sterne, die wir nie waren, zerbrechen Zerrspiegel um unser Sein, Masken fallen, zerschellen am Boden und düngen mit ihrem Harngeruch das schief gewellte Ambiente einer debilen Aufräumaktion – sich verflüchtigende Ambivalenz – kein Lachen verflüssigt meine Stirn.

Widerwillen, Aberglaube, alptraumhafte Wirklichkeit, kaum Reue, kein Erbarmen, stupider Fanatismus im Gebein – zu fest angezogene Schrauben knarren, wollen sich nicht mehr drehen

– brechen beim Versuch – diktieren höhnisch summend das Kreiseln der Menge im Schneckenhof etablierter Angelegenheiten, verzerren das Benehmen, Tugend, Unterwürfigkeit und Hass, bleiern die Gedanken, nur noch, von ihrer eigenen Trägheit besoffene Goldfische im viel zu kleinen Aquarium – Pause – ein paar Schläge, Krachen, zäh wie Pech ergießt sich ein samtig erstickendes Netz über die Lotusblüte im Spinnenwinkel grotesker Sinnlichkeit, was wollen wir wagen? Was wollen wir wagen? Was soll uns geschenkt werden, hier, im Krankenhaus der Zeit? Keine Antwort, nur das Tun beflügelt unser Verbrechen, ein Ziel hinter der Flagge des Wahnsinns, glorreich, wie der Zorn der Sünde im Höllenrausch unfreiwilliger Unterwürfigkeit. Trauma. Sentimentalität. Im Rückblick finde ich kein Heil.

Und schließlich ist es gelungen: wir haben uns selbst besiegt.

Was bleibt übrig? - Dumme Frage: Nichts! ... oder... ?

Kommentar: Nicht jedermanns Geschmack. Nicht angenehm. Soll es wohl auch nicht sein. Verstörend. Verwirrend. Experimentell.

Kathrin B. Külow

Komm schönste, komm und schiff dich ein!
Ich seh das milch-meer deiner brüste
Wenn ich mich nicht befürchten müßte
Ich würde schon im hafen seyn
Komm, schönste komm und schiff mich ein

unbekannter Dichter, 17. Jahrhundert

ja liebster schiff dich ein
der wind steht günstig
und ich halt die planke
daß du nicht strauchelst
wenn du die elemente wechselst
mein meer ist freundlich dir gesonnen
wag dich hinaus
zieh auf die segel
am horizont die große dunkle wolke

nimmt rasch die sonne in den arm
ich wend dein schiff nach osten
dort wo mein fleisch
im feuer deiner küsse schatten wirft
komm schiff dich ein
mein meer ist auch ein fluß
der trägt uns quellend an die oberfläche
so daß auftauch ich vor dir
und deine lippe netze
stell fest dann rad und ruder
folg unbeirrt den kreiselnden magneten
die klippen schwinden unterm schmeicheln meiner wellen
komm fahr ein in meine bucht
mit stolz geblähten segeln
komm liebster schiff dich ein

Kommentar: Auflösung der syntaktischen Strukturen lässt einen rhythmischen Sprachfluss entstehen. Schön!

Daniel Ritter

Eintagsfliege

Eine Eintagsfliege fliegt für einen Tag
in ein Reisebüro und sagt
noch vor Sonnenuntergang
bezwing ich die Welt
ganz von allein

doch es wurden nur Nahstrecken gebucht
danach hatte sie den Tag verflucht
und sich gedacht
ach hätte ich doch mehr Zeit
an der frischen Luft verbracht

Kommentar: Lebensweisheit für Eintagsfliegen.

Fabienne Ferber

Herzensschmerzen

Hier sitze ich im strömendem regen
der Herzensschmerzen wegen
Ich dachte, unsere Beziehung wäre toll,
alles liefe wie es soll

Wenn du sagst,
dass du mich zwar magst,
aber leider nicht mehr
dann verletzt mich das sehr.

Ich denke an die Stunden
die Minuten und Sekunden,
die wir zusammen verbrachten
Die angeblichen Liebesbeweise , die wir uns erbrachten
An die Schmetterlinge im Bauch.
Ich dachte du fühltest sie auch.
Ich nahm an, dass all dies dir

so viel bedeutete wir mir.

Nun sitze ich allein
im Regen und weine
Du hast die Beziehung beendet
und mir mein ganzes Glück entwendet.

Kommentar: Eine in einfachen Worten beschriebene Situation, die doch für die betroffene Person so schwierig ist. Betroffenheitslyrik. Bewegend.

Thomas Anin

In eisigen Höhen

Wir sind in Cinisello Balsamo, einem Vorort von Mailand, auf einer Versicherungsmesse. Aus meinem Hotelfenster kann ich bis zum Horizont blicken und bis zum Horizont sehe ich keinen Baum, keine Wiese, kein Grün. Seit drei Tagen fällt Regen, das Wasser prasselt auf den Beton, und ich stehe an dem Fenster und sehe hinaus. In den Nachrichten sagen sie, dass es die ersten Toten gibt, Überschwemmungen in Genua und bei den Cinque Terre. Vor meinem Fenster liegt ein Wendekreis mit Autobahnauffahrten und in der Mitte steht eine Straßenlaterne, vierzig Meter hoch. Vier Lichter hängen herab. Eine Palme aus Beton.

Sie ist klein und schlank. Stets trägt sie Stiefel oder Pumps, dunkle Miniröcke oder Stoffhosen, tagsüber Blazer, nachts Lederjacke. Sie sieht so jung aus, dass sie nach dem Ausweis gefragt wird, wenn sie Alkohol bestellt. Sie müsste irgendwie süßlich duften, wie Erdbeeren mit Zitroneneis, aber ich rieche nichts. Sie ist sechsunddreißig.

Vielleicht ist es so: Sie altert nicht. Sie behält diesen Körper und dieses Gesicht. Ein jeder Mann hofft auf sie, beginnt ein Leben mit ihr, doch nach einigen Jahren geht sie, muss sie gehen. Darum wechselt sie die Arbeitsstellen und sucht sich anonyme Orte, Multiplexkinos, Callcenter, Versicherungsfirmen.

Soll ich sie darauf ansprechen? Vielleicht geht sie dann nicht, weil es kein Geheimnis mehr zu schützen gilt. Sie wird mich ansehen, wird lächeln und eine einzige, winzige Träne wird aus ihrem Augenwinkel kullern.

Natürlich ist das Unsinn. Sie altert, sie muss altern. Sie ist völlig normal, ich fantasiere.

Aber die Wahrheit ist: Sicher bin ich mir nicht. Ich bin mir überhaupt keiner Sache mehr sicher. Ich habe schon so lange meine Spur verloren, dass ich genauso gut glauben kann, dass sie nicht altert, wie ich auch alles andere mitmachen kann.

Ich hatte sie am Vorabend an der Bar des Messehotels angesprochen. Sie war von der Empfangsdame in den Bereich der Administration ihres Unternehmens aufgestiegen und so hatten wir, ganz am Rande, einen gewissen geschäftlichen Kontakt. Ich stellte ihr irgendeine belanglose Frage, um nicht als Schweigender, Freudloser aufzufallen. Ich mochte nicht einen einzigen Menschen ihrer Firma, ich hasste diese Leute und wahrscheinlich konnte ich das kaum verstecken. Eine Übertreibung der Sache wäre aber geschäftsschädigend gewesen.

Sie sagt: „Gleich nach unserem ersten Gespräch, gestern Nacht, habe ich dich im Netz gesucht.

Dann kam ich mir dumm vor.

Und jetzt gestehe ich es dir auch noch."

Sie erzählt mir, dass sie Stewardess war, aber dass sie gekündigt hat, als sie eines Tages etwas über Sarkozy erwähnte und ihre Kollegen fragten: „Wer ist Sarkozy?"

Sie habe umsonst in Berlin wohnen können, weil ein Zimmer der Wohnung als Hanfplantage diente. Sie habe die Pflanzen gehütet.

Sie liebe die deutschsprachige Literatur, aber eigentlich nur die Österreicher. Die seien hart, brutal und manchmal ironisch.

So redet sie, reden wir und mit jedem Wort brennt sie eine neue Klangspur in das wundervolle Bild, das ich schon von ihr habe. Hier, in Cinisello Balsamo. Genauso könnten wir auch sprechen am Mount Everest zwischen zwei Gletscherspalten. Wir sind im Nichts. Wir werden hier nicht bleiben. Ein Gespräch wie ein Gespenst.

Gespenster gefielen ihr schon immer.

Ich versuche wieder, meine Frau zu erreichen. Seit zwei Tagen ist ihr Handy abgeschaltet. Während ich auf Verbindung warte, beobachte ich den Wendekreis und die unfertigen Betonbauten vor dem Hotel. Sie liegen in der Landschaft wie Geröll.

Am nächsten morgen arbeiten wir. Der Messeraum befindet sich im Keller, ein unterirdisches Fußballfeld. Neonlampen lassen die Wände glitzerweiß strahlen, wie Schnee. Tageslicht. Ich denke an Tageslicht.

Sie ist Versicherungsmaklerin, spezialisiert auf italienischsprachige Kunden, obwohl die Firma in Deutschland liegt. Ich bin Anwalt und betreue die Verträge der Versicherungsfirma. Daneben bietet die Firma Beratungen durch mich an, was ein anwaltlicher Standesverstoß ist, aber, wie gesagt, schon lange habe ich meine Spur verloren.

Nach vierzehn Stunden in dem Keller essen wir zu Abend. Der Chef der Versicherungsfirma verteilt Zweihunderteuroscheine an alle, denen Vertragsabschlüsse gelangen. Alessandra stopft er ein Bündel in den Ausschnitt. Chiara dreht sich um und zupft ihren Rock vom Körper, so dass er ihr die Scheine in den Gummizug des Tangas klemmen kann.

Ich lasse mein Essen stehen, hole mir ein Buch und setze mich in die Lobby. Sie hat dieselbe Idee. Also lesen wir beide. Der Duft von November und Platzregen weht herein.

Ich schaffe zwei, drei Zeilen, eine viertel Seite. Dann hebt sich mein Kopf und ich blicke ins Leere. Aus dem Augenwinkel sehe ich, dass es ihr genauso geht. Sie senkt ihren Kopf, um zu lesen, doch nie blättert sie um. Ihr Blick hebt sich, sie starrt ins Weiß der Hotellobby.

Wir denken an das gleiche. Oder an das Gegenteil. Wir denken an das, was diese Tage geschehen ist. Ich denke an die Person links neben mir. Und die Person links neben mir denkt an mich.

Der Schnee fällt nun ganz sanft. Es ist kalt, aber vielleicht klart es morgen auf. Ein Gipfeltag? Sie klappt ihr Buch zu, und beginnt zu reden. Ein Mensch, der nur hübsch und belanglos war, breitet sich aus. Er wird mit jedem Wort weiter und näher. Mit sanften Fingern beginnt er auf den Tasten zu spielen, auf denen man selbst schon gespielt hat. Und als Erinnerung, als Variation erklingt ein altes Lied.

Und wie in eisigen Höhen stehen wir am Scheideweg. Wagen wir den Marsch zum Gipfel, dem großen Zertrümmerer? Wir lassen die Unseren zurück und gehen gemeinsam.

Sie würde den Weg gehen. Das glaube ich.

„Ich mochte das Fliegen“, sagte sie, als ich nach ihrer früheren Arbeit fragte. „Vor allem wenn es Turbulenzen gab. Ich beobachte so gern die Menschen. Du kommst ihnen näher, bei Turbulenzen.“

Ihr ganzes Leben hat sie in Drecksjobs gearbeitet, obwohl sie eine wissenschaftliche Ausbildung hat und aussieht wie eine Prinzessin.

Ja, sie würde es tun. Aus Neugier, welch Überraschung das Leben auf diesem seltsam kalten Pfad bereit hält.

Und ich? Ich bin so nicht… Ich stelle es mir vor. Der anonyme Ort, das Hotelzimmer. Ihre perfekte Garderobe über das Laken verstreut. Es wäre großartig. Wundervoll.

Inmitten des Eises ein Körper, rosa rot schimmernd.

Wie gerne würde ich ihre Hand halten. Diese kleine, warme Hand. Die Hand einer Teenagerin.

Ja, ich mag das Fliegen auch. Aber Turbulenzen gefielen mir noch nie.

Sie sagt, sie liebt Philosophie. Ich habe dieses Studium immer verachtet. Das Spiel auf der Playstation bringt dich dem Menschen näher als die Philosophie.

„Was ist das, gut und böse?“ Sie marschiert los. Sie marschiert immer weiter. Und Wintergewitter umstrahlen ihr Gesicht.

Sie hat gute Chancen, den Gipfel zu erreichen.

Begeistert blicke ich ihr nach, bis sie verschwindet.

Yves Engelschmidt

Rendezvous mit Mrs. Winehouse

Das Diva-Dilemmata
Sie war unschlagbar an der Bar und besinnungslos betrunken. Wie ich auch, als sie mir nah und näher kam; mit ihrem wild, weich-nassen Whisky-Lippenpaar. Doch ich rülpste...... – aus Versehen.
Tiefzüglich rauchte ich noch immer gegen die heraufkommende Übelkeit an, als sie spurlos verschwand; darauf jedoch mit jazz-lässiger Geschmeidigkeit wiederkehrend, sich mir in die Arme warf. Plötzlich sog ihr Liebesschlund voller Leidenschaft den Qualm aus meinem Mund. Ich blickte ihr verschwommen in die Stecknadelpupillen und bat ihr eine meiner LSD-Pappen an.
„Bist du die ganze Zeit schon drauf?", fragte sie darauf.
„... Ja, schon...", nickte ich.
„Ein Glück", stieß sie erleichtert vor. Dann steckte sie mir einen weißen murmelriesengroßen Bömmel in die Brusttasche. Als ob: sofort lief ich los und hackte mir im Männerpissoir eine überfette Klodeckeldiagonale auf. Ich schrie vor lauter Schleimhautschmerz – und Sehnsucht ebenso.
Jetzt ließ uns nicht mehr nur die Liebe strahlen. Die Serie.

Rauschschmeißer

Woher auch immer, hatte sie sich Kautabak besorgt. Sie warf mir ein braunes Lächeln zu. Was sie aber kaute, war eine Camel-Zigarette – ohne Filter.
Kurz darauf torkelten wir hinaus. Denn die Bar hielt uns, und auch wir sie, nicht länger aus. Hand in Hand – Highend-Zustand.
Und Sonnensaufgang.
Ich fühlte Schönheit. Während alles um uns im Fluss – und wir das wrackwackeliges Kanu-Duo dazwischen waren.
Ich nahm sie auf dem Fahrrad mit. Zunächst schlenkerstark, bis eine Art Trance eintrat. Dabei spürte ich, wie ihre Hand mir unters T-Shirt glitt. In den Spiegelungen der Schaufensterscheiben sah ich ihr pechschwarzes Raabenhaar im Fahrtwind wehen.
Von hinten schrie sie: „Fahr uns in die nächste Bar!"

Bartitania

Als alter Wahn-Veteran kannte ich selbstverständlich hier und da, das ein oder andere niemals versiegende Lokal für Speedfreaks und Gespenster. Man kannte mich hier – klar. Sie aber begrüßten sie mit Küsschen.
Ihr Spermafängerpiercing glitzerte jetzt genauso wie ihr verschwitzter Teint, während sie gegen vier Hooligans ansang und sie danach aufs aller Kritischste zu beleidigen begann, so dass selbst ich mich schämte – ja ich, der Mann der Porno-Gravur und -Belletristik, Mr. „Tough", das Unterschichten-Ass – hätte jetzt auch lieber Vier-Gewinnt gespielt.
Denn sie schlug direkt als erste zu.
Und als einer der enormgroßen Glatzen-Gringos auf mich zukam, erklärte ich ihm schreckgenüchtert sachlich, dass ich mich nicht mit ihm prügeln könne. Er sah grübelnd aus und kratzte sich. „Warum?", fragte er und hob die Faust.

„Weil ich Tänzer bin ...“, sagte ich „ ... Ballet.“
Er zögerte tatsächlich. Und ich führte ihm ein paar frei erfundene Choreographien vor.
Bald saßen wir wieder alle ganz versöhnt und aufgereiht auf Hockern beieinander. Jeder redete sich in seinen Monolog hinein.
Ein Imperium der Wölfe.
Kokain – du grauenhafter Ego-Imperator.

Erzählt aus der Ich-Perspektive eines Statisten
Erst sagte sie, sie liebe mich, dann schmiss sie mir die Bierflasche nach. Mir wurde plötzlich klar, dass irgendwann ein Abschied unumgänglich war – der bereits bei Begrüßung begann. So war das. So wie mit allem.
Ich sackte am Tresen zusammen, sah mein Bier an. Es wurde schal. Müde Tränen rannen mir über die Wangen.
Allmählich wünschte ich mir sogar ein wenig meiner Nüchternheit zurück.
Weil sie jetzt keine Lust mehr hatte, jedes Mal auf Klo zu rennen, steckte sie erst mir, dann sich einen dicken Bömmel-Klumpen in den Zinken. Wie ein weißer Blitz, der durch den Schädel sickerte, kam die Wirkung verzögert, dennoch schlagartig

Die Feuerleiter der Leidenschaft
Dann zog sie mich an sich und danach die ganze Vodkapulle zum Hals – wasserleicht wirkte bei ihr Schluck um Schluck. Nach einem zu übermütigen Versuch meinerseits, kotzte ich ihr ins Dekolletee. Es war wirklich nur ein bisschen. Doch sie mutierte sofort zu einer tobsuchtswütenden Märtyrer-Tarantel. Sie prügelte drauf los. Mein Schädel schlug am Tresen auf. Ich in meiner stummen Not, dachte eigentlich, man sehe rot – nicht schwarz. Der Blackout jetzt.

Als ich wieder zu mir kam, fand ich mich allein. Und einsam. Mit neutraler Anteilnahme stellte mir der vernarbte Mann hinter der Bar ein Bier vor die gefühlte Waschmaschinensicht. Gierig nuckelte ich an der frischen Bitterkeit. Etwas Licht, gelb und tagesschwanger, drang durch die aufgeplatzte Folie an der Fensterscheibe. Doch ich hielt stoisch an meiner Noch-einen-letzten-Drink-Mentalität fest. Bis plötzlich warme Klänge durch die eiserne Stille drangen.
Sie war noch immer da. Die Jukebox aus dem Hinterhalt. Sie sang jetzt, nur für mich „House of the rising sun“ und sah mich dabei an. Ohne Schuhe, nur auf Strumpfhosen, tanzte sie wie ein sehr langsamer Wellengang. Die Frau war endboss, man!
Ich bestellte uns Whisky-Cola, während sie mit „Purple Rain“ begann.

Das Sagro-Phargo Szenario
Wir waren die letzten Lichter der verwehten Nacht. Doch der Tag, bereits erwacht, war warm und kratzig. Ich küsste sie und schwitzte. Ohne Umwege kam es prompt zu spontanem Beischlafverfahren – im Gebüsch.
Ich kam nicht einmal dazu, ihn vorher rauszuziehen.
Wieder auf dem Fahrrad fuhren wir johlend durch Frühschichtsstraßen. Neben spieß-steifem Groll sammelten wir auch unzählige Schmunzler ein; die Sonne jetzt im Nacken, in Richtung Hafen unterwegs.
Sie wurde sofort ohnmächtig, nachdem sie zu gierig an meinem Haschpfeifchen gezogen hatte. Ich legte ihr meinen Pulli unter den Kopf. Danach sprang ich ins Wasser. Unendlich frische Freude. Doch ich kollabierte fast. Nur knapp rettete ich mich bis ans Ufer. Dann legte ich mich neben sie und wir schliefen ineinandergekeilt ein.
Als ich mit akutem Sonnenbrand aus meiner Bierbewusstlosigkeit erwachte, war sie verschwunden.

Kommentar: Es gibt das Dilemma und die Dilemmata. Aber man sollte nicht päpstlicher sein als der Papst. Schon gar nicht bei so einem Text. Anschaulich geschildertes Milieu.

Leander Beil

Schlagzeile

Die Zeitung
färbt ab in schwarz-weiß
schmecken diese Himbeeren einfach nur nach
Lippen die druckerschwarz
und trocken sind eingeölt
mit dieser Petroleum-Masse.

Deine faltige Haut
imprägnierst du und lüftest sie aus
bevor du in den Regen trittst festgebissen
an den Kleinigkeiten des Alltags
dem Bierfahrer an der Straßenecke
mit dem Shirt *Lust? Ploppt*
oder *Lust? Poppt* festgebissen
an seinen Haaren die nach Vogelkot
riechen und feuchten Zigarren.

Zieh die Wurzel
aus seinem Grinsen und nicht viel mehr
als ein paar mickrige Endorphine bleiben übrig
festgebissen zwischen den biergoldenen Zähnen.

Ulrich Pistor

Der Vogelprinz.

Ein kurzprosaisches Märchengedicht.

Es war einmal ein fernes und weites Königreich, in dem es viele Vögel gab – schöne, singende und prachtvolle Vögel. Vom Haussperling bis zum Steinadler war alles darin heimisch, und keine Art litt Not. Darin regierte ein alter König, dessen einzige Freude sein einziges Kind war. Dieses Kind liebte die Vögel von seinen frühesten Tagen an, und die Vögel liebten das Kind wie sonst kein anderes menschliches Wesen. Schon als es in den Windeln lag, besuchten es die Nachtigallen am Fenster des Kinderzimmers und sangen ihm ein Wiegenlied. Des Nachts landete ein Wanderfalke auf dem Fenstersims, um es nicht aus den Augen zu lassen und treuherzig zu hüten. Nie war es später ohne die Begleitung zwitschernder und musizierender Lerchen, Schwalben, Finken und Drosseln, nie ohne das würdige Zeremoniell wegweisender Tauben, nie ohne den wachsamen Schutz über ihm kreisender Habichte, Adler und Kondore. Ob bei Unterricht oder in der Muße, immer war es dieses vertraute, einträchtige, durch nichts zu erschütternde Bild innigster Freundschaft. Der König war glücklich, die Vögel waren glücklich, und das an beiden Seiten hangende Kind lebte glücklich seiner Tage. Eines Tages jedoch wurde das Königskind sehr krank, so dass es starb. Es ließ sich nicht unterscheiden, wessen Trauer größer war: die des Königs oder die der Vögel. Der König erließ alsbald ein Edikt, wonach alle Vögel im Reich umgehend auszurotten waren. Schon nach einem Jahr fand sich kein einziger Vogel mehr in den luftigen Weiten des ganzen Königreichs. Die Täler und Berge, die Ebenen und Wälder waren leer von ihnen – man genoss ihren Gesang nicht mehr, und keine Erhabenheit am Himmel war mehr zu bestaunen. Die Freude musste der König mit den Vögeln teilen; den Schmerz wollte er für sich allein.

Kommentar: Schade. Da hätte man auf ein „Happy End" gehofft. Aber so geht es auch.

Sabine Kohlert

Der Besuch

„Wer bist Du?", fragte Charlotte.

„Ich bin ein Engel."

„Engel gibt es nicht", antwortete Charlotte düster.

„Woher willst du das wissen?" Der Mann mit den kurzen blonden Locken, setzte sich zu ihr ans Bett.

„Das ist eben so. Ich habe jedenfalls noch keinen gesehen."

„Wenn das der einzige Grund ist, dann gibt es viele Dinge auf dieser Welt nicht."

Charlotte verdrehte die Augen. „Kommt jetzt diese ‚*Du-glaubst-doch-an-Gott-Sache*'? Um dich gleich aufzuklären. Ich glaube auch nicht an Gott."

„Das macht nichts", sagte der Mann und betrachtete Charlottes Medikamente auf ihrem Nachttisch. „Helfen die Tabletten?"

„Es geht. Die Schmerzen sind erträglicher damit. Allerdings bekommt man davon Halluzinationen. Du bist doch eine Halluzination?"

„Nein, bin ich nicht. Ich bin ein Engel."

Charlotte seufzte genervt. „Also gut, dann bist du eben ein Engel. Hast du auch einen Namen?“

„Michael.“

„Der Erzengel?“ Charlotte schnaubte belustigt.

„Nein, einfach nur Michael“, erwiderte der Mann lächelnd.

„Was willst Du hier?“

„Du wirst sterben. Weißt du das noch nicht?“

Verdutzt schaute Charlotte den Mann etwas genauer an. „Ich hatte gehofft, ich komme drum herum. Ich dachte meine Zeit ist noch nicht gekommen, oder wie man das so sagt.“ Sie schaute aus dem Fenster. Volle graue Wolken verdunkelten den Himmel. „Ein Gewitter zieht auf, siehst Du?“

Der Mann nickte. „Es wird nicht lange dauern.“

Charlottes Blick kam zurück. „Was wird nicht lange dauern? Das Sterben oder das Gewitter?“

„In dem Fall, das Gewitter.“ Der Mann stand auf und schob die Vorhänge ganz zur Seite. „Es wird kurz und heftig regnen, ein bisschen hageln und dann ist es auch schon wieder vorbei.“

Charlotte schwieg. Sie betrachtete die Gesichtszüge des Mannes. Er schien schon etwas älter zu sein. Furchen zogen sich um seinen Mund und seine Nase. Von seinen Augen entlang zu seinen Schläfen gab es Fältchen, die wie die Verästelung eines Baumes aussahen. Die makellosen blonden Haare, in denen Charlotte kein graues Haar entdecken konnte, hatten sie erst denken lassen, er sei noch jung. Mitte zwanzig, so wie sie. „Wann werde ich sterben?“, fragte sie leise.

„Das weiß ich nicht. Wann du es zulässt. Ich weiß nur, dass es nicht wie das Gewitter sein wird.“

Charlotte schaute wieder aus dem Fenster. Zwischenzeitlich tobte das Gewitter, Blitze erhellten in Lilatönen den Himmel. „Du meinst, mein Sterben wird nicht kurz und heftig?“

„Ja.“ Der Mann nahm Charlottes Hand. „Ein langes Sterben, mit Schmerzen. Du kämpfst, aber du wirst verlieren. Deshalb bin ich hier.“

„Deshalb bist du hier“, wiederholte Charlotte die Worte des Mannes.

„Schockiert?“, fragte er und lächelte sie an.

„Ja, schon, ein bisschen“, antwortete Charlotte. „Müsstest du mir als Engel diese Sterbe-Sache nicht schonender beibringen?“

„Hättest du das gewollt?“

Charlotte senkte ihren Blick. „Nein! Kann ich denn etwas tun, damit es nicht so qualvoll wird. Ich meine, wenn es sowieso schon beschlossene Sache ist, dann brauche ich ja nicht mehr kämpfen. Wenn ich es akzeptiere, wird es dann einfacher?“

Der Monitor am Bett piepte leise. Die Kurve war unruhig geworden, hatte in den letzten Minuten ein paar Ausschläge und Zacken mehr, nach oben und unten bekommen. Es sah fast ein bisschen wie ein Seismograf aus, der ein Erdbeben ankündigte.

„Ja. Wenn du es zulässt, wird es einfacher“, antwortete ihr der Mann.

„Ich sterbe schon seit Wochen, oder?“ Charlotte drückte die Hand des Mannes. Ihr Blick verriet: *Lass mich nicht los.* „Das was gerade mit mir passiert ist Sterben?“

„Ja. Du klammerst dich so sehr an das Leben. Du erträgst diese Schmerzen, quälst dich. Warum?“, fragte der Mann vorsichtig.

„Ich dachte, es könnte es vielleicht doch schaffen.“

„Wirklich?“

„Nein!“ Charlott senkte die Augen. „Aber alle sagten zu mir, du musst kämpfen Charlotte. Ich wusste es eigentlich besser.“ Sie sah wieder zum Fenster. „Der Sturm legt sich, es wird schon heller. Soll ich loslassen?“

Der Mann nickte. „Wenn du bereit dazu bist.“

„Was wirst du tun?“

„Hier sein!“

„Bleibst du, bis es vorbei ist?“

„Ich gehe mit dir hinüber.“

Charlotte schüttelte ihren haarlosen Kopf, aber sie lächelte als sie ihm antwortete: „Aber ich glaube doch nicht an Gott.“

„Ist schon gut“, sagte der Mann. Er deutete zum Fenster. Die Wolken waren heller geworden, ihre schwere Last hatten sie losgelassen. An einigen Stellen war das erste helle Blau des Himmels zu sehen und ein paar Sonnenstrahlen schoben sich hindurch und brachen die Wolkendecke auf.

Ein Regenbogen spannte sich über den Himmel.

Charlotte zog eine nicht mehr vorhandene Augenbraue nach oben und lachte. „Das ist jetzt aber nicht dein Ernst! Ein Regenbogen? So viel Kitsch hätte ich selbst Gott nicht zugetraut. Ich sterbe und ein Regenbogen weist mir den Weg?“

Der Mann stimmte in ihre Lachen ein. „Schön, endlich sehe ich die Charlotte, die sie einmal war.“

„Was mache ich jetzt?“, fragte sie müde.

„Deine Entscheidung!“ Der Mann stand auf, ging zum Fenster und öffnete es.

Die Kurve am Monitor wurde ruhiger. Ganz entspannt, ohne Hast, verwandelte sie sich langsam in eine durchgezogene Linie. Dann setzte ein durchdringendes Piepsen ein, das schrill durch das Zimmer schnitt.

Als die Krankenschwester das Zimmer betrat, flüsterte sie: „Endlich hat sie es geschafft.“ Sie wunderte sich noch über die wehenden Vorhänge und schloss dann Charlottes Augen, die zum Fenster gewandt waren.

Kommentar: Geradeaus erzählt und doch das Herz berührend. Super!

Hannelore Furch

Menschentypen

Es ist das zarte Frühlingsbeben
des Miesepeters Klagesang,
er liebt den Hass und hasst das Leben
und riecht bei Rosenduft Gestank.

Beim Helfer-Typ gibts solche Arten,
die nur der Teufel schicken kann,
die auf den nächsten Brand nicht warten,
sie zünden ihn gleich selber an.

Dann gibts den Typ, der gerne wässert
das nasse Feld, auf dem er geht,
der groß im Wort die Welt verbessert,
als Typ des Besserwissers steht.

Dem nächsten Typ der Menschengruppe
reicht stets es aus, im Kreis zu gehn,
er will nur Ruhe in der Truppe
und nur für sich die Welt verstehn.

Ein Typ konnt' so nicht glücklich werden,
der Reisetyp, der's eng hier fand,
er reist herum und schaut auf Erden
die Menschentypen Land zu Land.

Renate Maria Riehemann

Der Geiger

Er steht gebannt und streicht
den ersten zart gesetzten Ton.
Er führt ihn in die Mitte, misst
die Grenzen ab und spinnt
mit seinem Spiel die Leere ein.

Ein Fänger ist er, denn er fischt,
verwebt, durchbricht, zerreißt und fügt
mit jedem Ton, mit jedem Vers,
auf wechselvollem Weg,
die Träume ein und bindet sie.

Er füllt den Raum, durchschreitet ihn.
Kommt nah heran und schleicht sich fort.
Stolz jubiliert er, windet sich.
Er folgt der Melodie
und schwingt sich mit ihr himmelwärts.

Auf dünnem Seile tanzt der Klang,
da legt der Geiger seine Hand,
den Finger an den Puls und weicht
nicht von der Stelle. Er
steht still. Er spielt, bereitet vor
den allerletzten Ton.

Kommentar: Poetische Sprache, gelungene Enjambements. Zum Mithören. Zusätzliche Ebene?

Bernd Daschek

So Much In Love

„Nun ist aber Schluss hier! Es ist sofort Ruhe!“, unser Musiklehrer, kam auf 180.

Eigentlich war er sonst ein sehr umgänglicher und gelassener Typ von jener Sorte sympathischer 68’er in selbstgesticktem Pullover und breitriemigen Sandalen. Mit Hilfe von Franz-Josef Degenhardt und Hannes Wader bemühte er sich, uns gutbürgerlichen Sechstklässlern des Jahres 1975 Klassenbewusstsein beizubringen oder - bei unserer Herkunft - eher auszutreiben.

Wundern brauchte er sich über die ausgelassene Stimmung allerdings nicht. Die Zeugnisse waren geschrieben, der Übergang zu den jeweiligen Oberschulen vorbereitet.

Alles nahm in unseren Köpfen mehr Platz ein, als der Versuch des Lehrers, endlich zu seinem Gitarrenanschlag zu kommen. Wir Kinder hatten das erste Mal im Leben die Möglichkeit, eine „Leck-mich-Haltung“ zu entwickeln und machten davon auch Gebrauch.

Deshalb war es keine gute Idee von mir, in dieser Situation meiner Freundin den Zettel rüberzuschieben, an welchem so viel Herzblut hing.

„Micha! Anja! Was soll das?“ Wutentbrannt bahnte sich Herr Dierks an der parallel zur Fensterfront aufgebauten Schülerreihe seinen Weg zu uns nach hinten. Anstatt die Gitarre vorher abzulegen, kämpfte er sich, diese senkrecht haltend und immer noch am Gurt befestigt, hinter den Stühlen der Schüler durch.

„Gib mal her!" Er riss Anja den Zettel aus der Hand, doch kaum hatte er erkannt, dass es sich um Verse handelte, hielten seine beiden Hände meine Zeilen beinahe ehrfürchtig. Das führte jedoch zum bedrohlichen Absinken

des Gitarrenhalses in Richtung der vor Anja sitzenden Schülerinnen.

„Ist das ein Gedicht?" Sein Interesse schien geweckt.

„Nein, ein Lied, äh, genau gesagt, die Übersetzung von *So Much In Love. The Tymes,* die Gruppe kennen Sie bestimmt!" Durch Ansprache des Musikerherzens versuchte ich, ihn gnädig zu stimmen und begann zu singen: „As we stroll along together; Holding hands, walking all alone; dub dubidu."

„Ja, kenn' ich! Ist ja uralt!" Seine Mine begann sich aufzuhellen.

„Ja, genauso alt wie ich!" Meine Uroma wurde nicht müde, mir immer wieder zu erzählen, dass sie die Platte am Tag meiner Geburt gekauft hatte.

Überhaupt wurde mein Musikgeschmack durch die Plattensammlungen von Groß- und Urgroßmutter nachhaltig geprägt, aber anders als man vielleicht denken mag, bestanden diese hauptsächlich aus Rock 'n' Roll- und Beat- Titeln.

Um der Bedeutung meines Anliegens gerecht zu werden, musste es aber *So Much In Love* sein, damit ich Anja wenigstes ein *Ich liebe dich* vorsingen konnte. Denn, ihr das zu sagen, hatte ich mich bisher nicht getraut, obwohl wir schon ein paar Monate zusammen waren und bereits intensiv miteinander fummelten.

Nachdem wir jedoch so vielen Anfeindungen und Vorwürfen alla *frühreifes Getue* gemeinsam entgegengetreten waren, die uns, statt zu trennen, immer mehr zusammenschweißten, hatte auch ich erkannt, dass es wirklich wahre Liebe war.

Nun waren Anjas Englisch-Fähigkeiten ... hm ..., sagen wir

eher - schlicht.

Deshalb kam ich in der Nacht zuvor auf die Idee mit der Übersetzung.

Das ging am Anfang auch recht gut und zügig – bis zur letzten Strophe. Ich verstand: „We walk down the isle“, und, „we will wau“. Was sollte das denn? Wir gehen die Insel herunter und werden einen Hund haben oder was?

Da es bereits halb eins war, fühlte ich mich tatsächlich genötigt, mir Hilfe bei meiner älteren Schwester zu holen.

In der Hoffnung, dass sie noch nicht schlief, schlich ich mich auf Zehenspitzen am Schlafzimmer unserer Eltern vorbei.

Zum Glück war sie noch wach, und ich bat sie in mein Zimmer, setzte ihr die Kopfhörer auf - und zu meinem großen Erstaunen kam sofort: „*Walk down the aisle* heißt, vor den Traualtar treten und *vow* ist das Gelöbnis, na, der Eheschwur. Wir behandeln gerade in der Schule *Gretna Green*. Wahrscheinlich, weil unsere Lehrerin da heira...“

Sehr beeindruckend, war ja auch alles hochinteressant, wer oder was auch immer *Gretna Green* sein sollte, doch ich hatte noch zu tun und wollte Schwesterherz möglichst schnell wieder los werden: „Danke, sehr lieb, werd' ich dir nie vergessen!“, schob ich sie durch die Tür.

„Machst du das für die Schule? Nee, ist doch viel zu schwer für die Sechste. Oder ... nee ..., wirklich, du schreibst das für ein Mädchen, ach, ist das süß! Brüderchen ist verliebt! Ach, ist das süß!“, hakte sie peinlich nach.

„Ach, ist der Rasen schön grün! Wo laufen sie denn?“ Meine Wilhelm Bendow Anspielung reichte, um sie lächelnd zu vertreiben.

Na ja, die Worte hatte ich wohl, allein, … da passte nichts zusammen, Musik, englische Textlänge und deutsche Übersetzung. Das klang ja grauenvoll! Mir ging es wie Luther bei der Bibelübersetzung und das als Katholik!

Ok, Synonym-Wörterbuch geholt und zusammen mit dem großen Langenscheidt-Dictionary traktiert bis es passte. Um drei Uhr nachts war ich endlich zufrieden und konnte mich beruhigt ins Bett legen.

Und dieses, mein Werk, hielt statt Anja nun Herr Dierks in den Händen!

„Interessant, interessant …“, murmelte er und trottete gedankenverloren zum Lehrertisch zurück, so langsam, dass alle sich hätten rechtzeitig vor dem Gitarrenhals wegducken können, der wie eine Sense über die Schülerköpfe hinwegschwebte.

Nur Sabine, die wahrscheinlich nicht einmal ein Erdbeben der Stärke 7 aus der Ruhe gebracht hätte, blieb stocksteif sitzen. Nicht genug damit, dass sie getroffen wurde, es machte „Klong“ und bei der anschließenden Drehbewegung, die unser Musiklehrer vollführte, erwischte das Instrument auch noch ihre andere Seite. Kühl und trocken wie Sabine war, meinte sie in ihrem typisch süffisanten Ton: „Ich wäre Ihnen sehr verbunden, wenn Sie mich nicht weiter als Klangkörper benutzen würden, Herr Dierks, danke!“ Die Klasse grölte.

Aber selbst dieses war kein Anlass für den Lehrer seine Augen von meinem Blatt abzuwenden. Mit einem kurzen: „…t'schuldigung Bienchen!“, setzte er sich, legte eine Platte von Reinhard Mey auf und blieb zählend in meine Zeilen vertieft.

„Und das hast du alleine gemacht, Micha?“, fragte er als die erste Seite der LP abgespielt war.

„Ja, bis auf aisle und …“, weiter kam ich nicht.

„Was haltet ihr davon, wenn wir heute etwas früher Pause machen? Aber leise auf den Hof geh…", der Rest ging im Stühlerücken, Brote und Bälle Rausholen und allgemeinem Gebrabbel unter. „Micha, du bleibst bitte noch hier!"

Anja reichte mir beim Vorbeigehen ihre Hand, und wir schritten gemeinsam zum Lehrertisch.

„Du kannst rausgehen!", gestatte Herr Dierks meiner Freundin.

Sie drückte meine Hand ganz fest und entgegnete standhaft: „Nein, wenn mein Freund wegen mir Ärger bekommt, bin ich an seiner Seite!"

Da stand sie nun und konnte nicht anders. Dafür gab's von mir ein zartes Küsschen auf ihre Wange.

„Gut, gut, gibt gar keinen Ärger. Sag mal Micha, du hast doch sonst nich' so viel mit Musik am Hut? Und dann das hier?" Er deutete auf meinen Zettel. „Da stimmt ja fast alles, Reimfolge, Silbenlänge …".

Ich unterbrach ihn: „Doch, doch, ich mag Musik sehr, und wenn dazu noch eine schöne Motivation kommt, geht halt vieles."

Für die *schöne Motivation* bekam ich das Küsschen zurück.

„Kann ich zwar immer noch nicht ganz glauben … Wollen wir es mal ausprobieren?" Herr Dierks gab mir den Zettel und machte seine Gitarre startklar.

„Soll ich das jetzt und hier singen? – Auf deutsch?" Ich war etwas von der Situation überfahren.

Anja nickte stürmisch mit dem Kopf.

„Sicher, war doch dafür gemacht? Oder kannst'e doch nich'?" „Geht das hier auf C?", er schlug die Saiten an.

„War …, war anders gedacht … - Ja, machen wir, jetzt und hier!" Endlich leuchtete mir ein, dass mir gar nichts Besseres hätte passieren können; Ständchen mit Profi-Begleitung. Wie zum Beweis gab ich ihm den Zettel zurück: „Brauch ich nicht, hab's schließlich geschrieben. Nur hier“, deutete ich auf die letzte Strophe, „da wird's etwas schwierig ...“.

Herr Dierks warf mir einen Blick zu, als wenn ich gerade Michelangelo erklären wollte, wie dieser einen Pinsel halten solle.

„Nein, nein ..., für mich schwierig. Wenn Sie da etwas langsamer spielen könnten?“

Er schaute auf den Text und lächelte verständnisvoll.

Anja hüpfte vor Freude, besonders als sie sah, dass bereits ein paar Mädchen viel zu früh von der Pause zurückkamen. Bei meinen Kumpels konnte ich mich drauf verlassen, dass sie jede Sekunde zum Fußballspielen ausnutzen würden. Die Gefahr des Blamierens bestand da nicht.

Herr Dierks schlug die ersten Takte an. „Kann's losgehen?“ Ich nickte, nahm Anjas Hände und die Mädchen rückten näher, um das Schauspiel besser verfolgen zu können.

„Wenn wir zusammen gehen“

– „hu, hu, hu“ –

(Herr Dierks machte tatsächlich auch den Backroundchor!)

„Hand in Hand

Sind wir ganz allein

So verliebt sind wir zwei

Und wir denken nichts dabei

So verliebt

Nur in unserer Welt

Wenn wir am Strand spazieren

Und die Sterne funkeln uns dann zu

So verliebt sind wir zwei

Niemand da, wir fühl'n uns frei

So verliebt - So sehr verliebt

So verliebt- So sehr verliebt"

(Ich hob eine Hand über Anjas Kopf, und sie drehte sich freudestrahlend.)

„Wir gehen nun gemeinsam

Ich sag dir

Ich brauche dich so sehr

Ich liebe, liebe dich für immer

Kannst du's spüren, im-mer mehr?"

(Nun kam es! Kniend nahm ich ihre rechte Hand in meine.)

„Wenn wir dann zur Hochzeit gehen"

(Die Mädels fingen an zu juchzen.)

„Uns versprechen

Liebe bis zum Tod"

(Das Juchzen wurde lauter.)

„So viel Liebe ist da

Wenn wir beide sagen »ja«"

(Jubel brach aus.)

„So verliebt - sind du und ich

***"

Einen flüchtigen Kuss konnte ich ihr noch geben, da wurde Anja mir schon von der anstürmenden Mädchenhorde entrissen.

Sie stand hypnotisiert da und grinste wie ein Honigkuchenpferd.

Vom Lehrer erhielt ich einen anerkennenden Klapps auf die Schulter: „Prima Micha, hat Spaß gemacht! Du kannst zwar immer noch kein bisschen singen – aber bei dem Enthusiasmus – mehr davon!"

Es klingelte. Gefolgt von unserer Englischlehrerin, brauste der Rest der Klasse herein. - Vor meiner Nase stürmten alle auf ihre Plätze. Dieser Andrang verhinderte allerdings das Vordringen zu Anja, die wie angewurzelt, strahlend vor der Tafel stand.

„Sit down please! We want to start the lesson!"

Mein Mädchen wurde ihrem Dämmerzustand gerissen: „Sorry, Mrs Kleinburg-Dorfmann, heute geht mir das Present Continuous leider völlig wo…dran vorbei! Ich hab' grad einen unheimlich süßen Heiratsantrag bekommen. Da denke ich nicht an *ing* sondern an Ring."

Ich wollte meine Freundin aus der Schusslinie nehmen und lenkte die Aufmerksamkeit auf mich: „Was will man machen? - Why Do Fools Fall In Love?", sang ich.

„Nach zwei Jahren ist das der erste vernünftige englische Satz, den ich von dir höre, Micha!"

Yeah! Die Ablenkung war gelungen.

Jetzt setzte ich einen drauf: „That's Rock 'n' Roll Mrs Kleinburg-Dorfmann, that's Rock 'n' Roll!"

Mich trennten nur noch ein paar Meter von Anja.

Da versperrte mir Klein-Gabi den Weg, die sich seit meinem Ständchen keinen Zentimeter bewegt hatte.

Eigentlich gab es keinen Grund für den Namenszusatz, denn im Gegensatz zu den vielen Martinas, Sabinen und Petras

hatten wir nur eine Gabi, die jedoch noch so zierlich und kindlich wirkte, dass sie selbst in einer 3. oder 4. Klasse nicht aufgefallen wäre.

Geistig war Klein-Gabi als wortgewandte Klassen-Prima aber voll auf der Höhe. Umso erstaunter war ich, als sie auf meine Frage, ob alles in Ordnung sei, mit gesenktem Kopf und eher kläglich antwortete: „Ich auch!“

Da nahm ich sie ein wenig in den Arm und wuschelte ihr das lange schwarze Haar. „Kommt noch Kleines, kommt ganz bestimmt noch!“

Klein-Gabi hob den Kopf: „Nein! Jetzt!“ Sie schaute mich dabei so durchdringend an, dass ich dem nur einen Augenblick standhalten konnte.

So viel Sehnsucht lag in diesem Blick, dass ich ihn niemals vergessen werde.

Kommentar: Unkorrigiert gelassen, kommt groovy rüber.

Elisabeth Junge

Das, was mich ausmacht.

Ich heiße Mona und ich bin nicht die Schaumkrone. Diese tolle Aussage kommt nicht von mir, nein, ganz bestimmt nicht.

Mein Blick ist aufs Meer gerichtet. Die Wellen werden brutaler, je näher sie dem Ufer kommen. Dann gibt es einen Augenblick, der das Brutale und Schöne vereint. Der, in dem die Welle gebrochen wird. Der Sand unter meinen Füßen ist warm. Am Strand ist kaum was los, denn die Schulferien sind zu Ende. Seit einer Woche komme ich jeden Tag hierher und starre auf das Meer hinaus. Das klingt viel philosophischer als es vielleicht ist. Ich weiß nur nicht, was ich sonst täte. Klar, ein Buch als Zeitvertreib oder ein Computerspiel wären auch in Ordnung, aber ich möchte nachdenken. Ich brauche Klarheit, einen weiten Blick. Ich habe das Gefühl, dass sich endlich der Knoten in meiner Brust lockert und mein innerer Atem einen Weg nach außen findet.

Das Gefühl nicht zu genügen entfernt sich immer mehr von mir.

Ich hatte einen Traum, weißt Du? Applaudierende Hände, lächelnde Menschen und das Empfinden von Freiheit gehörten dazu. Klingt kitschig, stimmt's? Und selbstverständlich auch Er, der mich scheitern ließ, war ein Teil meines jahrelangen Strebens. Kontakt habe ich nicht mehr. Nein, ich will auch keinen.

Sicher verstehst Du gerade nur Bahnhof, aber glaube mir, mir geht's genauso, nur anders. Ich werde das hier auch nicht weiter ausführen. Ich bin noch nicht so weit, versteh das bitte!

Aber das Folgende solltest Du Dir hinter die Ohren schreiben: Sollte Dir irgendwann mal irgendjemand sagen, dass Du das, was du Dir am sehnlichsten wünschst, nicht erreichen kannst, dann wisse, derjenige ist ein Schwachkopf. Er hat nicht mal ansatzweise das Recht zu einer solchen Aussage. Du zählst. Dein Leben. Dein Sinn. Natürlich auch die Menschen, die Dir gut tun. Solche, um die es sich zu kämpfen lohnt. Klar soweit?

Ich knauple an den Fingernägeln herum und sehe zu, wie sich die Möwen um eine halb zerfressene Eiswaffel streiten.Wie mag es sich überhaupt anfühlen eine Möwe zu sein? Bestimmt ist ihr Dasein von der großen Angst vor diesen Riesen geprägt, die mit den Füßen nach ihr treten. Aber im Gegensatz zu uns Menschen können die Viecher wegfliegen und, wenn sie dann erst einmal in der Luft sind, voll auf ihre Peiniger kacken. Im wahrsten Sinne des Wortes. Voll drauf kacken. Ich mag solche Wortspiele.

Eine Möwe läuft in unmittelbarer Nähe an mir vorbei. Ich trete nach ihr, sie weicht mir gekonnt aus. Einmal Gott spielen wollen und selbst das klappt nicht! Jetzt hat sie allen Grund auf mich herabzusehen, denke ich. Es ist offensichtlich, dass ich manchmal willentlich nicht gerecht bin.

Ich habe oft das Gefühl jemand anderes zu sein, als spräche nicht ich aus meinem Mund. Aber das ist normal, oder? Dann stehe ich irgendwie außerhalb meines Körpers. So ähnlich werden auch manchmal Nahtoderfahrungen beschrieben. Keine Bange, mit denen kenne ich mich nicht aus.

Weiß denn ehrlich jemand, wie es ist, den ganzen Tag er selbst zu sein? Also mir geht es so, dass ich an einem Tag mindestens fünf Personen verkörpere. Nur, damit Du mich nicht missverstehst, ich bin nicht schizophren. Ich meine damit auch nicht, dass ich dann auf einmal mit einer anderen Stimme spreche und meine Haare ganz verändert aussehen. Es ist eher ein Gefühl. Oder eine Regung. Eben eine neue Seite. Ein anderer Blickwinkel. Ich allein bin ich – diese Aussage ist doch Schwachsinn!

Der Wind wird immer stärker. Ich ziehe meine Sachen aus und stehe nackt am Strand. Mein Körper ist schön. Ich habe kein Problem damit, wenn mich andere nackt sehen. Ich bin stolz auf ihn. Flacher Bauch, kleine, straffe Brüste. Trainierte Arme und Oberschenkel. Alles proportional und wohlgeformt. Ich breite die Arme aus und fühle den Widerstand des Windes an meinem Körper. Ganz langsam gehe ich dem Meer entgegen, stemme mein Gewicht gegen den Wind, spüre die trügerische Überlegenheit und lasse mich in die Wellen fallen. Die Augen schließend tauche ich unter. Ich denke an deinen lächelnden Mund und daran wie deine Fingerkuppen meine Lippenform nachzeichnen. Beim Augenöffnen ermahne ich mich an etwas anderes zu denken und streiche mir das Wasser aus meinem Gesicht.

Nach dem Schwimmen schlüpfe ich, nass wie ich bin, in meine Anziehsachen. Das Abtrocknen wird der Wind schon bald erledigen. Der Himmel ist blau. Blauer Himmel. Himmelblau, das Eis, das ich als Kind liebte. Heute nennen es die Kinder „Schlumpfenblau“ - doofer Name. Mich erinnert ein wolkenloser, blauer Himmel immer an dieses unglaublich leckere Eis.

Die Geschmacksrichtung - absolut unvergleichlich und das Tollste daran war natürlich, dass danach die Zunge blaugefärbt war. Ich nutzte diese Gelegenheit oft, um allen Menschen die Zunge rauszustrecken.

Bist Du nicht auch der Meinung, dass man, je älter man wird, immer weniger offensichtliche Freiheiten hat? Kleinen Kindern wird es nachgesehen, wenn sie sich auf offener Straße entblößen. Sie dürfen in der Nase bohren und im schlimmsten Fall schütteln die Erwachsenen darüber ihre Köpfe. Sie können überall weinen und es wird alles dafür getan, dass sie wieder lächeln. Es ist eigentlich schlimm, dass man heutzutage als beinahe geisteskrank abgestempelt wird, wenn man in der Öffentlichkeit den Tränen keinen Einhalt gebieten kann.

Man wird angegafft wie ein Eisbär auf Mallorca.

Wie viel Freiheit haben wir eigentlich, wenn wir nicht einmal mehr Gefühle zeigen dürfen?

Wie viel Freiheit bleibt, wenn sich andere erlauben, dir ins Gesicht zu sagen, du genügest nicht? Wie viel Freiheit hat ein Mensch, wenn andere darüber zu bestimmen glauben, welche Liebe gut oder schlecht ist? Warum kümmert sich nicht jeder um seinen eigenen Kram?

Ich war drei Jahre alt, als ich das erste Mal bewusst wahrnahm, dass es untypisch ist, wenn man nur einen Papa hat. Im Sandkasten sitzend, schaute ich den anderen Kindern beim Spielen und Herumtollen zu.

Das ist scheinbar eine meiner Eigenschaften, die sich schon früh ausprägte. Ich bin sehr gut im Beobachten und bekomme viele zwischenmenschliche Dinge mit, die den meisten verborgen bleiben. Ja, klar, das hat auch mit Passivität zu tun. Denk nur nicht, dass ich das selbst nicht mitbekomme. Aber es geht auch viel um Selbstschutz und die Angst vor Abweisung.

Links von mir spielten Sophie und Charlotte Fangen und kreischten Mal für Mal, wenn sie einander erwischten. Ein bisschen weiter entfernt stritten sich Eric und Kevin um einen großen, gelben Spielzeugbagger. Obwohl ich dieses monströse Ding äußert beeindruckend fand, wollte ich auf keinen Fall damit spielen. Im Gegensatz zu mir, hatten beide Jungs beschlossen unbedingt mit diesem Teil im Sand herumwühlen zu müssen. Und forderten diesen Tribut nun ein.

„ Ich hab den Bagger zuerst gehabt, du darfst ihn mir nicht wegnehmen“, krakeelte Kevin.

„Aber du hast ihn gestern schon den ganzen Tag beansprucht.“, erwiderte Eric mit festem Blick, „Ich bin jetzt dran.“

Kinderstreitereien sind oft gleich aufgebaut. Es geht da meistens um Besitzansprüche und die „Als-erstes-gesehen oder -gehabt - Begründung“. Dann werden sich meistens noch zusätzlich gegenseitig Beleidigungen an den Kopf geworfen.

Man mag es nicht glauben, aber Kinder sind die härtesten Richter, denn sie kennen keine Kompromisse. Kinder lieben und hassen ohne nachzudenken, sie fühlen und dieses Fühlen wird dann zum Gedanken. Bei Erwachsenen geschieht dieser Vorgang oft andersrum. Kinder können wirklich unglaublich gemein sein.

Engel in menschlicher Form gibt es nicht. Überhaupt, dass es sie in irgendeiner Form gibt, wage ich zu bezweifeln. Sonst wäre doch sicherlich auch mal einer abgestürzt. Anders gesehen, könnte man vielleicht die gesamte Menschheit als eine Gemeinschaft gefallener Engel betrachten. Dann hätten wir wenigstens alle etwas gemeinsam und wüssten wie der Himmel ist.

Da sich die beiden Streithähne mit Worten bald nicht mehr zu helfen wussten und das auch zum männlichen Brauch in diesem Alter gehört, kabbelten sie sich und versuchten ihre zu Fäusten geballten Hände in den Körper des anderen zu rammen.

„Eric, Eric, komm lass das bleiben, so löst man doch keinen Streit.“, ertönte eine Stimme.

Ich drehte mich um und ich sage Dir, in diesem Augenblick glaubte ich an Engel. Denn eine wunderschöne Frau, mit schwarzen, langen Haaren stürmte an mir vorbei und zerrte das streitende Wollknäuel auseinander. Ich staunte, der Mund stand mir offen und meine Augen funkelten mit der Sonne um die Wette. Was war das für ein Wesen? Woher kam sie? Es hätte mich nicht gewundert, wenn sie ihre Engelsflügel ausgeklappt hätte und in die Lüfte gestiegen wäre.

Als ich aus meiner Träumerei erwachte, hielt sie Eric auf dem Arm und redete mit einer leisen, recht tiefen Stimme auf ihn ein. Diesen Augenblick nutzte Kevin, um mit dem gelben Monstrum zu entschwinden, dabei rief er noch „pah" und grinste höhnisch. Eric zeigte mit seinem Zeigefinger auf ihn und begann in den Armen dieser Frau fürchterlich zu weinen. Sie führte seine Händchen an ihren Mund und küsste jeden seiner Finger liebevoll. „Mama, Mama, ich will den Bagger! Kevin muss den auch mal abgeben!"

„Ach, Schatz, man bekommt nicht immer alles, was man will. Irgendwann wird er kein Interesse mehr für dieses Spielzeug hegen und dann darfst du damit spielen. Wir gehen jetzt nach Hause, ja? Oma wartet schon auf uns und es gibt Kuchen. Du magst doch Kuchen? Und überleg mal: Kevin bekommt keinen ab!"

Sie hob ihn nach oben und wiegte ihn auf und ab. Sie lachte und bald wurde aus seinem Weinen ein vergnügtes Quietschen, das sich mit ihrem heiteren Klang vermischte. Es hörte sich ganz wundervoll an, dieses Lachen. Ich wünschte mir sehnlichst mitgenommen zu werden. Doch ich saß da im Sand und träumte.

Nach diesem Erlebnis unterzog ich meine Umgebung einer strengen Beobachtung und stellte fest, dass beinahe jedes Kind eine Mutter hat. Die meisten Mütter waren längst nicht so schön wie der Engel aus dem Kindergarten. Dennoch sah ich Liebe, Fürsorge und Angst in den Augen einer Jeden von ihnen. Mich packte der Neid. Ich wollte auch. In den Sinn kam mir damals noch nicht, dass es einen Vater und eine Mutter braucht, um ein Kind in die Welt zu setzen. Ich ging unbewusst davon aus, dass allein mein Vater mich gezeugt hatte. Denn er war da. Hätte ich eine Mutter, dachte ich, dann wäre sie bei mir. Denn ich lernte durch meine konzentrierten Beobachtungen, dass eine Mutter für ihr Kind sorgt.

Meiner kindlicher Logik folgend dachte ich mir: Wenn ich schon keine Mutti habe, dann heirate ich später eine Frau, die mindestens so schön ist, wie die Mama vom Eric.

Und dabei ist es bis zum heutigen Tag geblieben. Der Wunsch, einmal eine Frau zu heiraten, brennt fortwährend in meinem Herzen.

Das ist schon eine komische Sache mit dem Erwachsenwerden. Ich finde, je älter man wird, umso weniger Wunder gibt es auf der Welt. Als ich ein Kind war, hat mir mein Vater diesen Planeten als ein Fantasiereich voll unbegrenzter Möglichkeiten präsentiert. Ich staunte, lernte und war behütet. Doch jetzt habe ich einsehen müssen, dass viele Dinge einfach so sind, wie sie sind und sich nicht durch das eigene Handeln ändern lassen. Beispielsweise werde ich in diesem Land niemals eine Frau heiraten dürfen. Das ist mir vom Gesetz her verboten. Schon merkwürdig, dass diese gesichtslosen Politiker so einen gewaltigen Einfluss auf meine Zukunft haben. Man gleicht einer Ameise in einem riesigen Staat voller kriechender und krabbelnder Tierchen. Ich bin Niemand. Also was soll ich hier? Was willst du hier? Ja, ich meine hier, an diesem Ort? Was? Du willst einfach nur normal sein? Und was bringt Dir das? Wer oder was ist eigentlich normal? Du kannst es Dir denken? Pah, finde erst mal heraus, wie es sich anfühlt normal zu sein! Dann reden wir weiter.

Ich liebe ein Mädchen, das ist doch gewöhnlich und verständlich, denken sich viele, die männlich sind. Und die meisten von denen haben ein Problem damit, wenn auch ich sage: Ja, ich liebe ein Mädchen – das ist vollkommen normal für mich!

Meiner Meinung nach ist lieben und verliebt sein - in wen auch immer - ganz natürlich. Dabei kommt es nicht auf das Geschlecht oder die Hautfarbe an.

Um noch einmal auf das Mädchen zu sprechen zu kommen: Ich habe Angst davor sie zu verlieren, denn ich bin abgehauen, noch bevor es anfing ernst zwischen uns zu werden. Nenn mich ruhig einen Feigling. Ich habe es verdient. Doch wärest Du an meiner statt gewesen, was hättest Du getan? Meine Welt glich einem Trümmerhaufen und sie stand da und hielt mir ihre Hand entgegen. Ich misstraute in dieser Zeit jedem und so auch ihr. Ich verschwand. Ans Meer. Zum Nachdenken und Weinen, denn in den letzten Tagen ließ ich einen Teil von mir gehen. Das hat höllisch weh getan, glaub`s mir. Und jetzt bin unvollständig und dennoch voller Hoffnung wieder ausgefüllt zu werden.

Die Angst vor dem nächsten Schritt bleibt groß.

Morgen schreibe ich ihr einen Brief. In dem ich erklären werden, warum ich Abstand brauchte. Es lag nicht an ihr. Ja, ich bin feige, doch das ließe sich ändern, wenn sie mich noch immer will. Zu beichten, dass ich gerade meine Leidenschaft an den Nagel gehängt habe, wird nicht leicht. Sie wird mir verzeihen, alles wird sie mir verzeihen. Ich komme noch nicht damit klar, dass jemand so uneingeschränkt lieben kann. Denn diese Intensität der Liebe ist neu für mich. Mein ganzes Leben war geprägt von dem Streben meinem Traum stetig näher zu kommen. Jetzt habe ich ihn aufgegeben, denn Er, dessen Unterstützung soviel hätte bewirken können, glaubte nicht an mich. Ich bin nicht die Schaumkrone, schon gewusst? Er war einfach nicht stark genug. Weinend laufe ich die Dünen entlang. Natürlich habe ich Angst, doch sie lähmt mich nicht mehr.

Kommentar: Nette Coming-of-Age-Geschichte.

Roman Olasz

Katzen

Hört, ich war ein Spitzbube und Filou gewesen. Ein alberner Genießer und Geck von Natur.

Aus Genuss wurde Trunksucht, und die hatte mich bald fest im Griff.

Was für ein elendes Leben das war, fühlt' ich nicht, noch war mir bewusst, was für eine höchst lächerliche Figur ich abgab.

Zeitig, wenn sich die ehrbare Welt an ihren Broterwerb machte, eilte ich ins Wirtshaus, und war unter den Letzten, die sich erhoben, um mit unsicherem Schritt heimwärts zu gehen. Bald hatte ich mein Haus an das Laster verloren, und begann ein unstetes Wanderleben immer nach jenen Gegenden, wo man mir Arbeit bot. Es fiel mir nicht ein, mich zu besinnen und das Erworbene für einen ehrbaren Unterhalt zu verwenden, sondern abends regierte ich wie ein Herzog über Gläser und Kannen, so lange der Segen reichen mochte, alles ausgegeben war und Wirt und Wirtin ihre Dienstbarkeit verloren hatten.

Selten stand ich vom Wirtstisch auf, ehe das letzte Geld ausgegeben war.

Bei all dem blieb aber mein Herz wunderbar bewahrt vor anderen Lastern, sodass ich königlich zufrieden unter einem Baum mein Lager zurecht machte, wenn die letzte Schenke ihre

Pforten geschlossen hatte. Ich sage euch: Kinder in ihrer Unschuld haben keinen sanfteren Schlummer, als ich armer Sünder damals hatte. Denn, wisst ihr: ich stahl nicht, hasste nicht, log wohl manchmal aus Verlegenheit, was ich mir aber großmütig verzieh, hatte aber sonst kein Begehr nach meines Nächsten Weib und Gut. Was sollte denn also meinen Schlaf stören?

In kühlen Nächten zog ich 2 Decken aus meinem Rucksack, wenn ich eine geeignete Schlafstatt gefunden hatte. Eine legte ich zusammengelegt als Kissen unter mein Haupt, während mich die andere deckte und vor der Kälte schützte.

Da, ehe ich einschlief, schien mir oft, ich sei ein erzraffinierter Bursche, welcher der Welt vormachte, was nobles und gutes Leben sei.

Ich fühlte mich bald als Graf der Landstraße, bald als Herzog der Waldschenken. Mein Talent für Witze und lustige Geschichten nutzte mir bald hier und bald da, und ich unterhielt Wirt und Gäste mit allerlei Possen, was mir in der Münze der Gastfreundschaft mit Speise und Trank oft großzügig vergolten wurde.

Hört nun die Ereignisse, die mich jäh und endgültig dem lasterhaften Leben entreißen sollten.

Einmal hatte ich nach längerem Fasten zu viel getrunken und war zu früh – das heißt, nach meinem damaligen Begreifen: mit Geld in der Tasche – aufgebrochen. Bange war ich durch den Wald geirrt, ehe ich mich für ein gemütliches Plätzchen unter einer Eiche entschied. Ich war sanft eingeschlummert, als mich nächtlicher Lärm weckte. Es klang von weither, wie ausgelassenes Feiern und Singen. „Böse Zecher.“ knurrte ich. „Wollt ihr wohl still sein.“ Da besann ich mich, und mein klares Denken kehrte wieder. Ich fühlte mich durch den Schlaf einigermaßen gestärkt, und meinte nun: „Viel besser, als hier schlaflos liegen, ist es doch, sich anzuschließen und bei einem guten Wein mit den Nachbarn Frieden schließen."

Ich verstaute die Decken rasch in meinem Rucksack, und machte mich so eilig, als es im Dunkeln gehen mochte, immer dem Lärm nach, tapsend und über Äste stolpernd auf den Weg.

Der liebe Mond spendete sein Licht.

In der frischen Abendluft verflog meine Schlaftrunkenheit rasch und nach etlichen kleinen Umwegen, die mich zuweilen in die stachlige Umarmung von Gestrüpp und Dornen brachten, gelangte ich endlich zu einem kleinen Häuschen.

Wirklich war's eine kleine Wirtsstube, in welcher es hoch her ging. Puh, das waren bärtige Gesellen, die polterten laut und vergnügten sich beim Karten- und Würfelspiel. Rasch, dachte ich, werd' ich gut Freund mit diesen lieben Mitbürgern, und trat ein.

Einer der Bärtigen wies mir einen Platz an. Jetzt wollte ich meine Brille aus dem Rucksack holen, um die Zecher in Augenschein zu nehmen. Da war die Reihe aber schon an mir, die Karten zu geben.

„Lustig geht's her." Dachte ich, zwinkerte die Augen zusammen, und glich auf diese Weise das Fehlen meiner Brille aus. Die mochte im Rucksack bleiben. Jetzt sollten erst einmal die Karten sprechen.

Gewann ich, war's still, mäuschenstill, und meine Kumpane glotzten mich an. Gewann ein anderer, schlugen sie mit den Fäusten auf die Tische und brüllten „Hurra!" dass sämtliche Fenster zitterten.

„Ruhe, ihr Trunkenbolde!" rief ich dann ärgerlich, und wollte ein Spiel ums andere.

Bärtige, buschige Gesellen waren das. Ich zwinkerte, und meinte, in die Gesichter großer Kater zu blicken. Da begriff ich, dass dies der Säuferwahnsinn sein musste, der dem Verstand zuweilen kleines Getier wie Mäuse vorgaukelt. Ich musste schon fortgeschritten sein auf meinem Weg des Verfalls, dachte ich, dass sich für mein Auge die Zecher in derart bizarres Getier verwandelten.

Und doch – so oft ich zwinkerte, musste ich die ausgesprochen realistische Täuschung meiner Augen begaffen: große, gelbe Katzenaugen, stattliche Schnurrbarthaare und Pfoten. Unmöglich konnte ich dies meiner bloßen Einbildungskraft zuschreiben. Zu klar war dieses erlesen schreckliche Bild.

„Da bist du in eine feine Gesellschaft geraten." Dachte ich, und mühte mich, den Spitzbuben ein Geständnis ihrer Natur abzuringen.

„Unrasierte Gesellen!" rief ich etwa mit gespielter Herzlichkeit, wenn ich ein gutes Blatt in der Hand hatte. Die Antwort meiner Kumpane war nur starres Glotzen, wie ich es von Katzen kannte, wenn sie auf Beute lauern, und sich zum Sprung bereit machen.

Ich mochte für diese Gesellen nicht mehr als ein Vöglein und eine absonderliche aber willkommene Beute sein.

Musste ich niesen, so machte ich: „Kaa-tzn!!"

„Gesundheit!" kam die Antwort aus der Runde, und wieder folgte das atemlose, starre Glotzen.

Dann wieder murmelte ich vor mich hin: „Minz und Maunz, die Katzen, erheben ihre Tatzen. Sie drohen mit den Pfoten; Die Mutter hat's verboten." Und murmelnd, als hätten sie darauf gewartet, stimmten die trinkfreudigen Gesellen in den letzten Satz ein.

Die haarige Bande musste im Falschspielen geübt sein, denn ich verlor mehr als alle anderen und musste Runde um Runde bezahlen. Zum Verlieren gehört, seinen Ärger zu übertreiben und den glücklicheren Kontrahenten Titel wie „Glückskinder“ und „Beutelschneider“ zu verleihen, was mit Gelächter und scherzenden Erwiderungen beantwortet wurde. Wieder und wieder musste ich Münzen hervorholen, klopfte sie mit teils gespielter und teils echter Empörung auf den Tisch und rief nach dem Wirt, den ich einen Träumer nannte, welcher in seiner Seele kein Empfinden für den Durst seines Nächsten kannte.

Dann wollte es mir gefallen, die ausgelassenen Grobheiten zu erwidern und schlug einem so kräftig auf die Pfote, dass er auffuhr. „Miau! Wollen euer Durchlaucht geruhen, die arme Dienerschaft nicht zu Tode zu prügeln.“ „Wer“, antwortete ich keck, „würde mir sonst aufwarten und mich unterhalten, wenn nicht mein aller-faulpelzigstes Gesinde.“

Während ich trank hielt ich Ausschau nach einem Schlupfloch, das mir erlauben würde mit einem Satz aus dem Kreis der Zecher ins Freie zu fliehen. Doch da stand mir der dickste Kater im Weg, und ich verwarf meine Gedanken an Flucht.

Mir wurde immer unwohler, die Gesellschaft dagegen immer ausgelassener. Sie rissen mich burschikos am Arm. Immer wilder wurden die kumpelhaften Herzlichkeiten, wenn ich mich über ein schlechtes Blatt beschwerte, bis sie mir gar den Ärmel abrissen. „Jetzt hab ich aber genug.“ rief ich, indem ich abrupt aufstand.

Seit jeher hatte es zu meinen Gewohnheiten gehört, Gefahren, wo sie mir begegneten, ins Gesicht zu sehen. Jetzt aber sträubten sich mir die Nackenhaare vor Entsetzen. Nach einigen Sekunden des wechselseitigen Starrens fasste ich mir ein Herz, und rief: „Ich sehe deutlich, dass ihr keine ehrenwerten

Zecher, sondern nichts and'res als große Miezekatzen und deshalb kein Umgang für mich seid. Ich denke wahrhaftig, dass heute Nacht ein Tor der Hölle für euren Ausgang entriegelt worden ist. Da die Sitten so verwahrlosen, kann ein Gentleman nicht bleiben. Dringende Geschäfte rufen mich dorthin, wo ihr nicht sein könnt. Deshalb: gebt den Weg frei!"

„Pfchchch!" pfauchte da der vielstimmige Chor. Einer ergriff das Wort: „Entlarvt hast du uns, armes Menschenkind, denn du siehst, was du siehst, und bist nicht wie die andern alle, die nur sehen, was sie zu sehen gewohnt sind. Du wirst uns arme Zecher aber nicht verraten, denn jetzt ... ist dein Lebensfädlein vollends abgewickelt."

„In der Falle" dachte ich bei mir, „wie eine Maus, die in der Ecke sitzt und von der Katze bedrängt wird." So verstrich wohl eine Minute, in welcher keine der Parteien einen Vorstoß wagte. Zwischen mir und der Tür waren die Miezekatzen. Ich lachte grimmig, um dem Gegner Mut vorzuspielen.

In der Gefahr arbeitet mein Verstand rasch. Meine Trunkenheit war vollkommener geistiger und leiblicher Anspannung gewichen.

Jetzt frisch drauf! Mit grimmigem Wutgebrüll drang ich auf den dicksten Kater ein, den schweren Kerzenständer wie eine Ramme gebrauchend. Der Dicke wich überrascht zur Seite. Türe und Freiheit waren gewonnen. Ich stolperte mit schlotternden Knien schnaufend durch den Wald. Jedes Geräusch ließ mich zusammenfahren und hinter mich blicken. Lange und bang irrte ich weiter, bis ich mit klopfendem Herzen gewahrte, dass ich dem Spuk glücklich entkommen war.

Da war ich nun endlich allein im tiefen Dunkel und Schweigen des Waldes. Ich war gerettet.

Diese Schrecken liegen nun viele Jahre zurück. War's Täuschung der Sinne im Trinkerwahn, oder ein Spuk aus der Hölle? Ich weiß es nicht, bis auf den heutigen Tag.

Seither blieb ich den Wegen des Lasters fern, denn dies alles ließ ich mir zur Warnung gereichen. Dies war die Ohrfeige gewesen, die mich zur Umkehr bewegen sollte. Denn entweder hatte mich der lotterhafte Lebenswandel derart zerrüttet, dass mein Verstand Wahngebilde von erschreckender Lebendigkeit erfand, oder aber die Wege der Haltlosigkeit hatten mich in die Gesellschaft solcher wahrhaft höllischer Gestalten gebracht. Ich nahm die Medizin mit Dank – und werde wohl nie erfahren, wem ich dafür zu danken habe.

So wich ich – gemahnt – seither alkoholischen Getränken und liederlichen Zerstreuungen aus. Das wurde mir zum Segen. Ich heiratete eine Frau, zu kostbar, um sie mit dürren Worten zu beschreiben. Und seht nur, wie sehr beschenkt und glücklich muss ich armer Sünder über diese Schar lieber Kinder sein.

Kommentar: Märchenhaft.

Angelika Schranz

UNSERE ERSTE BEGEGNUNG

Es war mal wieder an der Zeit, denn Montag war Papiermüll und das hieß für mich, am heutigen Sonntag den ganzen Stapel Zeitschriften durchzusehen. Das Herbstwetter zeigte sich noch einmal von seiner besten Seite, so konnte ich mich auf meinen kleinen Balkon setzen. Ich blätterte eine Zeitschrift nach der anderen durch. Las einige Artikel, riss ein paar Kochrezepte heraus mit dem Vorsatz sie irgendwann nachzukochen. Ich fand ein paar gute Anregungen zur Wohnungsumgestaltung und Tipps für meine Pflanzen, denn der grüne Daumen ist mir leider nicht in die Wiege gelegt worden. Mit der Mode konnte ich mich nicht so recht anfreunden. Alles was mir gefiel konnte ich mir nicht leisten, oder war für mein Alter nicht so recht geeignet.

So landete Zeitschrift für Zeitschrift auf dem Stapel für die Altpapiertonne, mit dem Vorsatz nicht mehr so viele zu kaufen. Eine kleine Pause wäre jetzt nicht schlecht. Ich stand auf um mir eine Tasse Kaffee zu kochen, dabei stieß ich an den Tisch und die restlichen Zeitschriften fielen auf den Boden. „Verflucht noch mal, jetzt sind sie alle durcheinander". Doch der Zufall wollte es, dass mein Blick an einem Bild von dir hängen blieb. Gebannt starrte ich auf deine imposante Erscheinung. Deine Ausstrahlung hat mich umgehauen und das will schon etwas heißen.

Ich riss die Seite aus der Zeitschrift, wie ich es als Teenager oft gemacht hatte und legte sie auf meinen Schreibtisch. Fasziniert musste ich dich immer wieder ansehen. Wie wäre es wohl wenn wir uns mal begegnen würden? Doch davon konnte ich nur träumen.

So vergingen die Tage und Wochen bis zu dem Tag, als wir uns tatsächlich begegnen sollten. Ein Bekannter wollte mich zu einer Autoausstellung mitnehmen. Eigentlich hatte ich gar keine Lust, aber er überredete mich mit den Worten: „Glaub mir du wirst es nicht bereuen. Na dann sollte es eben sein. Es war viel los, die Leute drängelten sich zwischen den Autos, Sitzproben wurden gemacht, Gespräche geführt und Türen geschlagen. Und dann sah ich dich von einer Menschentraube umringt in deiner vollen Größe. Meine Augen wussten nicht wohin sie zuerst sehen sollten. Dein Körper schier makellos. Ich suchte deine Nähe, konnte mich nicht mehr zurück halten ich musste dich einfach berühren.

Sanft ließ ich meine zittrigen Hände über deine ebenmäßigen Flanken gleiten dabei kommen mir ganz wilde Gedanken. Du ziehst mich in deinen Bann wie es zuvor noch keiner geschafft hat, es gibt nur noch dich und mich. Meine Augen sind geblendet von solch einer Schönheit. Du entfachst in mir Gefühle, die mir Angst machen und mich sprachlos verharren lassen. Ich möchte dich besitzen, mich geborgen fühlen und den Alltag mit dir teilen. Spüre eine Kraft in dir, die ich nicht zu bändigen vermag.

Doch leider bist du ein paar Nummern zu groß für mich, in jeder Beziehung. Aber für einen Moment konnte ich von dir träumen, dir nah sein, dich spüren mit all meinen Sinnen. Du feuerroter Mercedes SLS, AMG.

Eine Hand berührte meine Schulter und riss mich aus der Faszination. „An dem Glanz in deinen Augen kann ich sehen, dass ich dir nicht zuviel versprochen habe. Mein größter Wunsch wäre, wenn ich dich so begeistern könnte", bemerkte mein Bekannter mit einem spitzbübischen Grinsen im Gesicht. „Wer weiß, aber vorher sollte ich mir vielleicht erst einmal dein Fahrgestell näher betrachten", antwortete ich, in dem meine Wangen die rote Farbe meines Traumautos annahmen.

Kommentar: Meist sind es Männer, die in Autos vernarrt sind. Aber es gibt auch Frauen mit dieser Schwäche. Warum nicht?

Silke Vogt

Tierquälerei (Erwin Schrödinger)

Der Schrödinger war besessen,
in einem Versuch zu vermessen
seine Katze in Not,
halb lebendig, halb tot.
Seitdem mag das Tier nicht mehr fressen.

Kommentar: Ein frei empfundener Limerick. Gefällt.

Volker Maaßen

Woher die Kinder kommen

Die Welpen
von dem Dackel Waldi
kommen sicher nicht
von Aldi

Schweine ferkeln
und die Kühe kälbern
doch Kinder kommen
nicht von selbern

Frösche quabben
und die Pferde fohlen
doch Kinder kommen
nicht aus Polen

Vögel eiern
und die Rehe kitzen
doch Kinder kommen
nicht durchs Sitzen

Hühner kücken
und die Ziegen zicken
doch Kinder kommen
nur durchs……..
Beeinanderliegen

Inga Kess

Träume

Ein Vogel sitzt auf einem Baum.
Er ist so klein, man sieht ihn kaum.
Vögel dann vorüberzogen,
er wär' so gern mit geflogen.
Ein fernes Land, das ist sein Traum.
Einsam sitzt er auf einem Baum
Drum schließt er fest die Augen zu
Er träumt, befindet sich im Nu
im Paradies, im Garten Eden
Futter gibt's, genug für jeden.
Schnell flüchtet dieser schöne Traum.
Der Vogel sitzt, er glaubt es kaum
wieder allein auf seinem Baum.

Kommentar: Niedlich.

Roswitha Springschitz

DIE ERSCHEINUNG

Marie war an und für sich eine durch und durch toughe Frau – übersetzt so viel wie robust, draufgängerisch. In ihrem 29jährigen Leben war noch nichts vorgefallen, was sie so bewegt bzw. erschüttert hätte, dass sie sich ernsthafte Sorgen machen oder tief trauern musste. Und dann dieses!

Aber bevor von jenem für Marie denkwürdigen und aufwühlenden Erlebnis die Rede sein wird, sei noch erwähnt, dass sie, in nur wenigen Jahren, seit Abschluss ihres Studiums, es geschafft hatte, die Karriereleiter etliche Sprossen höher zu klettern – indem sie nunmehr Abteilungsleiterin eines großen Konzerns war. Es gab auch nichts, was sie sonderlich interessierte – außer ihrer Arbeit. Und, wie sie behauptete, seit zwei Jahren, Sebastian. „Ich liebe dich!" Immerhin hatte sie diesen Satz schon einige Male zu ihm gesagt. „Aber dieses Wochenende hab' ich keine Zeit! Vielleicht nächstes…!" Der Seufzer, der diese Worte begleitete, war wenig überzeugend. Auch nicht das ins Telefon gehauchte: „Leider, leider!" am darauffolgenden Freitag zu Sebastian, als dieser sie fragte, ob sie mit ihm – bei diesem strahlenden Herbstwetter – eine Wanderung machen wolle. Sie sei einfach mit ihrem Wochensoll ganz und gar nicht fertig geworden…

Marie wusste, dass Sebastian enttäuscht war. Er liebte sie sehr und machte alles für sie: kochte, massierte sie, wenn sie nach langen Arbeitsstunden verspannt war, achtete darauf, dass sie – an den gemeinsamen Wochenenden – Entspannung und Erholung fand und anregende Freizeitgestaltung- „So einen wie den Sebastian muss man erst einmal finden!“, meinte Maries Freundin Julia, „Ich weiß gar nicht, ob du so einen überhaupt verdienst!“, fügte sie hinzu. Tatsächlich wünschte sich Sebastian, dass Marie zu ihm zog. Dass sie heirateten. „Nein. Nicht jetzt jedenfalls, jetzt nicht…versteh mich nicht falsch, aber ich bin in einer so entscheidenden Phase meiner Karriere…“, war ihre Antwort.

„Irgendwann wird Sebastian dich verlassen!“, prophezeite Julia, „Das wird nicht ewig so weitergehen, eurer Beziehung fehlt wirklich jegliche Balance!“ – „Alles rein von außen betrachtet!“, erwiderte Marie kühl. „Misch dich nicht ein! Überlege lieber mal, warum du noch keinen Mann abgekriegt hast!“ – „ Ich wette aber, ich behalte recht!“, beharrte Julia auf ihrer Meinung.

Hatten Julias Worte Marie doch erreicht? Jedenfalls hatte diese in der auf dieses Gespräch folgenden Nacht... eine Erscheinung. Nein, keinen Traum – das war es eben! Sie begegnete – und wagte danach nicht einmal, daran zu denken – dem Dalai Lama, dem spirituellen Meister der Tibeter, höchstpersönlich! Aus irgendeinem Grund war sie aufgewacht, hatte das Licht aufgedreht und war aufgestanden: Da stand er plötzlich vor ihr, lachte sie an und sagte, nicht akzentfrei: „Liebe ist die Mitte des menschlichen Lebens.“ Nicht mehr und nicht weniger. Und dann faltete er seine Hände vor der Brust und verneigte sich vor ihr, Marie! Und war im nächsten Moment wieder verschwunden. Marie hatte sich klopfenden Herzens auf die Bettkante gesetzt. Sie spürte, wie diese Worte, die Geste, das kichernde Lachen im verschmitzten Gesicht des Dalai Lama in ihrem Körper eine, vom Herzen ausgehende und sich im ganzen Körper verbreitende große Hitzewelle auslösten: Sie fühlte, wie ihr Gesicht rot wurde, wie aus jeder Pore ihrer Haut Schweiß drang. Vorsichtig legte sie sich nieder. Lag da, mit laut pochendem Herzen, stocksteif. Sie wagte nicht, sich auch nur einen Millimeter zu rühren und hielt die Augen fest geschlossen. Sie hatte Angst, der Dalai Lama säße an ihrem Bettrand, wenn sie die Augen öffnete. Warum nur hatte sie am Vorabend wieder einmal keine Zeit für Sebastian gehabt? Läge er nun schlafend neben ihr, wäre alles gut, sie könnte sie sich an ihn kuscheln und der Traum – pardon, die Erscheinung – wäre getilgt! Dachte sie sich aus. So aber war diese vor ihrem inneren Auge eingeprägt. Also öffnete sie nach einiger Zeit die Augen, um das Bild zu verscheuchen, was allerdings nur kurzfristig gelang: Immer wieder schob sich das Gesicht des Dalai Lama über Dinge, die sie ansah. Hilfe, ich werde wahnsinnig!, dachte Marie und sprang aus dem Bett, eilte ins Bad und unter die Dusche: zuerst warm, dann kalt ließ sie das Wasser über sich strömen, atmete tief durch und fühlte sich nunmehr besser. Welcher Tag ist heute und wie spät ist es?, überlegte sie: Sonntag!, stellte sie fest, also hatte sie frei. Sie war es gewohnt, die Wochenenden mit diversen Arbeiten zu verbringen, um montags dann bestens vorbereitet am Arbeitsplatz zu erscheinen und begab sich, unverzüglich und ohne Frühstück, an ihren Schreibtisch. Doch ständig kamen ihr die Worte des Dalai Lama: „Liebe ist die Mitte des menschlichen Lebens." in den Sinn. Zitternd und schwer atmend begab sie sich in die Küche, um sich eine Tasse Kaffee zuzubereiten. Gleichzeitig wählte sie Sebastians Nummer. Erst nach etlichen Klingeltönen nahm er ab, es klang, als habe sie ihn geweckt: „Was für eine Überraschung! Du? So früh? Ist alles in Ordnung, mein Schatz?", fragte er. „Ja!", antwortete sie, ungewöhnlich leise. „Hast du heute schon was vor? Wir könnten…miteinander frühstücken vielleicht…ich habe Eier da, Käse, Obst!" – „Von Herzen gerne!", antwortete Sebastian, „Und es geht dir wirklich gut?" – „Ja, aber ja, mir geht's hervorragend!", meinte Marie, und dies war tatsächlich nicht gelogen. Seit Sebastian zugesagt hatte, ging es ihr tatsächlich viel besser und sie machte sich sogleich daran, den Tisch für ihr gemeinsames Frühstück ganz besonders schön zu decken.

„Nein, heute arbeite ich nicht! Ich muss auch einmal ausspannen! Und eigentlich hätte ich Lust auf eine kleine Wanderung nach dem Frühstück! Wir könnten zum Fluss fahren und dort…"

„Bist du sicher?", fragte Sebastian. Vor lauter Überraschung hätte er sich beinahe verschluckt, er hustete und rang nach Luft und Marie klopfte ihm fest auf den Rücken. „Oder hast du heute schon was vor?", fragte sie, nun ihrerseits etwas verunsichert. „Ganz und Gar nicht!", entgegnete Sebastian mit einer noch leicht belegten Stimme, „Das heißt, ich hatte so etwas Ähnliches vor… Ich kenne da nämlich einen wunderschönen Weg am Fluss. Den sind wir beide noch nie gegangen und ich wollte ihn dir längst schon einmal zeigen…"

Nach einem herrlichen, ausgiebigen Spaziergang im Auwald hatte Marie ganz und gar keine Lust – wie sonst, üblicherweise – nach Hause und an ihren Computer zu eilen. „Wir könnten zu dir gehen!", schlug sie vor, „Fotos anschauen!" - „Aber dann ist dein freier Tag um und morgen ist Montag!", meinte Sebastian, geradezu mahnend. Er kannte Maries Bestreben, die Woche quasi mit einem „Bonus," was ihre Arbeit betraf, zu beginnen und darum sonntags immer schon für den Montag vorzuarbeiten und es wäre ihm nicht eingefallen, seine eigenen, wie er meinte egoistischen Wünsche vor die von Marie zu stellen. „Ist dir eigentlich bewusst, dass du mit einer maßlosen Egomanin zusammen bist? Ich empfehle dir: Trenne dich!", hatte ihm sein Bruder Paul schon des Öfteren geraten. „Ich liebe Marie!", war Sebastians Antwort auf derartige Aufforderungen. „Punktum!" - „Du musst doch sicher für Montag…", sagte

Sebastian nun, zu Marie gewandt, da diese auf seine Worte noch nicht reagiert hatte. Aber auch dies überhörte sie, anscheinend. In das Schweigen, das sich zwischen ihnen ausbreitete meinte sie dann plötzlich, ganz schnell: „Übrigens: das mit den zwei Wohnungen ist doch eigentlich ziemlich doof! Zwei Mieten, zweimal Heiz- und diverse Nebenkosten, nicht zu vergessen jene Zeit, die wir beide unterwegs sind, um zum jeweils anderen zu gelangen…Und somit sage ich hier und jetzt: Ja, ich will mit dir leben, dich heiraten!“ Sebastian sah Marie so entsetzt an, dass diese, völlig verunsichert, hinzufügte: „Oder willst du gar nicht mehr?“ Gleichzeitig versuchte sie selbst zu verstehen, was soeben geschah: Ich bin völlig klar im Kopf und alles, was ich gesagt habe, meine ich auch so!, stellte sie erleichtert fest. „Der Ring…“, stammelte nunmehr Sebastian, der stehen geblieben war.„…der liegt zuhause in meiner Schreibtischlade. Wir könnten…willst du…Natürlich will ich noch, was für eine Frage!“

Und somit sind wir fast am Ende dieser märchenhaften Geschichte angelangt. Die Hochzeit im Kreise ihrer Familien feierten Sebastian und Marie voll Freude einige Monate später.

„Du? Verlobt?“, fragte Julia, als Marie ihr nach jenem Sonntag ihrer Verlobung stolz den Ring präsentierte. „Wie ist das denn gegangen?“ – „Oh…ja…“, stammelte Marie und erzählte dann ihrer Freundin widerstrebend vom Dalai Lama, der ihr erschienen war. „Glaubst du, ich bin verrückt? Gibt es sowas überhaupt?“, fügte sie hinzu, denn, ausgesprochen, erschien ihr diese Begebenheit nun noch einmal äußerst fragwürdig. „Er ist dir erschienen…aha…“, meinte Julia leise. „Sehr gut! Finde ich super! Finde ich toll! Wer wird übrigens deine Trauzeugin sein?“ – „Julia, ich hab dich was gefragt!“ – „Endlich zur Vernunft gekommen bist du, gar nicht verrückt, ich freu mich so für euch!“, meinte Julia und umarmte ihre Freundin und fügte hinzu: „Der Dalai Lama ist dir erschienen, aber genausogut hätte er dir NICHT erscheinen können! Du hättest in jener Nacht von Delfinen träumen können oder gar nichts: **das** ist meine Meinung! Die Zeit war reif, dass ihr beide endlich Nägel mit Köpfen macht, punktum! Poetisch gesprochen: Das kleine Pflänzchen eurer Liebe wächst und gedeiht…Und jetzt bitte ein Glas Champagner! Wie gut, dass ich nicht rechtbehalten habe, mit meiner Prophezeiung!"

Kommentar: Wie romantisch!

Stefanie Dominguez

Fensterglas

Hastig drückte Mark die Zigarette aus, als er Schritte vernahm. Er stemmte die schwere Eingangstür des Krankenhauses auf, die leise knarrte. Auch der Boden unter seinen Füßen schien zu vibrieren unter der Last der Menschen, die ihn betraten. Unter seinen Schuhen wirbelte der Staub auf.

Wendy lehnte im Türrahmen und blickte ihn tadelnd an. „Hast du schon die Bettpfannen ausgewechselt?"

„Ja. Ich mache doch fast nichts anderes."

Sie legte ihm ihre Hand auf die Schulter und drückte leicht. „Ich weiß, es ist nur ein Praktikum. Aber dieser Job kann auch erfüllend sein."

„Was auch immer am Hintern Abputzen erfüllend ist." Er sah nach draußen. Wie ein Schwarm Bienen irrten sie durcheinander, all die Kinder und Erwachsenen. Mark stand einfach nur da und betrachtete sie durch das Fensterglas. Ein Zuschauer abseits des Tumultes.

Mit der Bettpfanne in der Hand bahnte sich Mark seinen Weg zur Onkologiestation. Bunte Gesichter schielten von der Wand zu ihm herüber mit ihren riesigen Augen. Die Wände waren mit Schmetterlingen beklebt, mit Regenbögen. Doch darunter leuchtete noch immer die weiße Tapete.

Niemand sah ihn an, als wäre er ein Geist, der durch die Hallen spukte. Die Menschen saßen nur da, die Gesichter in die Hände gestützt.

Nur einer hob den Kopf. Ein kleiner Junge, der aufrecht in seinem Bett saß und ihn unverwandt anschaute. Dann legte er seine Hand gegen die Scheibe. Mark trat heran und tat es ihm nach, sodass sich ihre Hände berührten und sich doch auch nicht berührten. Das kühle Glas fraß sich durch seine Haut.

„Warum muss er hinter diesem Fenster sitzen?"

„Sein Immunsystem ist geschwächt. Jeder Keim könnte ihn umbringen." Wendy warf sich ein Zitronenbonbon in den Mund. „Der arme Teufel."

Der Junge schnalzte mit der Zunge und Wendy lächelte entschuldigend. Sein Kopf war kahl und glatt wie ein Stein, seine Lippen aufgesprungen. Seine Haut wirkte gelblich und zu straff um seinen Kopf gespannt. In seiner Nase steckten Schläuche. Nur diese Hand, die sich gegen die Scheibe presste, strahlte Energie aus.

Mark blickte zu der Spielzeugkiste. Der Arm einer Handpuppe lugte heraus wie der eines Ertrinkenden. Er fischte sie heraus und stülpte sie über. Die Puppe lächelte ihn mit diesem lächerlich roten Wangen und den buschigen Locken an und er lächelte zurück.

Mark ließ die Puppe winken. Der Junge winkte ebenfalls.

Dann klatschte die Puppe. Der Junge stieß ein stummes Lachen aus, das durch die Scheibe nicht zu hören war. Schließlich ließ Mark die Puppe tanzen und der Kleine warf beherzt den Kopf in den Nacken.

Wieder ruhte die Hand des Jungen auf dem Glas. Diesmal legte Mark die der Puppe dagegen. Sein Atem hinterließ weiße Wolken auf der Scheibe.

Die Puppe legte sich die Hände an die Wange und der Junge nickte. Er lehnte sich zurück und schloss die Lider. Ohne sie noch einmal zu öffnen, winkte er ein letztes Mal. Mark lehnte den Kopf gegen das Glas. Auch er schloss die Augen.

„Was machst du da?", fragte die Nachtschwester.

„Meinen Job. Einfach nur meinen Job."

Tanja Sawall

Beruf-ung: Lebensstylistin

Mütter! Diese besondere Spezies: großartige, einfühlsame Wesen, die offenbar wenig Schlaf benötigen und sich stattdessen durch einen leichten Hang zur selbstlosen Hingabe auszeichnen. Auf liebevoller Basis vereinen sie über mehrere Jahrzehnte hinweg multiple Persönlichkeiten; sind sie doch Amme, Gastronomin, Krankenschwester, Animateurin, Schutzschildträgerin, Dompteurin, Krisenmanagerin, Zeitjongleurin, Spontaneitätsakrobatin, Geduldspielerin, Frisur- und Nageldesignerin, Beichtvater, Anwältin, „Waschweib", Enzyklopädin, Lehrerin und Beraterin in allen wichtigen (Mode-)Fragen, quasi unsere Lebensstylistin im ehrenamtlichen 24-Stunden-Dienst ohne Urlaub oder Arbeitsunfähigkeitsbescheinigung.

(Nebenberuflich ausgeübte Lohntätigkeiten dienen offenbar nur dem Ausgleich.)

Sie sind Alltagsheldinnen, der sprichwörtliche Fels in der Brandung. Selbst wenn sie sich emotional hin und wieder in einer wackelpuddingähnlichen Konsistenz wähnen, kleben sie noch Trostpflaster – nicht nur auf die kleinen Schürfwunden am Knie. Darin sind sie so perfekt, dass man sich bei leichten oder dramatischen Wehwehchen auch in fortgeschrittenem Alter noch gelegentlich in Mamas heilende Hände zurückwünscht.

Etwas schwieriger wird die harmonische Nähe lediglich während der Pubertät – also der Zeit, in der die Eltern anfangen, seltsam zu sein. Glücklicherweise dauert diese Phase nicht allzu lange an, so dass die mitunter anstrengend explosive Mutter irgendwann zur Freundin metamorphieren kann. Eine verständnisvolle, erfahrene Vertraute, auf die man sich immer verlassen kann, die immer da ist, ohne die es kein Leben gäbe.

Muttinchen, wie ich sie nenne, bin ich für so vieles dankbar; für ihre Liebe, Wärme und Fürsorge natürlich. Dafür, dass sie so ist, wie sie ist: eine tolle Frau, ein absoluter Herzensmensch mit charmanten Ecken und Kanten. Besonders jedoch für ihren Kampfgeist und starken Willen, mit dem sie uns beide wohlbehalten durch ihre notwendige Blinddarm-Operation brachte, während ich gerade mal 16 Wochen unter ihrem Herzen lebte. Unvorstellbar, welche Ängste sie ausgestanden haben muss...

Als die Vierjährige später neugierig nach der Herkunft der Babys fragte, daraufhin behutsam, aber ehrlich aufgeklärt wurde und bei einem Stadtbummel mit lautstarkem Kindermund unbedarft an Muttis Rockzipfel zupfte: „Duuu Mamaaa, hat der Mann da auch 'nen Penis?“, rettete sich die Befragte trotz der peinlich berührten Röte auf ihren fast noch jugendlichen Wangen mit einem Lächeln und bravourösem „Ja, ich glaube schon“ vor dem schelmischen Grinsen des Entgegenkommenden. Was heute eine lustige Anekdote ist, hätte ihr damals eigentlich eine Tapferkeitsmedaille einbringen müssen.

Für das Meistern solcher und anderer Situationen sowie für ungezählte kleine, große Taten und Gaben sollte ich, sollten wir alle unseren einzigartigen Wegbegleiterinnen öfter zeigen, wie schön es ist, dass es sie gibt – nicht nur einmal im Jahr, wenn das Kalenderblatt auf den zweiten Mai-Sonntag wechselt.

Kommentar: Ein Loblied auf die Mütter. Wer wollte da nicht mit einstimmen?!

Vanessa Rauch

Mauerblümchen- Ein Lächeln

Seine Augen strahlten wie Sterne die jemand vom Himmel gestohlen hatte, seine Lippen sahen so sanft aus wie rosa Kissen auf denen man ewig ruhen könnte und seine Haut war weich wie Seide. Der Duft den er hinterließ, erinnerte mich an warme Junitage. Er blickte in meine Richtung und lächelte. Errötend sah ich weg und tat, als hätte ich sein wundervolles Lächeln nicht bemerkt. *Sicher hat er nur jemanden hinter mir gemeint* dachte ich immerzu. *Das Mauerblümchen mag keiner.* Ethan war nahezu perfekt und ausgerechnet mich sollte er angelächelt haben? *Niemals,* davon war ich überzeugt. Seit wir in einem Kurs waren schwärmte ich für ihn und doch schien es niemand bemerkt zu haben. Ethan war kein Macho, er war kein Nerd, er war die perfekte Mischung aus beidem. Wenn er lachte, war es unmöglich nicht mit zu lachen oder zumindest zu schmunzeln. Wenn er mich im Vorbeigehen berührte, verteilte sich die Gänsehaut wohlig über meine Arme, ich errötete ein wenig, mein Herz schlug schneller und ich vergaß fast zu atmen. Ein berauschendes Gefühl. Und dieser Junge, dieses perfekte Geschöpf, sollte mich bemerkt haben? Ich tat es als Einbildung ab, wie immer. Trotz jeglicher Versuche blieb das Bild seines Lächelns in meinem Hinterkopf; wie seine Grübchen das kantige Gesicht abrundeten, seine Nase die perfekten Proportionen hatte, Sein ganzes Dasein an die Künstler der Renaissance und ihr gottgleiches Tun erinnerte und sein muskulöser Körper, der einer griechischen Gottheit glich. Sein verwuscheltes braunes Haar war der einzige Hinweis darauf, dass dieses Geschöpf, ja dieser Gott, doch nur ein Mensch aus Fleisch und Blut war.

Es waren bereits wenige Minuten vergangen und er lächelte wieder in meine Richtung, doch ich reagierte nicht. Der restliche Schultag verging quälend langsam, wie eine Uhr die stehen bleiben wollte und nur noch unter großen Anstrengungen ihre Zeiger bewegte. Ich blickte durch die Fenster, der kühle Wind strich sanft durch die bunten Blätter die sich am Geäst fest hielten. Jede Sekunde die ich eingesperrt in diesem Klassenzimmer verbrachte, erinnerte an die kalten Tage die folgen würden. Kalt und einsam, wie immer. Doch jeder Blick zu Ethan verbesserte meine Laune, wie ein Sonnenstrahl der den Himmel erleuchtet, wie eine Rose die durch die dicke Eisschicht bricht und sich in voller Schönheit zeigt. Jede Minute verbrachte ich mit Gedanken an das was sein könnte, wenn ich anders wär, wenn ich nicht das Mauerblümchen sein würde. Aber es war zwecklos. Ich war schon immer die Ruhige, Unauffällige gewesen.

Als die letzte Stunde vorüber gegangen war, ging ich wie viele andere zu den Fahrrädern. Die Sonnenstrahlen, die ich durch Ethans Anwesenheit verspürt hatte, verschwanden hinter einem dicken Vorhang aus Wasser. Der Regen prasselte wie Schüsse aus Maschinengewehren auf die Dächer der Lehrerfahrzeuge. Ohne Pause. Ohne Aussicht auf Besserung. Ich bückte mich und versuchte mein Schloss zu öffnen, vergeblich. Das rostige alte Ding war endgültig hinüber. Erst als ich alleine auf dem Schulhof stand, wurde mir klar, wie einsam und traurig meine Welt wirklich war, wie sehr ich eine Person zum Reden brauchte. Mit kalten zittrigen Fingern versuchte ich weiter das Schloss zu öffnen. Unerwartet erschienen zwei Hände die mir halfen und mich aus dieser verdrießlichen Lage befreiten, nur um mich in eine unangenehme hinein zu manövrieren.

"Ähm... Danke." sagte ich leise. Ethan gab mir das verrostete Schloss und lächelte, wieder. "Gern geschehen." Mein Herz setzte für einen Moment aus. Ich lächelte schüchtern zurück und hoffte er würde nicht merken wie ich rot anlief. "Du bist Vallery, richtig?" Ich nickte. "Dann bis morgen, Vallery." sagte er mit seiner rauen Stimme. Ich bildete mir ein er sagte es hoffnungsvoll, doch so war es sicher nicht. "Bis morgen." erwiderte ich. Ethan griff nach seinem Fahrrad und fuhr quer über den Schulhof. Ich sah ihn nach. Bevor er hinter der Hausecke verschwand, drehte er sich um und lächelte. Lächelte nur mich an, lächelte nur für das Mauerblümchen.

Kommentar: Erste Liebe. Liest sich richtig schön.

Regina Levanic

Tödliches Geheimnis

Wer schreit so spät noch in der Nacht?
Es ist Antonia in ihrer Schwesterntracht.
Im Zimmer nebenan schnauft Schwester Maria nimmer
Ist in das himmlische Gefilde geflogen und zwar für immer.
Eine Schar Ordensschwestern strömt in Eile herbei
und schon beginnt das laute Wehgeschrei.
Ganz schnell waren Bestatter und Polizei hier
Und suchten nach einem Abschiedsbrief auf Briefpapier.
Denn fanden sie trotz gründlicher Suche nicht
so begann man mit dem Verhör und den ausführlichen
Bericht.

Zuerst war Schwester Nicoletta dran
die las zum Todeszeitpunkt einen Historischen Roman.
Danach humpelte Schwester Rita hinein,
die las zum Zeitpunkt auch, wie konnte es anders sein.

Die anderen Schwestern lasen zum Todeszeitpunkt auch,
Kommissar Humboldt schlug sich vor Ärger auf den Bauch.
Doch das verflog sehr bald,
als er erfuhr, das Schwester Maria früher ein Mann war....
und zwar ein Harald.
So wurden die Schwestern nochmals vernommen
und siehe da, die Geständnisse waren am Kommen.
Sie gaben an, das sie „Marias“ Geheimnis kannten,
und beschlossen gemeinsam zu handeln.
Der Kommissar musste 20 Ordensschwestern verhaften,
und legte den seltsamen Fall dann schließlich zu den Akten.

Kommentar: Huhuuu…Grüße vom Erlkönig…Gruselig.

Heinz-Helmut Hadwiger

HERBST des LEBENS

Allmählich müht sich Jahr um Jahr.
Rundum verstirbt wer. Es wird still.
Du machst darum nicht viel Aufhebens.
Nichts ist mehr, wie es einmal war.
Viel geht nicht mehr, wie man es will.
Beharrlich naht der Herbst des Lebens.

Auch schütter wird das graue Haar,
das Auge trüber als die Brille.
Dich schwindelt: ein Gefühl des Schwebens.
Und nimmer denkst du so glasklar.
Hilft gegen „schlimmer" eine Pille?
Du fällst – wie Blätter: Herbst des Lebens.

Die Gäste machen sich schon rar.
Tagein, tagaus gewahrst du Unbill.

Der Hand, die müd' des Nähens, Webens,
die unbegreifbar fleißig war
entgleitet ungeschickt die Spill'.
Sie sinkt, versinkt im Herbst des Lebens.

Unstillbares wird unscheinbar,
Gesichtskreis eng wie die Pupille,
vernachlässigt der Zwang des Strebens,
das Unfassbare wahrnehmbar.
Du wählst Melisse und Kamille,
eh' sie verblüh'n im Herbst des Lebens.

Dich schätzen, lieben – meist unsichtbar –,
für die du Beispiel bist und Sinnbild,
wie du voll Liebe warst zeitlebens.
Nun ist dir Demut unverzichtbar,
so wie dein Weg von „wild" zu „mild":
Vergebungsherbst. Nichts war vergebens.

Kommentar: Verschränkter Reim, Metrik frei. Die Epiphern lösen sich am Ende schön auf.

NACHTBILD

Wie wenn die Nacht auf meine Lider fiele,
hab ich dein Aquarell mir vorgestellt,
aus dunklen Wassern dämmernd auferstanden.
Wenn erst die Nacht in meine Bilder fällt,
nichts übrig lässt von Blumen außer Stiele,
zerstört sie, macht die Schönheit sie zuschanden,
kommt Seele mir abhanden.
Du aber rettest Farben kühnen Strichs,
lässt Morgenrot trotz Nachtgeschwärz erahnen,
Mondlicht in blassen Bahnen:
ein Spiegel meines längst verglühten Ichs,
folg ich dem farbenfrohen Aquarelle
in eine unnachahmlich-rote Helle.

Kommentar: Raffinierte Reimstruktur, Variationen in der Zeilenlänge. So möchte man Bilder nachempfinden.

Horst Decker

Lorena

Lorena glaubte nicht an Zufälle. Als sie vor einer Stunde an dem Mädchen vorbeigegangen war, hatte deren Handy geklingelt. Sie hatte mitbekommen, dass sich das Mädchen ärgerte, weil der Anrufer offenbar schon aufgelegt hatte, bevor sie das Gespräch annehmen konnte. Auch in dem Laden, hatten ständig Handys geklingelt, sobald sie in die Nähe der Betroffenen kam und nie hatte sie wahrgenommen, dass ein Telefonat zu Stande gekommen war. Besonders schlimm war es an der Kasse gewesen, bis die genervte Kassiererin ihr Handy ausschaltete und die Kunden in der Warteschlange aufforderte, dies ebenfalls zu tun.

Aber jetzt, zu Hause war alles wieder normal. Lorena versuchte sich zu erinnern. Sie war heute Morgen sehr viel früher als sonst aufgestanden. Sie war plötzlich aufgewacht und hatte nicht mehr schlafen können. Vielleicht war es die Aufregung, weil sie heute Geburtstag hatte und zum Abend Gäste eingeladen hatte. Auch Kai. Er war erst kürzlich eingestellt worden und galt, wie auch sie, als Nachfolger ihres bereits älteren Chefs. Sie kannte ihn kaum, aber dennoch hatte sie sofort das Gefühl gehabt, dass sie beide mehr verband, als nur ein Arbeitsplatz in derselben Firma.

Um die frühe Stunde zu nutzen, hatte sie begonnen, ihr Wohnzimmer aufzuräumen. Danach hatte sie ihr Frühstück zubereitet und die Tageszeitung aus dem Briefkasten gefischt.

Alles war wie sonst. Eben nur etwas früher.

Stopp. Als ihr Blick auf die Titelseite der Zeitung gefallen war, hatte sie ein sonderbares Erlebnis. Sie war minutenlang stehengeblieben und hatte auf die Zeitung gestarrt, ohne aber dabei irgendetwas bewusst zu sehen. Sie hatte sich mit einem Ruck aus ihrer Starre befreit, war zurück zum Frühstückstisch gegangen und hatte die Zeitung während des Essens oberflächlich überflogen.

Anschließend hatte sie aufgeschrieben, was sie noch für die kleine Feier einkaufen musste. Dabei, ja, jetzt erinnerte sie sich. Dabei hatte ihr Handy geklingelt. Anscheinend hatte sich jemand verwählt und bereits aufgelegt gehabt, bevor sie ihr Handy ans Ohr genommen hatte.

Welche Gemeinsamkeit gab es? Es musste der Einkaufszettel sein. Als sie ihn zu Hause schrieb, klingelte ihr Handy. Als sie ihn dann im Geschäft nutzte, klingelten wieder Handys. Aber das Mädchen passte nicht in dieses Schema. Was konnte es noch sein?

Lorena griff nach der Zeitung, die noch immer auf dem Tisch lag. Wieder spürte sie, wie sich all ihre Sinne anspannten. Aber warum? Es war eine Zeitung wie immer. Fast die gesamte Titelseite wurde von einem langweiligen Bericht über einen Staatsbesuch beansprucht. Am Rand befanden sich wie immer die kleinen Notizen, denen sie bisher nie größere Beachtung geschenkt hatte. In ihnen ging es immer um irgendwelchen Promiklatsch. Wie in Trance begann Lorena, sich mit den Notizen zu befassen. Und plötzlich blieb ihr Blick an einem kleinen Wort hängen, das sie nicht einmal kannte – Palindrom. Dort stand, „das heutige Datum ist ein Palindrom". Lorena las weiter: „Palindrome sind Worte oder Zahlen, die von vorn und von hinten gelesen eine identische Aussage haben, so wie das Wort ‚tut' ".

Lorena warf einen Blick auf das Datum der Zeitung. Es sah heute anders aus. Statt 11. Februar 2011 stand als Datum ‚11022011' und die Punkte hinter der Tages- und der Monatszahl waren nur dunkelgrau hingehaucht.

Das Datum ihres 33. Geburtstags war also ein Palindrom, ebenso ihr Alter und, es war kein Zufall, dass sie heute Morgen exakt zu ihrer Geburtsstunde aufgewacht war. 3:30 Uhr. Wenn man die Zeit 03:30 Uhr schrieb, wie man es z.B. bei militärischen Datenübertragungen macht, um auch bei schlechter Verständlichkeit gut zwischen 3:30, 13:30 und 23:30 unterscheiden zu können, so war ihre Geburtsstunde ebenfalls ein Palindrom. Das musste die Lösung sein.

Es war auch nicht der Einkaufszettel. Beim Schreiben von diesem war ihr spontan ein Spruch eingefallen, der ihr den ganzen Morgen nicht mehr aus dem Kopf gegangen war.

Lorena überlegte. Er hatte etwas mit ‚tut' zu tun, Offenbar hatte sie, ohne dass es ihr bewusst geworden war, das Palindrom ‚tut' doch aus der Zeitungsnotiz aufgeschnappt. Anbetrachts ihrer ungewöhnlich frühen Aktivitäten war ihr ein Reim eingefallen: 'Was man früh tut, wird immer gut.',

Nein, es war umgekehrt: ‚Es wird immer gut, wenn man's früh tut." Lorena hörte ihr Handy klingeln. Schnell eilte sie in den Flur, drückte die Gesprächannahmetaste:" tut ... tut ... tut". Das war es. Lorena wusste, dass sie seit heute Morgen um 3:30 zaubern konnte.

Reime, die mit einem Palindrom als magisches Schlüsselwort endeten, wurden zu Zaubersprüchen. Lorena lief hastig zu ihrem Schreibtisch, loggte ihren Computer im Internet ein und suchte nach dem Begriff ‚Palindrom'.

In Sekundenbruchteilen wurden ihr mehr als hundertsechzigtausend Webseiten mit Palindromen angezeigt und wenige

Minuten später spuckte ihr Drucker eine Liste mit diesen geheimnisvollen Worten aus.

Anna, darauf hätte sie selbst kommen können. Sie kannte zwar niemanden mit diesem Namen, aber unter ihren Geburtstagsgästen befand sich ihre Freundin Hannah und das war ebenso gut. Was reimte sich auf Hannah? Spontan fiel ihr Manna ein. Also ‚Manna wär' jetzt gut für Hannah'. Das würde sie heute Abend ausprobieren!

Was gab es noch an nutzbaren Palindromen? Wie besessen studierte Lorena die aus dem Internet kopierte Liste. ‚Aha'! Was kann man daraus machen? Spontan fiel ihr ein Spruch ein und sie schrieb in auf. ‚Kajak'! Damit konnte sie nichts anfangen, oder? Und während sie leise murmelnd auf ihren Zauberspruchzettel ‚zu meinem Anorak fehlt noch das Kajak' schrieb, hörte sie ein Poltern an ihrer Garderobe und zu ihrer Verwunderung lehnte an der Stelle, an der ihr Anorak hing, ein nagelneues Kajak. ‚Lagerregal'! Nein, damit wollte sie sich momentan nicht befassen, auch wenn sie für ihren Keller durchaus Verwendung sah. Auch ‚Reittier' wollte sie nicht in der Wohnung ausprobieren. ‚Otto' und ‚Bob'! Da kannte sie niemanden mit diesen Namen. Auch ‚Bob' im Sinne eines Schlittens fand nicht ihre Gegenliebe. Das Wort ‚tot' war ihr zu heikel. ‚Bub', dafür fühlte sie sich noch nicht bereit. ‚Gnudung'! Ne, so was wollte sie nicht in der Wohnung haben. ‚Rar, neben, nennen, neuen, reger, Renner, Retter, stets, nun'! Sie schrieb die Worte auf ihren Zauberspruchzettel.

‚Elle, Egge, esse, Radar, Rentner, Rotor, Rotator'! Keine Verwendungsmöglichkeit.

Lorena saß bis zum späten Abend am Computer, forschte nach weiteren Palindromen und stellte daraus Zaubersprüche zusammen. Wieder klingelte es. Dabei hatte sie doch extra darauf geachtet, die Sprüche, die sie reimte, auch nicht andeutungsweise zu murmeln. Denn das war ihr bereits aufgefallen, geräuschlos hingeschriebene Zauberreime zeigten keine Wirkung.

Lorena öffnete die Haustür. Kai überraschte sie mit einem wunderschönen Strauß roter Rosen, küsste sie auf die Wange, wünschte ihr alles Gute zum Geburtstag, blickte sie dabei aber nicht an. Sein Blick war auf die Garderobe fixiert: „Ach, du hast auch ein Kajak an deiner Garderobe stehen?".

Verwirrt sah ihn Lorena an: "Ja, ist das denn ungewöhnlich? Da hat man es doch gleich, wenn man es braucht!" Was Besseres war ihr auf die Schnelle nicht eingefallen.

Sie dirigierte Kai in ihr Wohnzimmer. Vielleicht ergab sich, noch bevor die anderen Gäste kamen, die Möglichkeit herauszufinden, welche Vorstellung Kai mit ihrer Einladung verband.

Anscheinend gutes Essen, denn kaum hatten sie das Wohnzimmer betreten, sah sie Kai fragend an: "Ich weiß, ich bin zu früh gekommen. Ich hoffe aber, ich habe dich nicht in deinen Vorbereitungen gestört."

Lorena fiel mit Schrecken ein, dass sie sich so in ihrer Computerrecherche verrannt hatte, dass sie völlig vergessen hatte, das Essen vorbereiten.

„Oh je, entschuldige, aber ich war so lange mit Aufräumen beschäftigt, dass ich gar nicht auf die Uhr geachtet hatte. Setzt dich einfach schon einmal, ich springe schnell in die Küche und bereite das Essen vor." Und dann kam ihr eine Idee. Sie fügte hinzu: "Trinken steht ja bereits auf dem Tisch, bedien' dich bitte. So weit ich weiß, wird Hannah etwas zum Essen mitbringen. Irgendwie sprach sie von etwas Exotischem. Lassen wir uns einfach überraschen:" Und während sie in die Küche eilte, murmelte sie vor sich hin: "Hannah bringt zum Fest mir Manna."

Kurz darauf klingelte es erneut an der Tür, Hannah, Maria und Benni waren gekommen. Hannah schleppte ein großes Geschenkpaket und überreichte es Lorena: "Ehrlich gesagt, ich weiß nicht genau, was drin ist. Dirk hat es uns besorgt. Er hat gesagt, dass du dich sicher darüber freuen wirst." Lorena stellte das Paket auf den Tisch und sie begannen es gemeinsam auszupacken. Kurz darauf wurde ein wunderschönes, orientalisches Messinggefäß sichtbar. Kai griff nach dem Deckel: "Ich habe so etwas schon einmal gesehen. Es war auch ein Geburtstagsgeschenk. Sie hieß Anna-Marie." Er nahm den Deckel ab, schaute erst in das Gefäß und dann in Lorenas Gesicht: "Wie damals! Manna, ein Produkt der Mannaflechte, das nach alttestamentarischer Darstellung die Israeliten bei ihrem Zug durch die Wüste vor dem Verhungern rettete. Und du heißt Lorena?"
„Das trifft sich ja gut", warf Lorena ein, "wir sind ja alle auch nahe am Verhungern. Also greift zu. Ich gehe in der Zwischenzeit in die Küche und sorge dafür, dass wir noch vor Mitternacht essen können."

„Komisch", sagte Hannah, „vor ein paar Stunden lag bei mir zu Hause schon einmal ein Haufen von dem Zeug auf dem Tisch. Ich wusste gar nicht, was es ist und habe es weggesaugt."

Wieder traf Kais Blick Lorena. Sie musste vorsichtig sein. Irgendwie schien es, als vermute er, dass sie hinter diesen Ereignissen stand. Aber, er konnte ja nichts wissen?

Während des Kochens waren Lorenas Gedanken bei Kai. Das Essen würde scheußlich schmecken! Aber wie war Kais Verhalten zu werten?

Sie musste einen Test machen. Spontan dichtete sie: "Alle, die mir nah, die singen nun aha."

Sekundenbruchteile später hörte sie Benni aus dem Wohnzimmer rufen: "Komm noch einmal zu uns Lorena. Wir haben ja ganz vergessen, dir ein Geburtstagsständchen zu bringen."

Als Lorena wieder das Wohnzimmer betrat, standen ihre Gäste auf und während Hannah, Maria und Benni ununterbrochen „aha" sangen, stimmte Kai deutlich vernehmbar ‚Happy Birthday' an. Lorena wusste nun, woran sie mit Kai war.

Dieser funkelte sie wütend an: "Stell' sie ab!"

Was sollte sie tun? Ihre drei Freunde sangen ununterbrochen ‚aha'. Lorena hatte sich keine Sekunde Gedanken darüber gemacht, dass sie den Zauber von vornherein hätte begrenzen müssen. Schließlich schob Kai die drei aus der Wohnungstür, damit wieder Ruhe eintrat.

Lorena war nun mit Kai alleine. Noch vor wenigen Minuten hatte sie sich nichts sehnlicher gewünscht. Nun aber machte es ihr Angst. Kai kam auch sofort zur Sache: „Schön, dass du einen Anlass dafür geliefert hast, dass wir alleine sind. Dein Geburtstag wird auch dein Todestag sein. Ich hasse dich, seit ich dich zum ersten Mal gesehen habe, denn nur du stehst meiner Beförderung im Weg." Kai wollte sich auf Lorena stürzen, die aber wich in eine Ecke aus und rief den Spruch, den sie für alle Fälle vorbereitet hatte: „Ich erbet's, halt Abstand stets."

Es war, als prallte Kai gegen eine unsichtbare Wand und er zischte mit wutverzerrtem Gesicht: „Ich warne dich, es ist fast Mitternacht und am 23.02.2012 werde ich dreiunddreißig Jahre alt". Lorena dachte kurz nach: "Und, was soll das, das ist zwei Tage zu spät!"

„Du naive Eintagshexe!". Kai lachte kurz auf: „Rechnen kannst du auch nicht. Am 23.Februar 2012 bin ich unter Berücksichtigung der Schaltjahre genau 12021 Tage alt." Lorena lief es kalt über den Rücken. Ihre Macht war gleich vorbei. Es war wenige Sekunden vor Mitternacht. Als nächster war Kai am Zug. Sie überlegte kurz, dann lächelte sie:" Okay, du hast gewonnen. Du kannst dann tun, was du willst. Aber heute nicht!"

Ehe Kai reagieren konnte, rannte sie aus ihrer Wohnung. Wütend folgte ihr Kai.

Zwei Tage später, Lorena hatte keinen Wecker gebraucht und stellte ihn ab, um Maria nicht zu stören. Was Maria über Kai erzählt hatte, hatte Lorena in ihrem Vorhaben bestärkt. Lorena stand auf und ging in die Küche, um das Frühstück vorzubereiten. Noch war sie ja dreiundreißig Jahre alt.

Sie stellte die Kaffeemaschine an und dann sprach sie leise: „Zum Frühstück jede Delikatesse, die ich gerne esse."
Es war ein Fehler von Kai gewesen, ihr zu vermitteln, dass es für sie zwei Tage nach dem dreiunddreißigsten Geburtstag noch einen Hexentag gab. Auf dem Tisch befand sich alles, was es an Köstlichkeiten zu essen gab.

Zitternd setzte sich Lorena auf einen Küchenstuhl, schloss die Augen und sprach ganz langsam: „Kai, den Idiot, den wünsche ich tot."

Ein kurzer Frühling

„Im Frühling werden wir uns wiedersehen.“ Das waren die letzten Worte, die er uns aus dem Fenster des abfahrenden Eisenbahnzugs zurief. Es war ein Versprechen, das ich fast überhört hätte. Aber, ich hatte es gehört und daher galt es.

Mutter und ich gingen schweigend nach Hause. Wir mussten nicht reden. Jeder von uns wusste genau, was der andere dachte, nämlich immer wieder die eine Frage, werden wir Vater wiedersehen? Man hörte in diesen Tagen oft vom Tod. Noch vor drei Jahren waren die Zeitungen voller Todesnachrichten. Dann wurden sie verboten, denn, so sagte die Regierung, sie schadeten dem Volk, sie demoralisierten und provozierten Defätismus. Aber der Tod war unüberhörbar. Er war allgegenwärtig.

Es war immer der gleiche Ablauf. Man wartete und wartete, aber die Post stellte keinen Brief des Angehörigen mehr zu. Eigene Briefe kamen zurück. Wochen der Ungewissheit und dann, gefühlsmäßig völlig unvorbereitet, ein jede Hoffnung vernichtendes Schreiben seiner Kompanie. Man musste es nicht öffnen, um zu wissen, was darin stand. Manche verbrannten es daher ungeöffnet, um bei all dem Schmerz nicht auch noch die manifestierte Verhöhnung lesen zu müssen – „in treuer Pflichterfüllung im tapferen Kampf für das Vaterland den Heldentod empfangen.“
Nach Vaters Weihnachtsurlaub hörten wir nichts mehr von ihm. Briefe an seine Feldpostnummer kamen wegen Unzustellbarkeit zurück. „Das hat nichts zu sagen“, erklärte mir Mutter: „Die Postverbindungen werden zusammengebrochen sein. Es geschieht viel in dieser Zeit. Im Frühjahr wird Vater bei uns sein. Er hat es versprochen.“ -

Aber nachts hörte ich sie weinen, auch wenn sie versuchte, dabei so leise wie möglich zu sein. Gefühle sind nicht immer leise. Manchmal lassen sie sich nicht festhalten.

Jeden Morgen, wenn wir aufstanden, führte unser erster Weg in die Küche. Meine Aufgabe war es, das alte Tagesblatt vom Kalender abzureißen. In der Zwischenzeit schürte Mutter so lange im Küchenherd die Reste der nächtlichen Glut, bis ich ihr das Kalenderblatt des Vortages brachte. Dies legte sie dann sachte auf die noch schwach glimmenden Brikettkrümel und häufelte schnell das vorbereitete Reisig darüber. Anschließend durfte ich die Glut anblasen, bis das Feuer wieder munter aufloderte.

Besonders gerne riss ich die Kalenderblätter von Sonntagen und Monatsanfängen ab, denn bei diesen war die Datumsangabe in fetten, roten Buchstaben aufgedruckt. Es war am 1. März 1945. Die ganze Nacht freute ich mich auf die kommende Abwechslung des ansonsten immer gleichen Tagesablaufs - Luftschutzkeller, Schlafversuch, Nachtalarm, Schlaf, Kalender abreißen, Ofen anheizen, Schlangestehen für Lebensmittel, Essen, Hungern, Warten, Alarm - und nun als Durchbruch dieser Eintönigkeit wieder einmal das Abreißen eines roten Kalenderblattes.

Als ich am kommenden Morgen freudig zur Tat schreiten wollte, stellte ich erstaunt fest, dass der Kalender nicht mehr an seinem alten Platz hing. „Ich habe ihn höher gehängt“, erklärte Mutter: „Ich möchte verhindern, dass wir aus Versehen zu viele Blätter abreißen. Wir benötigen zum Anfeuern des Ofens nicht mehr unbedingt Papier.“ Sie beschloss, dass nur jeden zweiten Tag ein Kalenderblatt abgerissen werden sollte, änderte das nach wenigen Tagen auf jeden dritten Tag und schließlich sollten gar keine Blätter mehr vom Kalender entfernt werden.

Und als sich unser Garten mit Blumen füllte, fragte ich Mutter, wann endlich der Frühling da sei.

„Das dauert noch eine Weile“, sagte sie: „Du wirst es schon merken. Wenn Vater zurückkommt, dann ist Frühling. So hat er das gesagt.“ Und ich erinnerte mich an Vaters Worte.

Die Tage wurden wärmer und wir zündeten den Herd nur noch mittags zum Kochen an, um Kohlen und Holz einzusparen. So war es in der Wohnung kalt und ich wäre gerne nach draußen in die wärmende Sonne gegangen, aber Mutter bestand darauf, dass ich die Wohnung nicht ohne Wollmütze, Handschuhe und Winterjacke verließ. Einerseits wollte ich Mutter nicht verletzen, andererseits aber auch nicht zum Gespött meiner Kameraden werden, die längst barfuß und in kurzen Hosen unterwegs waren. Ich zog es daher vor, unsere Wohnung nicht mehr zu verlassen und die Ankunft des Frühlings lieber als Stubenhocker zu erwarten. Ich wollte nicht die Frage beantworten, die mich ohnedies unablässig quälte.

Ich bekam daher nicht mit, dass die Zugvögel längst von ihren Winterdomizilen zurückgekehrt und die Bauern mit der Bestellung ihrer Felder nahezu fertig waren. „Wann kommt endlich der Frühling?“, fragte ich Mutter täglich. Und sie gab mir darauf immer die gleiche Antwort: “Frühling ist, wenn Vater zurückkommt.“

Die Nächte wurden auf einmal nicht mehr von Bombenalarmen durchschnitten und tagsüber waren die Straßen wieder voller Menschen. „Es ist Friede“, erklärte mir Mutter, „das bedeutet auch, dass der Frühling nicht mehr weit sein kann.“

Sie hängte den Kalender, der noch den 20. März 1945 anzeigte, wieder an seinen alten Platz, verbot mir aber dennoch, ein Blatt davon abzureißen. Dann fertigte sie aus Pappe ein großes

Schild, auf das sie Vaters Namen schrieb. Mit diesem ging sie jeden Morgen zum Bahnhof und kam erst zurück, wenn der letzte an diesem Tag zurückkehrende Soldat den letzten Zug des Tages verlassen hatte.

Eines Tages, es war sehr warm und die Fenster in unserer Wohnung standen weit offen, hörte ich sie schon von weitem rufen: "Es ist Frühling, es ist Frühling."

Schnell rannte ich zum Kalender und riss das Blatt vom 20. März 1945 ab, denn ich wusste noch, dass Vater großen Wert auf Ordnung legte. Dann rannte ich auf die Straße und fiel direkt in die Arme meines Vaters. Er wirkte müde und zerbrechlich, aber er war wohlauf. Als wir nach langer Begrüßung die Wohnung betraten, fiel Vaters Blick direkt auf den Abreißkalender, der seit wenigen Minuten den 21. März 1945 anzeigte. Irritiert blickte er uns an, schritt zum Kalender und riss nach und nach alle Blätter bis zum 30. Juni ab. Ein Sonntag in jeder Beziehung, wolkenloser Himmel, wärmende Sonne, zwei Tage hintereinander ein rotes Kalenderblatt und Vaters Rückkehr. Und, an diesem Tag erlebte ich den kürzesten Frühling meines Lebens.

Kommentar: Zwei Geschichten mit dem gewissen Etwas. Gut!

Benjamin Baumann

Vom Vater

Als ich klein war
da warst du meine ganze Welt.
Ich habe deinen Worten aufmerksam gelauscht
wie dem leisen Zirpen einer unsichtbaren Grille am Abend
und habe mich ausgestreckt nach deinen Tönen,
und was du sagtest,
das war ganz wahr.

Als ich klein war
da habe ich zu dir aufgesehen und meine wachen
Kinderaugen
sehnten sich nach deinen großen Taten
und funkelten wie kleine Sterne, wenn sie dich sahen
und was du tatest,
das war immer gut.

Als ich klein war,
da drehte sich meine ganze Welt um dich

du warst meine Sonne, mein Planet.
Du lerntest mir die Vögel unterscheiden
und auf dem Klavier zu spielen,
du hast mir beigebracht, wie wichtig es ist, zu lesen
und wie man die Stimme des Herzens hören kann.
Wir haben auf Bühnen gezaubert
sind auf Bäume geklettert
und haben Äpfel geklaut.

Wir tanzten durch Felder
und haben gelacht
und jeden Tag eine Dummheit gemacht.
Und jede deiner Bewegungen
war schön.

Als es schwierig wurde mit mir,
da warst du immer da,
ganz unsichtbar und nie im Weg
auch wenn du wusstest: das geht nicht gut.
Du sagtest nie: „Tu´s nicht!"
stattdessen nahmst du mich
ganz zärtlich in den Arm
und gabst mir Wurzeln und Geduld
und lerntest mir das Wachsen in den Himmel.

Und mit den Jahr´n wuchs ich heran
und still tat es dir weh
mich langsam von dir gehn zu sehn.
Du sagtest nichts,
als ich verschwand
und hast die Hand in deiner Hand
doch sehr vermisst
als du wieder zu viel trankst.

Du alter Mann, nun bist du hier
und in mir das Bild von dir
passt nicht zu deinen trüben Augen.
Mein alter Freund, wie verletzlich
du hier vor mir sitzt
und ab und an nur in dein Herz
ein Bild von alten Tänzen blitzt –
das macht den Abschied schwer
und traurig lausch ich hin zu dir -
die Abendgrille zirpt nicht mehr?

Ist meine Sonne denn verlöscht,
steht mein Planet schon still?
Dann schmunzelst du und ich weiß,

dass dein ganzes junges Herz mit mir
einmal noch kindsam leicht
auf hohe Bäume klettern will.

Du Zauberer…
verbirgst dich nur:
lehrst mich das Abschiednehmen.
In kleinen Raten gehst du fort
und nimmst mich mit ein Stück,
und lächelst dich in unsre schönen Tage
ab und an verschmitzt zurück.
Du konntest doch mit deinem Glück
alles verwandeln, alles veredeln
den Tod jedoch besiegst du nicht
er malt sich sanft auf dein Gesicht,
du steigst in seinen Nachen
und nimmst was mit und lässt was hier:
zwei Tränen und ein Lachen.

Kommentar: Sehr berührend.